近代日本メディア議員列伝 13

田川誠一の挑戦

保守リベラル再生の道

山口 仁

創元社

田川誠一の挑戦——保守リベラル再生の道　目次

凡例

①文中の表記で典拠が明らかな場合は、ページ数のみ（＊＊）と表記した。

②国立国会図書館憲政資料室所蔵の『田川誠一関連文書』内の資料については「田川誠一関係文書目録」（https://ndlsearch.ndl.go.jp/file/rnavi/kensei/tagawaseiichi/index_tagawaseiichi.pdf）の資料番号を示した（例、憲政131）。

③田川誠一自身の著作については、重複を避けるため引用・参照文献リストには収録せず、書籍に関しては序章で、その他の記事については巻末の略年譜に掲載した。

④田川の文献をはじめとして頻繁に引用する以下の文献に関して省略形を用いている。「秘録」…『日中交渉秘録：田川日記―14年の証言』、「以前」…『政治家以前』、「初陣」…『初陣前後』、「手紙の輪」…『やったね！ボクたち、手紙の輪』、「新風」…『田川誠一写真集「新風」二十五年』、「驕るなかれ」…『自民党よ驕るなかれ』、「痩せ我慢」…『やればできる痩せ我慢の道』、「浦郷」…『ふるさと浦郷』、「年譜」…『田川誠一の年譜』、「オーラル上・下」…『田川誠一オーラルヒストリー上巻・下巻』、「人々」…『田川家の人々とその時代』、「河野オーラル」…『正副議長経験者に対するオーラル・ヒストリー事業　第71代・72代衆議院議長　河野洋平』。

⑤議会における発言は特に断らない限り国会議事録検索システムのものであり、日付と会議名・委員会名を表記した。

⑥新聞記事の引用・参照は原則として新聞名と日付のみとしているが、タイトルや掲載面を強調する場合には記載した。調査にあたっては「朝日新聞クロスサーチ」「ヨミダス」「毎索」「産経新聞データベース」「日経テレコン21」「中日新聞・東京新聞記事データベース」も使用した。

⑦引用文中の括弧や傍点は断りがないかぎり、引用者によるものである。

⑧引用文中の省略については「……」で表記した。

⑨数字の表記は引用文中も含め、とくに差し障りのない限り漢数字とし、適宜「十、二十」ではなく「一〇、二〇」で統一した。

⑩引用文中に不適切な表現が含まれている場合もあるが、今日の視点で史料に手を加えることはせずにそのまま表記した。

⑪ウェブサイトの閲覧日は二〇二四年三月末日である。

田川誠一の挑戦——保守リベラル再生の道

序章

「政治」と「メディア」の論理を超えた政治家・田川誠一

本宮ひろ志『やぶれかぶれ』第２巻、集英社・1993年（Kindle 版）：107

「政治というものは、不変の真理を求める宗教とか教育とは違うものなんだよっ。政治を測る尺度は、結果だ。国や国民に役に立つ仕事をしたか、どうかだっ。ここを間違えてはダメだね。マスコミ受けばかりねらって、できもしない上っ調子なことばをならべ立てて、それで国家百年の大計に立った仕事が、やれるかっ。できない。右に押され、左に流され、世間ぜんぶによく思われようという了見で政治は、できないんだっ。

何もしなければ文句はでないさ。

マスコミはぼくの事を　いろいろ書きたてているが、いっさい気にしていないよっ。

田中角栄を倒さずんば、自民党は、つぶせない。

そう買いかぶっている連中がわいわいやっている。これは仕方がないヨッ。それに、憲法で言論の自由は保障されてる。つくづくといい世の中になったなあと、思っているんだ。ハッハハハ、ハハハ。

田川誠一くんだって…。ああ、かれは、今いくつだ…。そうか、六十四か。それならちょうど同じ歳だ。自民党で長いこと同じカマのメシを、くった仲だが、青年のようなきれいな事を毎日、毎日、しゃべっていて、政治家が、つとまっている。うらやましいねえ、本当にうらやましい。」

（本宮ひろ志「田中角栄のインタビュー」『やぶれかぶれ』第二巻・一九九三年：108f、発言は一九八二年八月二日のもの）

週刊『少年ジャンプ』に登場した政治家

一九八二（昭和五七）年九月、週刊漫画誌『少年ジャンプ』四二号に掲載の「やぶれかぶれ」に代議士が登場した。政党・新自由クラブの二代目代表・田川誠一《たがわせいいち》である。当時、この漫画の作者である本宮《もとみや》ひろ志《し》は参議院議員を志し、自身の選挙活動を実録風漫画に仕立てて同誌に連載していた。だが、参議院に比例代表制が導入され、「有名人枠」と言われた全国区制がなくなり、連載当初の方針を転換した。自ら立候補することは諦《あきら》め、各政党の党首に手紙を出し、直接会ってインタビューを行い、それを漫画にしようと試みた。

本宮からの手紙にいち早く反応したのが田川だった。「まじめな手紙には必ず自分で返信する」のが信条の田川は、本宮からの手紙にも即座に返信した。田川の手紙が本宮に届いたのは、本宮が手紙を出してからわずか五日後だった。こうして両者の会談が実現した。

当時の『少年ジャンプ』編集部内では、現役の政治家を誌面に登場させることに関しては賛否両論だった。実在の政治家が漫画に登場すること自体珍しいのだが、さらに注目すべきは「やぶれかぶれ」を読んだ読者たちが、「相手が自分がかいた手紙には自分で返事をかきますよ」「その日にきた手紙にはその日にかきます」（手紙の輪：32）という漫画内の田川の発言に反応し、実際に田川宛に手紙を書いたことである。

そして田川は少年たちからの手紙に返事を書き続けた。『少年ジャンプ』の読者、小学生から大学生まで、果ては彼らが通っていた学校の教師と田川との間で手紙のやり取りが始まった。こうした田川と

図序－1 「やぶれかぶれ」に登場する田川（手紙の輪：32）

読者との間の手紙のやり取りは一年後には五〇〇通を超えたという（同：2）。

SNS全盛の今でこそ、政治家と市民がメディアを介してやり取り・コミュニケーションすることは珍しくない。もちろん有権者と政治家とがコミュニケーションするのは民主主義の社会では当然のあるべき姿かもしれない。だが少年漫画誌という娯楽性の高いメディアを通じて子どもたちとコミュニケーションした田川はまさに「メディア政治家」と呼ぶにふさわしい。

「究極の」メディア議員・田川誠一

ひとことで「メディア」と言っても想定されるものは幅広い。「政治とメディア」といった議論でも、別に政治報道（政治ジャーナリズム）だけに限って論じる必要はない。

後述するように、田川は朝日新聞社での記者経験があり、そういった意味では佐藤卓己《たくみ》・河崎吉紀《よしのり》（2018）らの研究がいう「メディア議員」の一人である（佐藤・河崎 2018：441）。そしてより根源的な意味でのメディア、すなわち情報の伝達と記録の媒体を使いこなした議員でもある。

田川からの手紙を受け取って、その後何度かやり取りをした中学三年生は、そのときの気持ちをこう記している。

「学校から帰ると父が「田川さんから手紙が来てるぞ」といいました。やった！　と心のなかで叫びあわてて自分の部屋に行き開封！　多少読みづらかったけど、考え方や意見がボクの心に訴えるように書かれてありました。夕食の時に父が手紙を読み「さすがに達筆や、〇〇！　この手紙、大切にしとけよ。ええ記念になるさかい」といった。この手紙のことがあってからは、親戚の人たちもテレビに田川先生が出ると「この人や、〇〇に手紙をくれた人や！」という感じです」（手紙の輪：43-44。人名を〇〇に変更した）

また、田川は幼少のころより日記をつけ続け、軍隊時代にも上官の目を盗んでメモを残すくらいの「筆マメ」であった。ジャーナリズムの語源が「journal（記録）」であるように、田川は記録することにこだわった。そして、手紙（メディア）を通じた人とのやり取り（コミュニケーション）を大切にしていた。

こうした姿勢が究極の娯楽メディアの一つである少年漫画雑誌の読者の心を打ったのだろうか。田川と少年たちの手紙のやり取りはのちに単行本『やったね！ボクたち、手紙の輪』（集英社・一九八三年）として出版される。著者名は「田川誠一と『少年ジャンプ』の仲間たち」である。なお本宮ひろ志の連載では田川のほかにも何人もの政党代表のインタビューが掲載されているが、読者とのやり取りがこうして単行本として公刊された政治家は田川だけであることからも、特異な出来事ではあった。

「娯楽メディアに登場して子どもたちと交流する議員」というと政治家としては「キワモノ」、人気取りに腐心するイメージ重視の政治家のように受け取られかねないが、一方で田川は与党政治家・閣僚としても戦後日本政治の重要な局面にかかわっていた。田川は戦後「五五年体制」にクサビを打ち込んだ政治家の一人なのである。

「五五年体制」へのクサビ

一九八三年一二月二七日、第二次中曾根《なかそね》内閣が発足する。恒例の首相官邸階段での記念撮影で、他の自民党閣僚から促され最前列に立つ閣僚がいた。当時、新自由クラブ代表で自治大臣兼国家公安委員長に就任した田川である。それまで国会でしばしば論難していた首相・中曾根康弘《やすひろ》の隣に立つ田川の表情は厳しかった。新しい内閣を当時のニュース映画（中日ニュース）はこう伝えた。

「昨年暮れスタートした第二次中曾根内閣。新自由クラブと連合したものの、内外の難局を乗り切れるかどうか……」（中日映画社「第2次中曾根内閣」No.1471_3［昭和五九年一月］YouTubeより）

戦後日本政治の象徴である「五五年体制」は、一般的には細川護熙《もりひろ》内閣が誕生した一九九三（平成五）年に終わったとされる。ただこのときの自民党は下野したものの、規模としては依然として第一党だった。自民党が野党・第二党に陥落する形で政権が交代したのは、第四五回衆議院総選挙で鳩山由紀夫内閣が誕生した二〇〇九（平成二一）年である。これを「五五年体制」の本当の終わりという者もいる。例えば『朝日新聞』の社説「総選挙公示　「〇九年体制」の幕開けを」（二〇〇九年八月一八日）は、「政権交代の可能性が常に開かれた政治をつくる。政権を担える党が事実上自民党しかなかった五五年体制に終止符を打つ。そんな「二〇〇九年体制」の幕を、今度の総選挙で切って落とすことができるかどうか」とある。また政権交代後、朝日新聞社の早野透は「自民党が、がらがらと崩れた。一九五五年以来政権をほぼ担い続け、戦後の繁栄を築き、なにはともあれ平和を守ってきたのに、あわれ力尽きた」と、この年（二〇〇九年）に自民党の終焉を見ている（「自民党という「知恵」の終焉　民主党革命の全貌」『週刊朝日』二〇〇九年九月一一日号）。さらに現在の自民党の政党支持率と他の野党の支持率を比べてみれば、自民党一党優位体制としての「五五年体制」は綻《ほころ》びつつも今もまだ続いているのかもしれない（そもそも保守合同・五五年体制以降の政権交代は自民党が政権を取り戻した一九九四年と二〇一二年も含めて四回である。にもかかわらず、自民党以外が政権を取ることだけを「政権交代」と認識しがちなこと自体、気持ちとしては五五年体制の中にいるのかもしれない）。

ではこうした「五五年体制」の綻びはいつごろから生じたのだろうか。一九九三年と二〇〇九年に打ち込まれたクサビは新党、それも自民党を脱党した議員らによって打ち込まれた。一九九三年の「新党さきがけ」「新生党」、二〇〇五年の「国民新党」、二〇〇九年の「みんなの党」、そもそも鳩山由紀夫元首相も初当選時は自民党議員だった。自民党政治が揺らぐとき、そこに自民党出身者がつくった新党の影が見え隠れしている。

新党ブームの先駆け「新自由クラブ」の二代目代表として

こうした新党の嚆矢《こうし》が一九七六年に結成された「新自由クラブ」である。「新自由クラブ」は単なる新党ではなかった。一九八三年には自民党と連立政権を形成し、形はどうあれ一九五五年以来の自民党単独政権を終わらせた政党だったからである。

「新自由クラブ」は河野《こうの》洋平ら自民党を離党した若手議員らによって結成されたが、彼らを陰で支えたのが田川誠一だった。当初、田川は若手議員らを裏で支える役割を果たしていたが（オーラル下：51）、後に河野洋平にかわって新自由クラブ二代目代表となる。そして自民党との連立内閣では五五年体制以降、初の自民党以外の国務大臣（民間大臣を除く）となった。初の自民党からの集団脱党を支え、初の非自民閣僚となって「五五年体制」を揺るがせた政治家が田川だった。

田川は一方で「反金権」の政治家としても知られている。自民党時代から田中角栄《かくえい》らの金権政治を批判してきたが、連立内閣の閣僚であっても田中を批判し、政治倫理を厳しく追及し続けた。

新自由クラブは一九八六年、結成からわずか一〇年で解散し自民党との連立も解消した。河野をはじめ新自由クラブの他の議員たちが自民党に復党する中、田川は自民党に戻ることを潔《いさぎよ》しとせず、ただ一人で新党・進歩党を結成し自民党との対決姿勢を強める。

単独政権に戻った自民党ではあったが、そのわずか七年後の一九九三年に下野することになる。リクルート事件や東京佐川急便事件などの汚職事件によって国民の政治不信が高まった中での出来事だった。田川が警告した通り、政治倫理の問題を解決できなかった自民党は政権を失った。この年、田川は政治家を引退した。そして引退から一六年たった二〇〇九年の八月、第四五回衆議院総選挙で自民党が大敗し、民主党政権が誕生する直前に田川は九一歳で亡くなった。

「挑戦」するメディア議員・田川

政治評論家・浅川博忠《ひろただ》は『燃えよ三田政治家45人の応援歌』の中で、田川のことを「順風に逆らいあえて苦難や波瀾に挑戦するような生き方は、誰もができるものではない。だが田川は自分の政治理念や信念に基づき、敢然とこの生き方に挑戦している」（96）と高く評価した。

田川は裕福な家に生まれ、当時としては珍しい私立大学・慶應義塾大学を出て、大手の朝日新聞社に就職、政治家秘書を務めて自民党の代議士になるという、一見「順風」の道を歩んだように見える政治家である。本シリーズに登場するいわゆる「メディア議員」の中には、政治家として決して「成功」したとは呼べない者も散見される。何が政治家としての「成功」であるかは様々な見方ができるだろうが、総選挙に一一回連続で当選し、五五年体制下における初の連立内閣で閣僚を務めた田川は、間違いなく政治家として「成功」したメディア出身議員だろう。

しかし自民党を飛び出し、新党・新自由クラブの結成に加わり、「五五年体制」下で初の連立政権を誕生させ、自身も大臣に収まるという大胆な行動に出た。かと思えば、新自由クラブの解散に伴って多くのメンバーが自民党に戻る中で、ただ一人自民党に頼らず孤高の新党「進歩党」を結成する。田川の歩いた政治家人生にはしばしば逆風が吹いていた。

政治家として「成功」しつつも時に順風に逆らい挑戦する田川がそうしてまで挑み続けたのは金権政治（政治腐敗）であった。

「反金権」の政治家・田川誠一

田川の政治家としての評価を把握する上で参考になるのが、全国紙が報じた田川の訃報である。

「……横須賀市出身。慶応大卒業後、朝日新聞社に入社。五五年に松村謙三文相の秘書となり、六〇年の衆院旧神奈川二区で初当選。一一期三三年間にわたり衆院議員を務めた。田中元首相のロッキード事件を機に自民党を離党。新自由クラブの結成に参加した。解散後も復党せず、進歩党代表として政界の腐敗に警鐘を鳴らした。八三年一二月～八四年一一月には自治相を務めた。九三年に政界を引退した」（『朝日新聞』二〇〇九年八月八日）

他紙も「政界浄化を訴え続けた」（『読売新聞』二〇〇九年八月八日）、「金権政治への批判を続けた」（『毎日新聞』二〇〇九年八月八日）と同じく「反金権」への言及がある。これは「政治家としての前半は「日中」の国交へ心血を注ぎ、ロッキード事件で自民党と袂《たもと》を分かってからは「反金権」で燃え尽きた」（「〈惜別〉元新自由クラブ代表、田川誠一さん　孤高を恐れず清廉貫く」『朝日新聞』二〇〇九年八月一五日夕刊）、「〈反金権〉を貫いた政治家人生だった。〈反金権〉を唱える政治家は何人もいたが、鬼になったのは田川一人である」（岩見隆夫「近聞遠見」『毎日新聞』二〇〇九年八月一五日）といった解説記事でも変わらない。

訃報の中で語られるように、田川は田中角栄内閣のロッキード事件に代表される自民党の金権政治に対抗した清廉な政治家として評価が高い。新自由クラブの盟友だった河野洋平も「相手に厳しく、自分にはもっと厳しい清廉潔白な政治家だった。日中国交正常化や政治倫理の確立など、常に目的意識を持って政治活動をされていた」（「田川誠一さん死去　清廉、気骨惜しまれて　政界浄化、日中国交に足跡」『読売新聞』二〇〇九年八月九日神奈川版）と語っている通りである。

「政治の論理」と「メディアの論理」

田川のかかげた「反金権」は、本シリーズの重要概念である「政治の論理」「メディアの論理」とどう関連づけて論じることができるだろうか。

　この二つの論理について、佐藤卓己は「何らかの価値や理念の実現をめざす『政治の論理』……読者数あるいは影響力の最大化をはかるのが「メディアの論理」である」（佐藤 2018：10）とし、そうした「メディアの論理がメディアの枠を超えて、政治の制度、組織、活動にまで影響力を強めていくプロセス」（同：16）を「メディア化（mediatization）」であると定義している。

　一方、マス・コミュニケーション研究者のデニス・マクウェールは「メディアの論理」について以下のように述べている。

> 「媒体の違いによってそのロジック（論理）は異なるものの、いくつかの共通する構成要素があり、……メディアの論理のこれらの性質は、アピールの幅を広げ、注目度や関与度を高めると考えられている。メディアの論理という用語は中身よりも形式を重視し、情報を提供するという目標とは相反するものだという意味合いで批評家によって使われている。政治との関連で言えば、メディアの論理は政治の中身・実体・政治性や信念を減じることになる」（McQuail：563）

　そして「メディア化」については以下のように説明している。

「マス・メディアが、社会の他の多くの領域、特に政治、司法、保健・医療、教育、宗教のような公的役割をもつ制度（institutions）に影響を及ぼすようになっていく過程である。現在、これらの制度は、どうやったら好意的に、かつ最大限の効果で注目されるのかを重視しながら多くの公的活動が行われている。この用語は、メディアおよびメディアの論理（※原文ではイタリック体。引用者）の要求に順応・適合するように、しばしば活動のタイミング、優先順位、そして意味が歪められることを意味する」（同）

これらを踏まえると政治家が「アピールの幅を広げ、注目度や関与度を高める」ことは「政治のメディア化」の典型的特徴であると言える。では、「反金権の政治家」田川誠一を「メディアの論理」で動く政治家として説明するのは適切なのだろうか。

定まっていない田川評

現在、田川は「（清廉な）反金権の政治家」と評価されているが、これは政治家・田川に関する研究が進んでいった結果、構築された「定説」というよりも、メディアの報道・論評の中で形成された「イメージ」といった方がよいだろう。

本書の目的はこうした田川のイメージを真っ向から批判したり否定したりすることではない。このイメージだけではまだ不十分ではないか、政治家・田川の実像に迫り切れていないのではないのか、というのが本書で提示したい視点である。田川像の不十分な部分を補足し、より明確なものにしつつも、既存の視点とは異なる見方を提示することが本書の目的である。

その際、一つヒントになる田川評がある。政治家引退に際して新聞記者の岩見隆夫が執筆したコラム「「やればできる」の田川イズム」がそれである。「進歩党代表の田川誠一が残した仕事は広く知られている。日中、反金権、そして政界で「変わり者」と言われるぐらい反骨を貫いた」という部分は、知られた田川評そのものだが、注目すべきは以下の箇所である。

「もう一つ、これほど書くことに執着した政治家は、ほかにはちょっと見当たらない。「まあ、嫌いじゃないね」と田川は言うが、たんねんに日記をつけ、克明にメモを残し、文句なく「政界一筆マメな男」の折り紙がつく。便所のなか、電車のなかでも書いた。著書は通算して二十六冊、うち日中関係が八冊を占めている。……『朝日』出身の田川は、七十四歳にしてジャーナリスト精神を失わない稀有《けう》な文人政治家である。」（『毎日新聞』一九九三年三月九日）

朝日新聞政治部で同僚だった太田博夫も一九九五年、田川の著作（『やればできる痩せ我慢の道』）を書評する際に「新聞記者から政界入りするものの多くは、大言壮語派、遊泳術派だが、田川君はいつまでも朝日の記者魂をもち、真実を語り、カネに対し潔癖であった」と社報の『朝日人』（一九九五年七月・四一〇号）に書いている（憲政131）。

岩見や太田らが語るように、もし田川を「ジャーナリスト・記者（精神を失わない）政治家」ととらえるのであれば、「メディアの論理」という概念ももう少し精緻化して論じる必要があるだろう。

「メディア」と「政治」の境界――「ジャーナリズムの理念」

田川の行動原理は、いわゆる「メディアの論理」だけでも、「政治の論理」だけでもとらえられない。強いて言えば「メディアの論理」の中の特殊な論理である「ジャーナリズムの理念」という概念で説明できるのではないかと筆者は考える。

そのために、まず「ジャーナリズム（ジャーナリスト）」をめぐる概念の「誤解」について説明しておきたい。

「ジャーナリズム」と「ジャーナリズムではないもの」の境界線に関する議論の中で、エクマンとウィドホルムは、現代のメディア環境では、ジャーナリストと政治家の両者がオンライン空間で複雑にかかわりあいながら、行為者と情報源の両方になっていることを指摘している（Ekman and Widholm：191ff）。さらに、現代では政治家のソーシャルメディア利用が進み、政治家の発言がニュースの重要な情報源となっているとも指摘している。現代のメディア環境（特にSNS）における政治コミュニケーションでは、政治家とジャーナリストとの境界線は曖昧《あいまい》になりつつあるとかれらは言う。

もっとも、「政治家」と「ジャーナリスト（ジャーナリズム）」を「対峙《たいじ》する存在」としてとらえること、もしくは現在それらの区分が融解しているといったこうした議論そのものが、「政治」と「ジャーナリズム」の境界線を過度に自明視するという問題を有していることは指摘しておかなければならない。前述したようにジャーナリストと政治家の境界線が曖昧になり、政治家がメディアを用いて情報発信主体になることそれ自体は現代の特徴的要素ではない。むしろ過去にはそうした時代がしばしば存在していた。佐藤卓己は「政治のメディア化」が進行する以前には、政治家と新聞記者（ジャーナリスト）の境界がほとんど存在しなかった時代もあったと指摘している。

「議会開設前において「政論記者」と「在野政治家」はほぼ同義であり、そうした記者が議会選挙に立候補したのは当然だった。すでに第一回選挙当選議員の二割以上……が「メディア関連議員」であることも何ら不思議ではない。……政論新聞が中心だった時代には新聞経営だけが政治活動から直接収入を引き出せる継続的な職業であり、ジャーナリストとは「有給の職業政治家」の別名であった。政治的才能に恵まれた人物が「政治によって生きること」を余儀なくされた場合、「典型的な直線コースとしてはジャーナリストか政党職員のポスト」が選択肢として残った」（佐藤 2018：19）

かつては新聞社を経営する者が政治家になり、また政治家が落選後・引退後に新聞社を経営したり、新聞社で雇用されたりすることもしばしば見られた。しかし日本では戦後の議員は再選されやすく、すなわち専業の政治家として活動することが比較的容易になり、また新聞社も落選議員を雇用する余地が少なくなり、「メディアは政治から自立し、ジャーナリストと政治家は分離された」（同：39）のである。

また河崎は著書『ジャーナリストの誕生』の中で「ジャーナリスト」に関する誤解を以下のように説明している。

「「ジャーナリスト」は職業を表す言葉ではない。スポーツ選手にプロフェッショナルとアマチュアがあるように、ジャーナリストにも職業人ジャーナリストと素人《しろうと》のジャーナリストが存在する。

それはジャーナリズムという活動を実践する人々の単なる下位区分にすぎない。……そこから「ジャーナリスト」とはこういう存在である、とりわけ職業であるという漠然としたイメージを、各自が勝手に描いてきたのではないだろうか」（河崎 2018：226f）

職業人ジャーナリストだけを「ジャーナリスト」としてとらえる境界線は、近代化に伴って一九世紀から二〇世紀にかけて構築されてきた。こうしたメディア史的議論を概観して明らかになってくるのは、マス・メディアが「ジャーナリズムの主体である」「職業記者がジャーナリストである」という認識は、長い歴史の中では普遍的なものではないということである。

こうした河崎の議論に依拠すれば、ジャーナリズム活動を行う主体を職業ジャーナリスト・企業ジャーナリズムだけに限定する特定のジャーナリズム観こそ相対化されるべきであろう。つまり、主体中心の議論ではなく行為中心の議論へと移行するべきであるということでもある。主体としての「ジャーナリズム（ジャーナリスト）」を先に定義してからその行為をとらえるのではなく、行為としての「ジャーナリズム」を遂行している主体を「ジャーナリズム（ジャーナリスト）」として定義するような、主体／行為を逆転させた視点が必要である。これは近年、「ジャーナリズムの境界線」として議論されているテーマであり以下のような指摘が典型的である。

「ジャーナリズムとは、確固たる安定したものではなく、文脈に応じて異なる形で適用される常に変化する呼称である。ジャーナリズムの特徴が何であれ、それは常に構築されるものなのである。ジャーナリズムをめぐる争いは、しばしば境界をめぐる争いである。誰がジャーナリストなのか、何がジャーナリズムなのか、適切なジャーナリズム的行動とは何か、何が逸脱しているのか、といった定義に関する基本的な問題は、すべて「境界の作業」という観点から理解することができる。」（Carlson：2）

実際、最新の国際比較ジャーナリズム研究のプロジェクトＷＪＳ（Worlds of Journalism Study）では、「ジャーナリスト」は以下のように幅広く定義されている。

「時事問題（ニュース）に関して、意識的に正確な（accurate）情報を探し、記述し、分析し、解釈し、文脈化し、編集し、制作し、提供し、描写することを定期的に行っている人である。テキスト、音声、視覚のいずれかの形式や媒体でそれを行う」（WJS3 Working Paper：1）

さらに近年では、こうした網羅的定義ですら不十分になり「周辺的なジャーナリスト（peripheral journalist）」というカテゴリーも新たに生み出された。「周辺的なジャーナリスト」には「フルタイムおよびパートタイムの労働者、無給のインターン、その他（アイデンティティ的に、帰属意識的に、自らをジャーナリストであると考える人々）」、「従来のニュース配信媒体以外の媒体（例えばマイクロブログ、プラットフォーム、メッセンジャーアプリ、ＳＮＳ、動画共有、ニュース集約サイト）で働く者」、「従来のニュース配信媒体でもボランティアで働く者（例えば、コミュニティラジオのボランティア）」などが含まれている（同：4）。

佐藤や河崎の言うようなメディア史研究の領域で展開されてきた議論は、現在のジャーナリズム理論や調査研究でも有効であるどころかその重要性が再確認されている。日常的にジャーナリズム的な行為をしている者であれば誰でも「ジャーナリスト」としてとらえることが必要（少なくとも理念的には……）である。政治家であること、ジャーナリズム（ジャーナリスト）であることは両立しうる。

「ジャーナリズムの理念」とその貫徹への挑戦

佐藤は、本シリーズ『池崎忠孝の明暗』の中で「今日私たちが目にする政治家はSNSで日々刻々と情報を発信するわけであり、その多くは理念よりも影響力を重視している。そうしたウェブ体験を経て当選した議員は、多かれ少なかれメディア議員なのではないだろうか」(515)、「メディアに「権力の監視役」や「体制批判」を求める研究者にとっては（メディア議員は）扱いにくい存在」（同）と指摘している。

ただ、ここで検討すべきは「理念」と「影響力」とは相反するものなのだろうかということである。むしろ「理念を重視し掲げることで影響力を獲得する」ということがありえるのではないだろうか。本書との関連で言えば、「田川はジャーナリズムの理念を貫徹しようとすることで政治の場で影響力を得た」ということはできないだろうか。

ところで、自由民主主義社会における「ジャーナリズムの理念」とは一体どのようなものだろう。様々な定義があるだろうが、一般的には以下のようなものが挙げられるのではないか。

①市民を代弁すること

②権力を監視すること
③重要な出来事を正確に伝えること
④市民の政治参加を促進すること

この項目はジャーナリズム論の教科書の中の「ジャーナリズムと規範的期待」という節の中で「ニュースメディアが社会に対して果たすべき活動」（大井：19）としてあげられていた項目を要約したものである。なおこの個所はアメリカのメディア研究者のグレビッチとブラムラーがアメリカのメディア・システムの原理として挙げていた、①市民を代理して活動すること、②公権力の乱用へ対抗すること、③開かれた思想の自由市場の提供、④国民の知る権利に奉仕し政治的参加を促進すること、を土台にしたものである（Gurevitch and Blumler：269）。もっともグレビッチらは、こうした原理を守ることが出来ないアメリカのメディアを批判する文脈でこうした議論をしていたのではあるが、少なくとも理念としては我々にもなじみ深いものと思われる。

こうした諸理念は、そこまで違和感を覚えるものでもないはずである。例えば、元ジャーナリストでジャーナリズム研究者の藤田博司《ひろし》は、新聞通信調査会発行の書籍の中でジャーナリズムの役割として「社会の構成員である市民の必要とする情報を適切に伝達すること」「権力の腐敗や逸脱に目を光らせ、問題があれば警鐘を打ち鳴らすことによって、民主主義が機能不全に陥《おちい》るのを未然に防ぐこと」を挙げている（藤田博司 2014：3f）。またこの分野である意味では古典とも言える著書『ジャーナリズムの思想』

（岩波書店・一九九七年）の中で原寿雄《としお》も様々なジャーナリズムのあるべき姿を語っているが、「権力に対する番犬となり、社会正義の実現をはかる。民主主義に不可欠の公的情報を社会に伝達して民衆の「知る権利」に応え、地域から地球まで環境を監視する」（iii）、「民衆のための社会的自由」（92）、「「不偏不党」「公平」を突き抜けて真実に迫り、観客民主主義から参加民主主義へ道を切り開く」（124）といった記述もグレビッチらを含む前述の理念に重なる。

そしてこうしたジャーナリズムの「理念」が「影響力」を持たないかと言えば、必ずしもそうではない。政権の不祥事を取り上げた報道によって政権を追い落とした事例はいくつも挙げられるだろうし、仮にそこまでいかなくても報道によって政権の支持率が低下したり、提出された法案が取り下げられたり廃案になったりすることも多々あるだろう。

田川を動かしていたものは、「メディアの論理」というよりは「ジャーナリズムの理念」と呼ぶべきもので、その理念を貫徹しようとすることで政治の場で影響力を得たのではないか。確かに影響力を獲得するという結果だけ見れば、田川は大枠では「メディアの論理」の体現者なのかもしれないが、その影響力獲得の過程で機能していた「ジャーナリズムの理念」を見落としてはならない。

もちろん、理念の貫徹には困難が伴う。かつてマックス・ウェーバーは政治に関して熱く理想に燃える若者に対してこう言った。「一〇年後には……今日自分を純粋な「信条倫理家」と感じ、今の革命という陶酔に加わっている人々が、内的な意味でどう「なっているか」、それが知りたいものである」（ウェーバー：83）。理念を掲げることはできても、それを長きに渡り貫き通すことができるのだろうか、という問いかけである。どの時代にも自身を「理念の人」と「称する」者は数多く存在する。しかし理念の人「である」こと、そして「でありつづける」こととなるとどうだろうか。

「ジャーナリズムの理念」はメディアの現場であっても貫徹することは難しい。理念的なジャーナリズム論がしばしば「ジャーナリズム批判」として流通する所以《ゆえん》でもある。ましてやその理念を政治の現場で実践しようとすることとなれば、それはさらなる困難を伴う〝挑戦〟となる。

メディア政治家・田川の原動力とその源泉を追う

政治家・田川は一方で多作な「ジャーナリスト」であった。だが田川に関するまとまった「評伝」はほとんど存在しない。田川〝評〟と呼べるのは、同時代的な評論を除けば引退を伝える記事や訃報などが主である。

筆者はメディア政治家・田川を考える上で「(田川には)評伝がないこと」ということも重要な意味を持つと考えている。というのも、田川は生涯の中でいくつかの自伝的著作を残しており、他者が論評(評伝を書くより)するよりも先に、自身を論じていたからである。

例えば田川は三三年に及ぶ代議士のキャリアの中盤で『政治家以前』(一九七七年)と『初陣前後』(一九八〇年)をそれぞれ出版している。また、『自民党よ驕るなかれ』(一九八七年)や『やればできる瘦せ我慢の道』(一九九五年)といった当時の政治問題を論じた書籍の中でも、自身のキャリアについてかなり言及している。これらも自伝的な書籍と言える。しかも「(数多く出版されている政治家の回顧録の)なかでも読ませるのは……千葉三郎氏『創造に生きて』と、田川誠一氏（新自ク）『政治家以前』だそうだ」（『宝石』一九八七年一月号、傍点と二つ目のカッコは原文）や「できるだけ客観的に、〝淡々〟と書いているのが本書の内容だ」（『朝日人』巻号不明）といったようにその評価も高い（憲政125-1）。「この本は新聞記者出身らしい具体的事実にもとづいて本当のことを書いている」（『朝日人』一九九五年七月）とも評価されている（憲政131）。さらに政策研究大学院大学による資料に基づく膨大子細なオーラル・ヒストリーも作成されている。

こうした多くの「自伝」がある田川を評するにあたって重要なことは、その分析視角を定めることである。本書では、本人の自伝をはじめとする各種文献を先行研究として大いに参考にしつつも、田川がかかわった政治問題に関する文献・新聞報道で補足し、そして前述した「（政治の場で）ジャーナリズムの理念を実現しようとすることで影響力を持ったメディア政治家」という視点に依拠しながら田川の政治家人生を描写していきたい。

そして田川の政治家人生を考察することは、彼が所属した政党の研究という面も持つ。自民党は別として、新自由クラブに関する研究は実は比較的少数なものにとどまっている。なお新自由クラブ関連文書については山本真生子による解説記事（山本2005）が存在する。さらに進歩党に至っては泡沫政党ということもあって研究と呼べるものはほとんど存在しない。本書はこれらの政党に関する情報提供という側面もあると考えている。

本書はこの序章のほかに本編六章と終章という構成をとっている。田川は著書の中で自身が政治家になって成し遂げた重要な出来事として「日中国交回復」「自民脱党」「連立政権」の二つを挙げている（『田川日記』：3）。これらは日本政治史の中でも重要な出来事だろう。本書でもそれぞれ第四章、第五章、第六章で論じる。しかしメディア政治家・田川を考える上で「政治家以前」の田川は、彼の行動原理を考える上で見過ごすことのできない時期でもある。そこで、第一章では学歴形成期、第二章で新聞記者時代、第三章で新聞記者から政治家秘書・選挙運動について扱っていく。その上で、終章では進歩党結成から政治家引退の時期も含めた田川の人生に迫っていきたい（なお第五・六章の一部には拙稿「自民党単独政権の終了とメディア」『京都メディア史研究年報』九号の内容の一部が大幅に修正されて用いられている）。

政治家・田川誠一を評するにあたり「メディア政治家」「メディアの論理」「ジャーナリズムの理念」という諸概念に基づく分析視角は不可欠である、と同時に田川を研究することはこうした諸概念やそれによって構成されるメディア政治に関する理論の再考と精緻化にも寄与できると考えている。

多作な政治家

田川の著作は三〇冊あまりに及ぶ（オーラル下：248参照、伊藤 2016）。実はその多くは議員時代（一九六〇―一九九三年）に執筆されている（番号4～27）。記者時代に出版した書籍はないし、秘書時代（一九五五―一九六〇年：番号1～3）や引退後（一九九三年―：番号28～31）のものもそれほど多くない。また出版社を通していないもの（例えば番号30）や非売品のもの（例えば番号29）もある。古本で今でも入手できるもの（番号27）はあるが、国立国会図書館や憲政資料室にも所蔵されていないものもある（番号6、

9、12、19、20。なお以下のリスト作成にあたって憲政116「田川誠一出版目録」も参照した）。

1. 一九五八年『南方だより』民友社。特使として東南アジア、オーストラリア、ニュージーランドを訪問した松村に随行した田川が執筆した旅行記で、各国の社会状況を政治、経済、文化、教育といった観点から伝えている。

2. 一九五八年『南の国々を回って—首相親善特使随行日記—』青林書院。『南方だより』を加筆修正して内容を充実させたもの。アジア諸国の一員として日本が東南アジアの経済発展に貢献できる環境を整える必要性についても論じている。

3. 一九六〇年『訪中一万五千キロ：変貌する新中国の奥地を行く』青林書院。松村謙三の秘書時代、松村訪中団に随行した際に残したメモをもとにした旅行記である。旅行中に視察した中国の政治、社会、経済、文化など様々な側面を淡々と伝えているが、すでにこの時点で中国関係に取り組む必要性についても語っている。

4. 一九六二年『よみがえる欧州』中外グラビア。松村らの欧州経済共同体（EEC）訪問団に同行した際に出した手紙や残したメモをもとにした旅行記。欧州各国の事情を政治経済面だけでなく文化面社会面から伝えている。なおこの旅行では香港にも訪問し、香港に対する中国の影響も探っている。

5. 一九六二年『日中問題の焦点—再び中国を訪ねて—』昭文社。二度目の訪中の旅行記。中国の外交姿勢や中国要人（廖承志と周恩来）と松村との会談内容がまとめられている。随所に人物・用語解説（「政経不可分」「対中政治三原則」）があって初学者にも読みやすい。
6. 一九六四年『今年の予算と私たちのくらし』上、野田経済研究所出版部。
7. 一九六四年『今日の中国』中外グラビア。三度目の訪中、特に墓参運動の打ち合わせ、新華社通信社幹部との記者交換に関する交渉の様子がまとめられている。
8. 一九六四年『選挙―欧州諸国の選挙制度と選挙の実態―』中外グラビア。自民党の中村梅吉政調会長に同行して英国、西独、北欧の選挙を視察したときの旅行記、米仏の選挙制度の紹介、大・中・小選挙区制度の比較解説も行われている。
9. 一九六六年『今年の予算と私たちのくらし』下、野田経済研究所出版部。
10. 一九六六年『地震・雷・火事・台風―こわいものを科学する』中外グラビア。科学技術庁政務次官時代にまとめたパンプレットで、科学技術庁、国立防災科学技術センター、消防庁などの専門家の意見をまとめて、災害の原因と対策について分かりやすく解説されている。
11. 一九六六年『回想―父の遺稿から―』オリエンタル企画。父・誠治の一周忌にあたり、父の死後みつかった遺稿と関係者の談話を盛り込んで誠一が取りまとめたもの。誠治の自伝としての性質もある。
12. 一九六七年『打つ手はある―胃ガンと肺ガン』共同印刷。
13. 一九六九年『日中問題をどう解決していくか―日中問題の現状と将来―』共同印刷。川崎ライオンズクラブで行った講演「中国問題の現状と将来」をもとに冊子化したもの。

14. 一九六九年『日中関係打開のための提言』共同印刷。『朝日ジャーナル』(一九六九年四月二〇日)を転載したもので、田川誠一後援会「新風会」の講座で使用したもの。

15. 一九七二年『松村謙三と中国』読売新聞社。一九七一年に亡くなった松村の政治家人生を、改進党時代から記者、秘書、そして政治家として松村に接してきた田川がまとめた評伝的な著作。雑誌『世界』に連載した「松村謙三の半生」などの原稿を加筆修正したもの。

16. 一九七三年『日中交渉秘録：田川日記―14年の証言』毎日新聞社。LT貿易の時代から日中交渉に携わっていた田川が残していたメモをもとに執筆した交渉録。交渉の様子が日記調の文章でつづられており、日中の思惑が錯綜していた様子が伝わってくる。

17. 一九七七年『政治家以前』横須賀新風会。還暦を前に「子ども達や子孫のために自らのたどってきた道を残しておく義務がある」として、政治家になるまでの半生を振り返った自伝。田川家の系譜から祖父母、両親、そして自身の幼年期から、学生時代、軍隊時代、政治部記者、労組委員長、朝日新聞社退職までの三八年を振り返ったもの。

18. 一九七七年『一冊の本―三代回顧録に想う―』共同印刷。田川は一九七八年二月一〇日にNHKラジオ「一冊の本」に出演し、『三代回顧録』(松村謙三著)をもとに松村謙三の生涯を語ったのだが、聴取者からの反響が大きかったので文章化したもの。

19. 一九七八年『アメリカで話したこと』共同印刷。

20. 一九七九年『日中百年・提言―アメリカ人に読んでもらった―』共同印刷。
21. 一九八〇年『初陣前後』横須賀新風会。政治家生活二〇年を一つの区切りとして政界入り前後の自身の日記や資料をもとにまとめたもの。『政治家以前』の姉妹編という位置づけであり、新聞社を辞めて大臣秘書官、代議士秘書、出馬に向けた選挙活動、初当選（一九六〇年）から四回目の選挙（一九六九年）までの自身の足跡を振り返った自伝である。
22. 一九八三年『日中交流と自民党領袖たち』読売新聞社。日中国交回復から一〇年が経って、国交回復前後の裏側を田川の記録をもとに描いたもの。『日中交渉秘録』には収録しなかった話題にも触れている。日中経済協会の「日中経済協会会報」の連載を書籍化したもの。
23. 一九八三年『ドキュメント・自民脱党―変節と脱落のなかで愚直に生きた男たち』徳間書店。一九七六年に自民党を脱党までの様子を自身の日記をもとに描いている。田中角栄や自民党に対する批判的記述が目立つが、脱党時に見せた自民党関係者の背信が克明に描かれている。『週刊読売』の連載を書籍化したもの。
24. 一九八三年『やったね！ボクたち、手紙の輪』（田川誠一と『少年ジャンプ』の仲間たち）集英社・一九八三年一二月。本宮ひろ志『やぶれかぶれ』をきっかけとして始まった週刊少年ジャンプの読者と田川との間の手紙のやり取りをまとめたもの。
25. 一九八四年『田川日記―自民党一党支配が崩れた激動の8日間』ごま書房。一九八三年一二月の衆議院選挙後、新自由クラブが自民党と連立政権を組むまでの八日間を、田川の日記をもとに構成したドキュメントである。

26. 『田川誠一写真集「新風」二十五年』田川代議士永年勤続記念誌編纂委員会刊。代議士二五周年を記念して公刊されたもので、田川の幼少時代から代議士（新自由クラブ）までを写真でつづったもの。写真には解説文も付されており、また田川の執筆したコラムも掲載されている。

27. 一九八七年『自民党よ驕るなかれ』講談社。新自由クラブ解党後、ただ一人自民党に戻らなかった田川は進歩党を結成する。新自由クラブ時代の内情から進歩党結党までの自身の活動、自身の政治家人生の振り返り、政治問題に関する自身の主張についてまとめた書き下ろしの書である。

28. 一九九五年『やればできる瘦せ我慢の道』行研。政治家引退後、「政治とカネ」問題や政治家の使命感・責任感について自身の経験をもとに論じたもの。進歩党時代の自伝としても位置付けられる。

29. 一九九六年『ふるさと浦郷《うらごう》―田川家の系譜』かなしん出版。政治家引退後、田川家の系譜と横須賀・浦郷とその周辺の郷土史についてまとめたもの。祖父母、両親、叔父叔母、田川家とゆかりの深い人々について書かれている。

30. 一九九七年『田川誠一の年譜』。自身の人生を振り返って自作した年譜（非売品）。「家の、これまでの出来事などを親が子や孫に言い伝えすることが難しくなり、若者の文字離れも手伝って自分の家のことさえ子孫に伝え残していくことが少なくなってきた。この年譜をつくることになったのは、こうしたことを踏まえてのことである。幸い我が家には祖父、両親が、言い伝えばかりでなく家にまつわる出来事など過去の記録を幾つか残してくれている。私もこれに見習って私と家族の軌跡を残していこうと思い立ったわけである。年寄りの回顧趣味ときめつけられるかもしれないが、私は先人の残した『過去に目を覆う者は将来に対して盲目である』との教えを忘れることができない」という理由で自身の誕生（一九一八（大正七）年六月）から一九九六年（平成八）一二月までの出来事を記した。

31. 二〇〇一年『田川誠一オーラルヒストリー』政策研究大学院大学編。政策研究大学院大学プロジェクト（伊藤隆）による田川のオーラルヒストリー。インタビューは一九九八年九月から二〇〇〇年三月まで計一九回、一回当たり二時間から三時間にわたって行われた。田川の幼年期から青年期、軍隊時代、記者時代、秘書時代、代議士時代（自民党、新自由クラブ、進歩党）、現役引退後の時代と時系列的にまとまった作りになっている。田川に関する公刊された文献としては最後のものとなる。「C.O.E. プロジェクト（12CE2002：オーラル・メソッドによる政策の基礎研究）」。

こうして見ると、田川は自分がかかわった問題（中国関係、自民脱党、反金権問題）に関して積極的に著作を公刊しているだけではなく、例えば『選挙―欧州諸国の選挙制度と選挙の実態』のように海外視察で見聞したこと、また『地震・雷・火事・台風―こわいものを科学する』のように官職についているときに携わったことを解説する書籍も出している。その分野は幅広い。

このほかに憲政資料室には「最近の中国問題」（憲政152）、「日中国交回復はどうしたらできるか　私の意見・復交決議案・問題点」（憲政153）という冊子が所蔵されている。前者は横須賀市商工会議所で開催された「第29回駿河経営塾講座」での講演要旨を冊子化したもの、後者は後援会広報誌「新風」の特別号で新聞に寄稿した原稿と講演要旨をもとにした冊子である。このほかにも講演会の冊子や後援会報特別版といった小冊子も多数あると思われる。

なお二〇二四年四月現在、Wikipedia の項目「田川誠一」には田村正敏との共編著として『夢中また夢あり：政治改革実現のために』（一九八九年）という出版社不明の本も記載されている。だが、田川がまとめた自身の執筆リストやオーラルヒストリーの中にはこの本に関する記述は見つけられない。国立国会図書館のデータベースによると、この本が所蔵されているのは国内の北海道立図書館と札幌市中央図書館の二か所で、国立国会図書館には所蔵されていない。なお、北海道立図書館のデータベースではこの本の発行所が「北海道政治経済研究会」であることが確認できる。

札幌市立中央図書館で現物を確認してみたところ、この本の構成は「第一章　オール与党化を憂う」「第二章　羊飼いの世直し説法」「第三章　対談」「第四章　勝手連横道道政に建白す　敗れたり札幌市長選17万票の声」「政治改革実現のために※」「あとがき風制作雑感」となっていることが分かった。

初出一覧（二一二頁に掲載）によれば、第一章は『朝日新聞朝刊』（一九八八年三月二〇日）のインタビュー記事、第二章は『週刊現代』（一九八四年九月八日号）の記事、第四章は『中央公論』（一九八三年六月・一九八七年六月）の記事をそれぞれ転載したものということになっている。（※）の箇所は章として割り振られていないが、田川の第三回進歩党大会あいさつを転載したものである。これらはすべて田川と田村の既発表の原稿や演説をそれぞれ別個にまとめたもので、二人の「共編著」と呼べる要素は見当たらない（「あとがき」を書いているのは田川でも田村でもなく「KIYOMI」という人物である）。

第三章は「対談」と表記されているのだが、内容的には田村が田川をインタビューしながら自分の政治的見解を述べるといった内容である。田村の発言もあるのだが、田川が自身の経歴について話しながら時事的な問題を語る部分が多くなっている。

田村正敏は一九四七年生、東京出身で学生時代は日大全共闘書記長も務めた。その後書店経営などを経て、一九七五年に北海道に移住して酪農経営・塾経営に携わった。北海道でも政治運動を続け、一九八三年には「勝手連」を組織し、革新系の横路孝弘を北海道知事に当選させる原動力にもなった。その後、一九八七年の札幌市長選挙に出馬したが落選している。一九九六年には衆議院選挙に出馬したが落選している。一九九八年に死去。（田村の経歴に関しては『二〇世紀日本人名事典』（日外アソシエーツ・二〇〇四年：1608）を参照した）。

第一章

横須賀浦郷・素封家の「ボンボン」

（一九一八年〜一九四一年）

祖父夫妻・両親・田川夫妻と　1946年（浦郷：128から）
前列左から、祖父・平三郎、祖母・クラ
後列左から、誠一、妻・範子、父・誠治、母・久良子（旧名・クラ）

「場にはもう一つ、すっかり見えにくくなっている特性があります。場に参与しているすべての人びとが、一定数の根本的利害、つまりその場の存在それ自体に結びついているものの一切を共有しているということ、そこから、どんな対立にも表面にはあらわれてこない客観的な共犯性を共有しているということです。闘争は敵対者間のある一致を前提にしているものだということが忘れられているのです。何が一致しているのかと言えば、まさに争うに値することが何かという点であり、それはあたりまえのこととして遠ざけられ、ドグサの状態で放置されていることです」(「場のいくつかの特性」ブルデュー『社会学の社会学』藤原書店・一九九一年:146)

1　横須賀の素封家「田川家」の長男として生まれる

「世襲議員」と呼ばれて

政治家・田川誠一を「悪く」語る際にたびたび言われることの一つは、田川が「二世議員」「世襲議員」だということである。「世間知らずのお坊っちゃん」だから「綺麗事《きれいごと》」が言えるのだと……。かつて自民党から脱党して新自由クラブを結成したメンバーたちを見た自民党のベテラン代議士・中村寅太は「世襲のお坊ちゃん議員」「苦労知らずでわがままなお坊っちゃま」と言ってのけたという（浅川 2005：58）。

このとき、田川とともに「世襲のお坊っちゃん」と揶揄《やゆ》されたのが、河野洋平、西岡武夫、山口敏夫らである。河野洋平は父・河野一郎（一八九八～一九六五）の死去後に地盤を引き継ぎ二年後の一九六七（昭和四二）年に衆議院議員になった。一九六三（昭和三八）年に初当選した西岡武夫の父・西岡竹次郎（一八九〇～一九五八）は国会議員を経験した後、亡くなるまで長崎県知事を務めていた。武夫の母・西岡ハルも参議院議員を一期（一九五三～一九五九）務めている。一九六七年初当選の山口敏夫も父・山口六郎次《ろくろうじ》（一八八六～一九六二）が国会議員を務めていた。

河野洋平は二年、西岡武夫は五年、山口敏夫も六年と、いずれも親の死去・引退からそれほど時間を空けずに初当選している。またそのときの年齢も河野三〇歳、西岡二七歳、山口に至っては二六歳（当時の最年少）といずれも若いうちに政治家になっている。

一方で、田川の父・誠治は確かに議員ではあったが代議士ではなかった。神奈川県会議員を昭和初期に二期務めたものの、三回目では落選した。その後は家業に従事し、政界からは距離を置いていた。また祖父・田川平三郎《へいさぶろう》は代議士ではあったものの、当選直後に大病を患ったこともあり一期のみで引退、その後、市会議員を務めたことはあったが基本的には経済分野中心の活動に戻っている。

田川は、祖父や父の政治活動のことを当時の時代背景を絡めつつ「あの当時ですから、推されて旦那衆はみんな出されたわけです」（オーラル上：7）と語っている。父や祖父は地域の有力者として周囲から推され政治家になっていたのであり、政治家を続けることに固執していたわけではなかった。

ただし、前述した中村の発言「お坊っちゃん」の方はかなり当てはまる。田川家は地元では有数の「素封家《そほうか》（民間の大金持ち）」であり、そこで生まれ育ったことが、その後の田川誠一の人生に大きな影響を与えたからである。

「この世に生をうけてから三十八年、政界に身を投ずるまでの生活は、まことに恵まれた環境にあった。家族や親戚をはじめ、交わった多くの先輩、友人たちに見守られながら成長してきた私は、確かに幸せだった。このような環境が、政治生活に目に見えない大きな力となっていることを忘れることはできない」（以前：「はじめに」5）

本章では、田川の自伝的著作（『政治家以前』（一九七七年）、『ふるさと浦郷・田川家の系譜』（一九九六年）、『田川誠一オーラルヒストリー』（政策研究大学院大学・報告書・二〇〇一年）、『田川誠一の年譜』（一九九八年））

をもとに、各種文献と資料で補いつつ、政治家・田川の生まれと育ちについてまとめていきたい。

田川家の系譜——三浦半島に戦国時代から住み着く

田川誠一は大正七（一九一八）年六月四日、鎌倉市坂ノ下にある村田家、母・クラの実家で生まれる。第一次世界大戦が終結し、前のパンデミックであるスペイン風邪が流行した年であった。

誠一の生家、田川家は今から四百年前、江戸時代には神奈川県三浦半島に住み着いていたと言われる（浦郷：19）。田川家は三浦半島に移り住む前は、長崎・平戸に居住し造船・回船業を営んでおり、何かの機会に三浦半島を訪れ、平戸湾に似た浦郷・榎戸湾に住み着いたのではないかと政治家引退後に執筆した『ふるさと浦郷』で振り返っている（浦郷：27、なお田川の弟五郎は「われわれの遠い先祖は北九州」（人々：33）と推測している）。田川が故郷という「浦郷」は神奈川県三浦郡田浦町（昭和八年に横須賀市に編入）の一つの集落で横浜市金沢区に隣接しており、今でも横須賀市の田浦地区には「浦郷町」という地名が残っている（『横須賀市史』も参照）。

浦郷は鎌倉時代から重要な港として栄えていた。「由緒ある家柄ではない」（浦郷：19）田川家には明確な系譜図は残ってはいない。ただ、田川家の菩提寺である正観寺《しょうかんじ》（浄土宗医王山正観寺・神奈川県横須賀市浦郷町）の過去帳によれば、文化一〇（一八一三）年に誠一の曾々祖父（四代前）である田川秀吉《ひできち》が田川家の「一四代目与左衛門の長男として」生まれたとあったり、「田川家本家の初代三郎兵衛は、四代将軍徳川家綱の治世下の寛文三年（一六六三年）に死去と記されてゐる」（人々：18）ことからも、田川家は遅くとも江戸時代初期には三浦半島に住んでいたことがうかがえる。

田川秀吉（初代・幸蔵、文化一〇年六月〜明治二八年九月二四日・八二歳没。回想：4, 7）は長男ではあったが家業の船大工を弟に継がせて自分は独立して商人を志し、横須賀・浦賀の米穀商で修業を積んだ。のちに浦郷の海岸に小さな店を構えて日用品を販売した。これが「田川商店」の起源である。その後、秀吉は肥料業、油業へと事業を拡大させる。肥料はイワシをもとにした魚肥《ぎょひ》の「しめ粕《かす》」、そして魚を絞った魚油の製造といった三浦半島の地の利を生かした事業拡大であった。米穀商としても精米施設の導入や倉庫を拡充し、近隣の村へ海上輸送して販路を広げていった。また明治初期、横須賀が軍港として徐々に整備され始めると、周辺の土地や山林を買収して事業を拡大していった（浦郷：20）。

田川商店の勢力は、田川の曾祖父・二代目・幸蔵（弘化元年三月二四日〜明治三三年五月五日、回想：18f）や祖父・平三郎の時代にさらに拡大した。特に幸蔵は誠治によれば「商売の鬼」であり、酒類の販売へと事業を拡大、また周辺の村の山林を譲り受けて山林経営を行うなどして利益を出した（同）。

幸蔵は妻・カツとの間に二男四女をもうけたが、二男は幼少に他界、長男・国太郎も若くして病気で亡くなる（国太郎は明治法律学校に進学し法律を学んでいた。浦郷村から東京の学校に「遊学」させるのは初めてのケースで、両親の期待も並々ならぬものだったようである。人々：70f）。田川家は三女・クラが継ぐことになり、養子として高橋平三郎を迎えた。平三郎は三重県飯南郡花岡村（現・松阪市）に生まれ、一六歳のときに上京し、東京・新川《しんかわ》の浅井商店に奉公する。その後、浅井商店と取引のあった田川商店の幸蔵から「懇望」されて一八九〇（明治二三）年、田川家へ婿入りした（浦郷：24）。

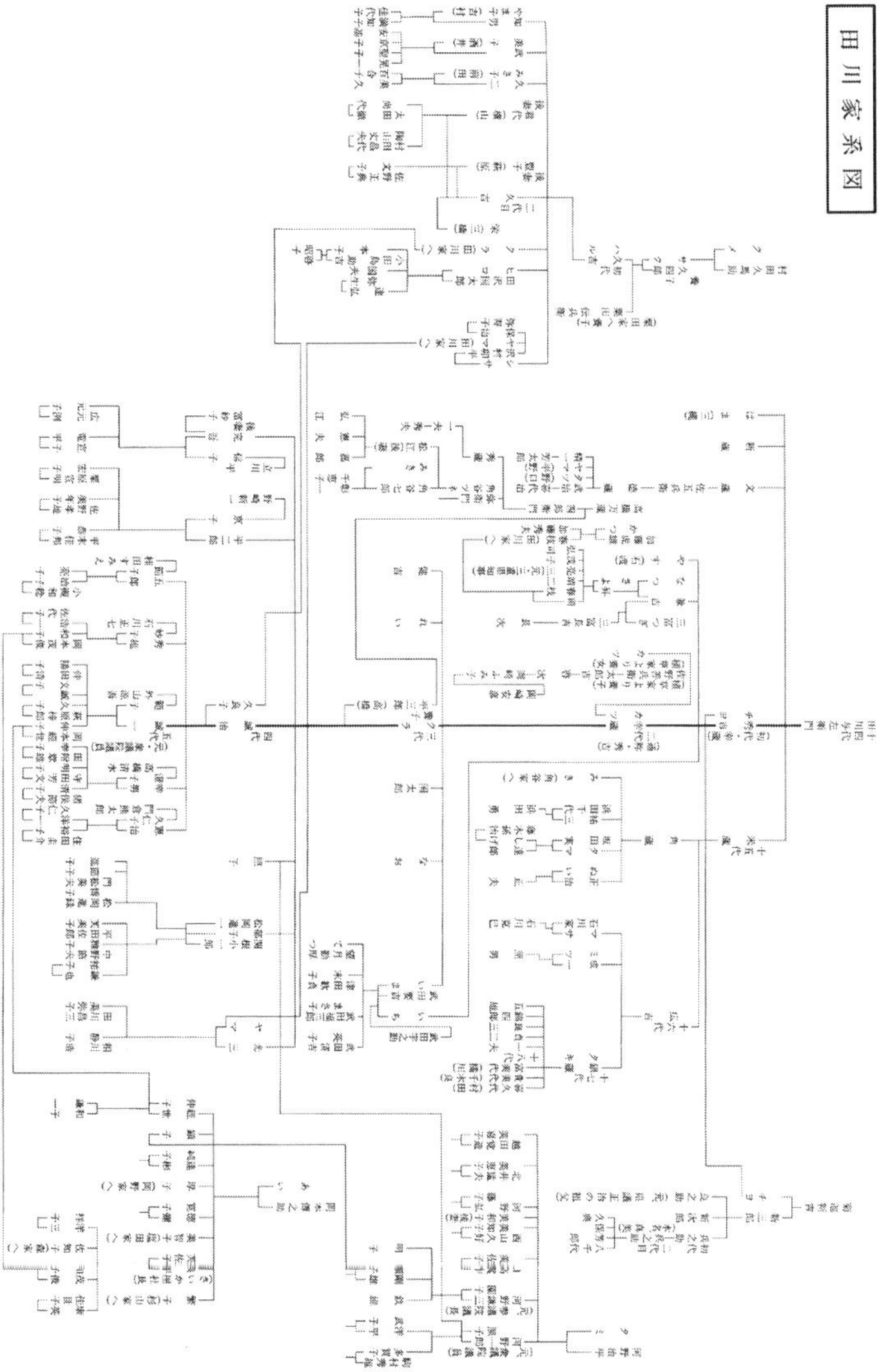

図 1-1　田川家家系図（政治家以前：6、浦郷：付録より）
⑭田川与左衛門　→⑮秀吉（初代・幸蔵）（1813 生～ 1895 没）→⑯二代目・幸蔵（通称・秀吉）（1844 生～ 1900 没）→⑰平三郎（1868 生・旧姓：高橋～ 1951 没）→⑱誠治（1892 生～ 1965 没）→⑲誠一（1918 生）

田川家と平三郎の出身地の三重県とのつながりは戦後も続いている。幸蔵の弟・兼吉の孫である田川亮三（一九一九〜一九九五）は官僚を経て、一九七二年には社会党と民社党から公認を得て、自民党公認の九鬼喜久男《くききくお》を破って三重県知事に就任する。その後、一九九五年まで六期二二年務めた。縁戚で誠一とは「また従兄弟《いとこ》」の関係にあるが、亮三の長兄が鎌倉で田川家の分家を継ぐなど関係は深いものとなっている（同）。

田川家は、事業を拡大して三浦半島でも随一の「土地持ち」になり、米穀の卸に加え、海運業にも進出していた。一時は横須賀や三浦の方に行くには「私の家の土地を通らなきゃ行かれない」（オーラル上：4）と言われるほどだったという。そういう点でも、田川は恵まれた家庭に育った「お坊っちゃん」だったのである。

祖父・平三郎——事業家と政治家の二面の顔

誠一の祖父・平三郎は一八六八（明治元）年に生まれた。寺子屋の勉学のみでいわゆる学歴はなかったが、努力家であり、独学で教養や知識を身につけた。日記を残すなど特に書き物に長《た》けており、「誠治をはじめ、その兄弟や私たち孫にいたるまで、日記を書いたり、書き物にマメなのは、その血をひいているからなのだろう」（浦郷：138）と田川は回顧している。

平三郎は岳父・幸蔵に劣らず旺盛な事業欲を発揮したが、政治の領域でもその手腕を発揮した。村議会（浦郷村）、群議会（三浦郡）、町議会（田浦町）の議員を歴任、一九〇七（明治四〇）年、三九歳で神奈川県議会議員になる。一期空けて、一九一五（大正四）年に再び当選、一九一九（大正八）年には通算三期目の当選を果たす。そして一九二二（大正一一）年に実施された衆議院の補欠選挙では神奈川四区（三浦郡・鎌倉郡。※二区という表記もある。年譜では四区）で憲政会から立候補して当選した。この選挙は、福本清之輔《せいのすけ》代議士の死去に伴う補欠選挙で、地元神奈川の代議士小泉又次郎（小泉純一郎元首相の祖父）やのちに首相となる加藤高明憲政会総裁からも打診されて立候補した（人々：85-87）。

このとき、息子の義父・村田久吉をはじめとして親戚は平三郎の立候補に反対し、妻・クラも猛反対した。息子の誠治も小泉に対して「田川家は多数の店員を預かっており、家族も多い。いま中央政界に父が出馬するのには絶対反対です」と訴えたことがある（回想：92f）。平三郎は最終的には小泉らの熱心な説得に折れ、また浜口雄幸《おさち》や降旗元太郎《ふるはたもとたろう》らの応援もあって辛くも当選する。（同：94f）

だが平三郎は当選直後に大病を患い、一期二年で引退する。幸い引退後は健康にも恵まれ、相模《さがみ》運輸株式会社の四代目社長、横須賀乗合自動車株式会社の社長など、各会社の役員を歴任するなど、横須賀経済界で指導的な役割を果たした（浦郷：138f）。

また代議士は引退したものの一九二九（昭和四）年には地元・田浦町議会選挙に立候補し当選、横須賀市との合併問題（一九三三年に田浦町は横須賀市に吸収合併される）に取り組んだ。このように平三郎は地元の事業家と政治家の両面で活躍した（同：139）。

一方で、平三郎は園芸を趣味として自宅周辺の山林や畑など約三〇〇〇坪を購入、一九一一（明治四四）年には一般開放した。神戸などから取り寄せた約一五〇種のボタン、桜や梅などからなる植物園で、人びとからは「田川公園」と呼ばれ桜の時期には花見で賑わっていたという（同：64f 以前：21）。

半面、家庭では平三郎は厳格な父であり祖父だった。孫の誠一に対しても「若い者に不相応な贅沢はさせない」（浦郷：139）という姿勢で接し、鉄道で一緒に移動する際にはもっぱら三等車で、二等車（今でいうグリーン車）には乗らないなど、質素な生活を良しとしていた。若いころ、商店で奉公していたときの苦労がそうした考え方につながったのではないかと田川は回顧している。そういう厳しさを持つ婿・平三郎とは異なり、田川家出身の妻・クラ（誠一の祖母）は「平三郎とも晩酌なども共にし、タバコも吸って、気楽な人生を送った」「（平三郎とは）対照的な人物で、わがまま婆さん」と評しており、「気まえがよく、子どもや私達孫へは店の勘定から金をつかみとって小遣いを与えていた」（以前：22）と田川は語っている。

祖父の当選について田川は「（四月二十二日）地震で目が覚めた。日向《ひなた》のお寺が火事だ。今日はいよいよ当選発表の日なので、学校に行っても心配で、授業を受けておられない。だがさすがは田川だ。横須賀で百一票もとっていて当選確実だ。なんとよろこばしいことよ。「大田川（平三郎のこと）当選を祝す」と家の前は人でいっぱいであった」（同：76）と日記に残し、素直に喜びをあらわしている。

一方、同年五月中旬、平三郎はバス路線の拡張認可に関する汚職事件で検事局に拘引《こういん》されたこともあった。結果的に平三郎は無罪放免となるものの田川家にとっては衝撃的な事件だった（人々：96-99）。これについて、当時の田川の日記には「（五月十七日）家に帰ってみると警察の人が来ていて、おじいちゃんを召喚して行った。生意気な警察だ。クビにしてやるぞ」（以前：77）と残されている。この事件は通っていた学校の同級生にも知られたようで、田川は「肩身のせまい思いをしたこともあった」（同：78）と回顧している。

父・誠治――神奈川・横須賀の実業家として

父・誠治は一八九二（明治二五）年、平三郎の二男として生まれる。「誠治」という名は、秀吉が近所に住んでいた元海軍士官に相談して「誠は人間として一番大切な精神である。マコトニオサマルという意味からノブハルと読む。しかし商人の息子だから、ノブジといえばよい」と言われて付けたものである。しかし船越小学校卒業後は「セイジ」と呼ばれるようになっていった（回想：2）。その後、一九〇三年（明治三六）年に逗子開成中学に入学する（同：32f）。一九一〇（明治四三）年一月に友人をボート遭難事件で失うといった出来事もあって成績は低迷した（同：34, 68）。高等商業を希望し、一橋を受けるものも不合格、慶應義塾大学理財科（現在の経済学科）に進学し、一九一六（大正五）年に卒業する。

誠治は、友人と同様に東京の企業・経済界で活動することを望んでいた。しかし塾長宅を訪れた際、「君は故郷に帰って、家業に従事するのが得策である」と言われ（同：78）、さらに家業につかせたい父、叔父からも説得され、東京勤めを諦めて田川商店を継いだ。周囲の説得に対してはかなり強硬に拒絶し、大学卒業後も東京の下宿先にとどまるなど反抗的な態度を示した。誠治は「家へ戻ってからも、学生時代の夢はなかなか忘れられなかった。しかし父の説得で、商売の道に入ることを決心、朝から晩まで番頭、小僧と一緒になって働いた」と書き残している（同：79、以前：32f）。

一九一七（大正六）年二月には鎌倉の素封家村田家・村田久吉（鎌倉青年団長・鎌倉町議、鎌倉銀行初代頭取。岸本：82, 107、回想：79）の三女・クラと結婚し、翌年に長男・誠一が生まれた。

家業を継いだ誠治は食糧販売協同組合の責任者を務めるなど、業界の中でも目立った活躍をするようになっていった。しかし、戦時中の食糧統制の厳格化により米穀商の統廃合が進み、田川商店も一九四〇（昭和一五）年には廃業を余儀なくされた（浦郷：142）。当時の政府の指導によって、全国の米穀商は問屋も小売業も組織組合に統制され、個人商店はどんどん廃業していったのである（山口2005：35）。誠治は神奈川県の米穀業界の指導者として、多くの卸組合員と小売店をそれぞれ一つの組織に統合することに尽力していたのだが、先頭に立って家業を廃業したのだった（浦郷：142）。「田川商店」ののれんは同業者・土橋寅次郎に譲り、田川家は誠治の代で商家を止めた（以前：26f）。

誠治はその後も神奈川県食糧販売協同組合連合会初代会長、横須賀市食糧販売協会理事長、全国食糧協会参与をはじめとして食料の流通関係の事業に従事し、一九六五年春には「食糧の流通改善をはかった功績」により勲五等瑞宝章に叙せられている（『日本叙勲者名鑑 昭和39年4月〜昭和53年4月 上』日本叙勲者協会・一九七八年一一月：686、『叙勲名鑑 昭和41年 春季版』叙勲名鑑刊行会・一九六六年：401）。ほかにも湘南商事社長（一九三二年）、神奈川県無尽取締役（一九四一年）、神奈川県米穀商・神奈川県食糧営団理事長、神奈川県信販購連幹事（一九四二年）、食糧配給公団神奈川県支局長（一九四八年）、神糧運輸社長（一九五一年）を務めるなど、地元神奈川横須賀の経済界で活躍した（『大衆人事録 第25版 東日本編』帝国秘密探偵社・一九六六年：710）。また横須賀の「警防団」長に就任（一九三九年）するなど地域とのつながりも強かった（年譜：2、回想：127）。

誠治は父・平三郎と同様に政界にも進出した。「平三郎が前に代議士や県議をした関係で、地元有志から強引にかつぎ出されたのであろう」（以前：25）と田川は推測しているが、一九三二（昭和七）年六月に民政党から県議に初当選後、一九三六（昭和一一）年の県議選でも勝利し、県議を二期務めた（年譜：2）。県議時代には神奈川県内、特に横須賀市内の小新聞の合同にも関わった（回想：117-119）。当時、市内には「軍港よろず」「公正新聞」「武相新聞」「民友新報」など一三の週刊・旬刊の新聞があったのだが、それらを『神奈川新聞』としてまとめる活動にも携わった（同：119-121）。しかし三期目となる一九四〇年県議選で落選し、政界を引退した。四七歳のときだった。

その後は前述のように経済・社会の分野で活動したが（年譜：3）、父親の政界引退について田川は「よほど政治に不信感を抱いたのに違いない」（以前：26）と推測している。

誠治は平三郎とは異なり、「私たちには小言一つ言わず、進学や就職などにも相談には応ずるが、全く自由放任と言ってよく、干渉がましいことは一切しなかった」「良いおやじ」であるが、同時に「心の底には厳しい面と威厳をのぞかせる〝怖さ〟を潜めていて、私たちに父を裏切るような真似はさせなかった」と田川はいう（浦郷：143）。これは元田川商店店員・望月貞吉も「ああいう大家にしては、どちらかというと厳しかった」「（誠治ら兄弟が育ったころと比べると）誠一さんはじめ五人のお子さんには、遥《はるか》に質素な育て方のようだった」と語っている（回想：85）。また誠治も「今昔の思ひ出話」『穀用紙袋情報』（一九六三年六月）の中で米の配達袋を麻袋から木綿袋、紙袋へ変更して経費を圧縮したことを振り返っており、当時の過剰包装を問題視するなど節約を良しとする視点を披露している。誠治は晩年、次のような座右の銘を残している。田川はこれを「父の生きざまだったと思う」と記している（浦郷：144）。

「天地の広大な恵みと祖先の恩と、自己をめぐる人々の温かき厚情とを常に感謝し、家庭にありては常に忍耐を忘れることなく、我侭を敵と思う事を心がくべし」

田川の母・クラ（祖母・クラと同名であることから、後に久良子と改名）は一八九七（明治三〇）年九月（『人事興信録 第15版 下』より）に鎌倉に生まれ、一九歳で誠治と結婚した。「静かな家庭環境から、あわただしい商人の家庭へと嫁いだだけに苦労した」（浦郷：144）と田川は振り返るが、当時の田川家は義両親に加え、誠治の兄弟姉妹五人、その他親族、店員、住み込みのお手伝いも含めて二〇名近い大所帯だった。田川は母親について後援会報に寄稿したことがあり、『ふるさと浦郷』でも以下のように転載されている。

「我が家は昔から米穀商を手広く営み、住込み店員やお手伝いが、いつも十人はいた。そのうえ祖父母が厳しい人で、小姑《こじゅうと》も大勢いるという大家族。

父の末弟と私とは四歳しか離れていないので、私と叔父たちとの喧嘩にも気を使うなど、その苦労は大変なものだったろう。

こうした家庭環境で育った私たちが、母から受けた感化は「質素」「忍耐」そして「人に迷惑をかけないこと」だった。

この三つは母みずから身をもって範を垂れ、無言のうちに教えこまれたような気がする。これに背くようなことをしたときは、いつも厳しく叱られた。

何事にも控え目で他人には、やさしい母も息子に対して間違っていたことを指摘するときの目は鋭く、怖かった。

私たち五人の兄弟が、どうにか社会の一員として大過なく過ごして来られた陰には、幼い頃からの母の「無言の教育」があったからだと深く感謝している」(浦郷　146)

母・久良子の手帳には身辺雑記が記され、田川にも言及している。

「仏に対して毎日感謝し十五年。特に希望なし。終日あの胸像(※父・誠治の胸像)と暮らす事が満足です。自分の余生は短く、五人の子供が順調で、将来が楽しみと希望するのみ。決して焦らず、生活さえ安定すれば宜しい。長兄は大任、大役もあること故、何事も兄を立てて兄弟それぞれの力に応じて補助すべし。偉い人にならずとも、真面目に堅く務めていれば、認められます。金持ちになって良い地位になっても、不信用の事をしていては亡夫の勲章が汚れます。魔がさして汚職でもしたら大変。欲は禁物。自分は避けていても外より押しつけられる時もありますから、良く考え正道を守る事。そして夫婦は隠し立てなく、怪しいと思えば妻も安閑としていないで意見したり、相談をしてやるべし」(同：155f)

この記述は一九八〇(昭和五五)年ころのものと思われる。後年の田川の行動に父・誠治と母・久良子の教えを見て取ることができる。

「政治的社会化（political socialization）」という概念がある。社会学でいう「社会化（人が成長に伴って、その社会にふさわしい価値観や態度を習得していく過程）」（『現代社会学事典』：565）の政治領域版、つまり「政治に関する価値観や態度を習得する過程」であり、未成年の政治社会化を調査するにあたって岡村忠夫は「未成年期における政治意識の形成過程」と定義している（岡村：1）。そしてこの過程に影響を与える要因として挙げられるのが家族、仲間集団、学校、マス・メディア、各種団体などである（真鍋：49）。こうした議論は、時にマス・メディアの効果や影響を相対化する際に言及されることもあるが、逆に言えば人間の価値観や行動原理形成の要因として家族の存在を無視することもできないということでもある。

田川の祖父・平三郎と父・誠治はともに政治家の経験があるとはいえ、その基本は商人・経営者であり、そうした商業一家（田川商店）で田川は育った。そして地元の名士の「お坊っちゃん」として厳しくしつけられた。それに加えて祖父・父から受け継がれた「書き物好き」「日記好き」が後の政治家・田川の根幹を作っていたのである。

2　「普通」の恵まれたスポーツ少年として——Y校から慶應義塾大学へ

横浜商業学校（Y校）へ進学

田川家と村田家、ともに三浦・横須賀地域の素封家を両親に持つ誠一は「全ての点でまことに恵まれていた」（以前：39）と言える。

田川は一九二五（大正一四）年四月に田浦町立浦郷尋常小学校に入学、六年後の一九三一（昭和六）年三月に卒業する。小学校の成績は「ほとんど各課目とも「甲」」で実技系の科目に「乙」があった。成績優秀な者が指名される級長になったこともあるという（同：46）。小学校では野球チーム「夕焼け」に所属するスポーツ少年でもあった（同：47）。

その後、田川は横浜市立商業学校（通称：Y校）に進学する。当時の日本の学校制度では、尋常小学校卒業後の進路は中学校（四〜五年）、高等女学校、高等小学校、実業学校など多様なものがあった。当時の横須賀地域では「エリートコース」としての進学先は県立横須賀中学だったが、田川は家業を継ぐ身だったこともあって商業学校のY校へ進学した。志望者の倍率は三倍程度であったが、恩師の厳しい指導もあって合格した（以前：63-65）。

田川は「入学試験に父兄がコネを頼って運動するようなこともなかったようだ」（同：64）と回顧しているが、Y校入学に際して祖父・平三郎と懇意な関係にあった村山捨吉（村山商店社長）が保証人になるなど、田川家の人脈の中で育っていったこともうかがえる（同：65）。

少年時代から野球チームに入っていた田川は、野球の名門Y校でも野球部に入部したが練習が厳しかったこともありすぐに退部する。その後、三年生のときに「誰でも簡単にはできない〝男性的〟スポーツ」（同：66）として魅力を感じたラグビー部へ入る。

一九三五（昭和一〇）年、Y校五年生のときに田川はラグビー部の主将になる。「落第生や素行の良くないものが少なくなかった」（以前：67）部員たちを統括し、彼らが問題を起こせば田川が責任者として教師から叱られた。ラグビーをはじめてから田川の成績は下がっていき、一時は落第寸前までになる。もっとも、田川はラグビー部時代を「心身の鍛錬に役立った。戦争中、軍隊生活に入ってから、肉体的にはそれほどへこたれなかったのも、ラグビーで鍛えていたおかげだった」（同：69）と振り返る。ラグビー部の同級生たちとはその後も関係が続いていた。

田川はY校では決して優秀な生徒ではなかったという。「Y校から得たものは、ソロバンぐらいなもの」（同：73）で、その代わりに数多くの友人たちにも恵まれ、後に神奈川県の有力者になる者、田川が勤務することになる朝日新聞社の社員になる者たちとの関係が形成された。こうしたつながりは政治家になった後でも続き、後援会の幹事を務めるなどの者もいた。

慶應義塾に学ぶ

一九三六（昭和一一）年四月、田川は父・誠治と同じく慶應義塾大学法学部政治学科へ進学する。父の出身で当時の看板学部だった経済学部ではなく、法学部政治学科を選んだ。政治学科は「入学試験で最も競争率の低い」（以前：82）、野球や水泳など運動選手が多く入学する学科だった（オーラル上：9）という。田川と同時期に政治学科に在籍していた政治家・松野頼三《らいぞう》も学生時代の不真面目なエピソード（政治学科を選んだのは自分は頭がさつだから経済や法律ではなく政治学科にした、楽だし社会勉強ができそう、教授に単位を懇願した、同級生が集団カンニングを試みた話など）を語っている（池井：11-16）。

田川家は父・誠治のほか、叔父の光三、さらに誠一の四人の弟も慶應義塾大学を卒業している。その理由についてては明確なものがあるというわけではないらしいが、強いて言えば福澤諭吉の思想には共感するところがあったという。田川は福澤の遺訓「天は人の上に人をつくらず」のほかに、「上野の戦闘を見ながらなお塾を開いて学問の道に精進していた」ことを共感できるエピソードとして挙げている（以前：83f）。これは一八六八年（慶應四年五月一五日、新暦・七月四日）上野で旧幕府軍・彰義隊と新政府軍との戦争が勃発したとき福澤が「なにがなにやらわからないほどの混乱なれども、私はその日も塾の課業をやめない。上野ではどんどん鉄砲を撃っている、けれども上野と新銭座とは二里も離れていて鉄砲玉の飛んでくる気づかいはないというので、ちょうどあのとき私は英書で経済の講釈」をしつづけ、「世の中にいかなる騒動があっても、変乱があっても、いまだかつて洋学の命脈を絶やしたことはないぞよ。慶応義塾は一日も休業したことはない。この塾のあらんかぎり大日本は世界の文明国である」と塾生に語ったという有名な逸話のことである（福澤：202-203）。

政治家時代に出版した『政治家以前』では慶應進学の理由をこう語っていたのだが、晩年の『オーラルヒストリー』では、大学進学の理由として「何となく大学に憧れ」（オーラル上：11）があったからだと語っている。当時のY校の卒業生の多くは実務についたり、企業へ就職したりする者が多く、大学に進学する者は「百三十〜百四十人の卒業するうちに、十人いたかいないか」（同：10）だった。そうした状況で大学に進学した素直な「動機」を以下のように語っている。

「家で勧められたわけじゃないですけど、何となく大学に憧れてたんですよ。……同居生活している親父の弟がみな一緒でしょ。派手な生活しているんですよ。昭和の初めでしょ。私のすぐ上の叔父が五つ違いで、その叔父の三つぐらい上の叔父までは、小さい頃から一緒に兄弟同様で過ごしている。早稲田に行った二人が、遊び回っているんですよ。上の平二郎……当時、家の金で自動車を買ってもらって、箱根へドライブに行っているんです。……なんて羨ましい。……それから、当時ヨットがあったんです。スター級のヨット、繋留場所は御手《おて》の物ですから。だから、大学というのはいいところだなと。それが、やっぱり進学の大きな……」（同：11）

だが田川の目論見《もくろみ》とは異なり、学生のおかれた環境は変化し厳しいものになった。当時の慶應義塾の塾長は小泉信三（塾長期間一九三三〜一九四七年）で、厳しい教育方針がとられていた。服装規定や「短髪令（断髪令）」を設け、質素倹約を旨としていた。それは塾生への講話でも見られる（「塾の徽章　塾生への講話」（今村：296-298））。前述の松野も「（短髪令は）入学案内にも書いてないし、校則にも無いから断固反対」（池井：11）と抗議活動をしたという。他の学生も反発し、ストライキを起こしている（「短髪令に反対して〝慶応型〟盟休騒ぎ　篭城を取止めて野球応援へ」『東京朝日新聞』一九三五年一〇月二〇日夕刊、

「短髪騒動大団円　慶応ボーイはお利口」同一九三五年一〇月二二日）。

当時の社会もまた「軟弱学生」に対しては批判的であった。当時の学生風紀に対して厳しい目を向けていた警視総監・安倍源基《げんき》は新聞のインタビューに「親の身になつて見ろ」としてこう答えている。

「学生の喫茶店、撞球場、麻雀屋通ひは、一概に悪いとは云はないが然し時局をもつと重大に考へて貰ひたいね。国家の為に戦線では兄弟が生命を賭して戦つてゐる時なのだ。銃後に汗して働く親許の送金で、息子が喫茶店、バー其他の遊惰な気分に浸つてゐられるかどうか問題はこの心構へにある……将来学生街の所謂《いわゆる》遊び場はどうなるかについては質実剛健な学生街は矢張り不良の温床となる様な悪質の喫茶、バー其他の娯楽場所を遠ざける方針で目下立案中です」（「〃親の身になつて見ろ〃　安倍総監サボ狩の肚《はら》」『朝日新聞』一九三八年六月一八日）

一九三八（昭和一三）年ころから警察（特に警視庁）による不良学生狩（サボ学生狩）が激しくなり、警察の行きすぎた対応が問題となる一方で、風紀取り締まりとして支持する声も強かった（「遺憾なり〃教育の貧困〃　賛否分れる〃学生狩〃　一声強し新文相　師範学校長に訓示」一九三八年六月八日、「早大生抗議　学生狩りに」『朝日新聞』一九三八年六月一〇日、「〃親の身になつて見ろ〃　安倍総監サボ狩の肚」一九三八年六月一八日）。

田川の回顧録では、慶應義塾における学習については中国語を学んだこと、卒業記念アルバムの委員になったことに少し触れられている程度である（以前：84）。さらに全六〇〇頁近いオーラルヒストリーの中でも三〜四頁にすぎない。『年譜』では大学時代への言及は皆無である（年譜：20）。「全然記憶がないんですよ。だから、学校に行かなかったんじゃないかと思います」（オーラル上：12）と田川は言っているが、政治学科でどのようなことを学んだのかもほとんど書かれてはいない。なお、軍隊時代に大学の友人から来たハガキに「去年の今ごろは、もう夏休みで、俺もお前も休みになるのが、嫌いだったっけ」（以前：151）と書いてあり、その本意は「大学時代は休みも平日も変りないくらい遊んでいて、夏休みになると、東京で遊べないので、夏休みをお互いに歓迎しなかった」というくらいなので、大学時代はあまり勉強熱心とは言えなかったと思われる。

そのかわり自伝やオーラルヒストリーなどで紙幅が割かれているのは、やはりY校と同じく友人関係であり、会社員、経営者、公務員、大学講師など幅広く挙げられている。

日中戦争のさなかということもあって一九四一（昭和一六）年一〇月、大学・専門学校の就学年数の短縮が決定される。これにより同年一二月（二五日）に田川は大学を繰り上げ卒業することになった（年譜：3）。当時は二〇歳で兵隊検査が実施されていたのだが、大学生は猶予されていた。田川らは卒業の直前に検査を受け、軍に徴集されることになった。その後、一九四二年二月一日に近衛歩兵第五連隊補充隊・東部第八部隊に入営した。

3　朝日新聞社入社、しかし直後に軍隊へ

入社二カ月で軍隊へ

田川は一九四一年（昭和一六）一〇月、朝日新聞社から内定を得て（以前：93）、一二月一五日に東京本社に入社する。父・誠治が代理店をしていたこともあり、当初は千代田生命保険も志望していたのだが、「単なるサラリーマンになるより、ジャーナリズムに魅力を感じて」「〝宮づかえ〟のような仕事ではなく〝自由業的〟なものに魅力を」感じて朝日新聞社への入社を選んだ（同：88f）。

当時は徴兵される者が多く、総じて人手不足の時代だった。就職難の時代ではなく、新聞社も外地・戦地の報道記者が多く必要だった。朝日新聞社も従業員を増やしており、一九三六（昭和一一）年には四〇〇〇人弱（三八三八人）だったのに対し、田川が入社した一九四一年には五〇〇〇人強（五三七三人）と五年で四割も増えている（朝日新聞社百年史編修委員会編『資料編』：80）。

田川は、朝日新聞社出身で当時すでに代議士だった叔父・河野一郎を通じて、朝日新聞社の丹波秀伯《ひでお》（後に朝日新聞取締役）、美土路《みどろ》昌一《ますいち》（後に朝日新聞社社長）、鳥越雅一（政治部次長、後に調査部長）を紹介してもらった（以前：96。肩書は『朝日人辞典　増補改訂版』一九九四年を参照）。そうしたコネもあってか入社は果たすものの、採用形態は正社員枠ではない「準社員試用」であった。

当時の朝日新聞の採用には「練習生」と「準社員試用」があった。練習生の場合は試用期間が終われ

ば正社員になるが、準社員試用の場合は試用期間が終わっても準社員のままであり、その後正社員になるにはもう一段ハードルがあった（オーラル上：16。朝日新聞社百年史編修委員会編「資料編」：80でも「一般社員」「準社員」「雇員」という分類で従業員数が記載されている）。なお身分制は一九四六年一二月に民主化の一環として廃止された（朝日新聞社百年史編修委員会編「昭和戦後編」：51）。

「新聞記者になぜなったか、と時々友人などから聞かれる。私はその時、いつも「社会学《ママ》を学ぶため」とか「見聞をひろめるため」と答える。しかし、それはほんとうの気持だろうかどうか。私にはハッキリ断言できない。私には文才がないし、社会的知識にも乏しい。新聞記者としての素質といえば、聞き上手で、人づき合いが良いくらいなものだ。私は単に「新聞記者」という職業に魅力を感じたにすぎなかったようだ。しかし、こんな魅力だけでは、いけないと思う。自分に与えられた職務に邁進《まいしん》すべきである。なぜこの道に入ったなどと考える必要はない。ただ勉強あるのみだ」

（以前：89）

この日記は一九四六（昭和二一）年、終戦後に復員した後に書いたものである。

他のメディア政治家、もしくは新聞記者に期待されがちな「熱さ」「政治・社会的な意識の高さ」に比べると、田川のそれは低い。ジャーナリズムに関する魅力として挙げられているものも表層的なものに見える。それでも「朝日への入社は、私のその後の人生の分岐点となった」（同：91）と田川が語っているように、新聞記者になったことは師となる松村謙三と出会うきっかけにもなったのである。

近衛歩兵第五連隊補充隊

入隊に際して、田川は一つの「挫折」をしている。当初、田川は海軍主計士官を志願していた。「硬直的で融通性に乏しい」陸軍ではなく、「視野も広く、柔軟な伝統が」ある海軍に魅力を感じたから、学生時代の学問を生かせるから、「海軍の方が陸軍より楽である、という考えだった」という（以前：97f）。経理学校については「役人出身の人は合格者が多かった。頭のいい人はみんな合格」（オーラル上：15）だったが、田川は試験に落ちた。

海軍に落ちた田川は陸軍の徴兵に応じざるを得なくなり、麻布の近衛歩兵第五連隊補充隊に入営することになった。田川家で入営するのは叔父の平二郎と完吾に続いて誠一が三人目であった。

入営に際して田川は「どうしても死地に赴くような深刻な気持《ママ》は、わかなかった。むしろ、軍隊に入るなら、兵隊で過ごすより将校になるべきだ、と考えて、幹部候補生の試験勉強の方に関心を持っていた」（以前：100）と当時の気持ちを回顧している。軍隊の幹部候補生試験では「軍事勅諭」を暗記させられるという情報を事前に入手していた田川は暗唱したり、紙に書き写したりして試験に備えていたという（オーラル上：17f）。

陸軍の初年兵生活は「非人間的な生活の連続」（以前：104）だった。入隊から一カ月もすると、班内の先輩からのいじめが激しくなった。特に田川のような大学出身者は「幹候要員」と呼ばれ、幹部候補生試験に合格すればすぐにでも一般兵よりも上の階級に上がることができたため、階級が低いうちにいじめておこうという発想の先輩もいたという（同：109）。

いじめは私的制裁という形で行われた。銃の管理不行き届きで連帯責任を問われるといった理由以外にも「態度が悪い」「顔が気に入らない」といった難癖で制裁を加えられることもあったという。ビンタは当たり前、殴る蹴る、果ては銃剣で殴られることもあったという（同：111）。田川にとっては初めて暴力を加えられた経験が軍隊だった。ほかにも古年兵が班長などをさしおいて勝手に初年兵の軍靴の検査を行って「手入不良」と難癖をつけ、靴をなめさせられる、靴を首に下げて見せしめで他の班員の前で謝罪させられるといった陰湿な制裁もあったという（同：111f）。

だが苦しくて理不尽なことも多い初年兵時代を共に過ごした友人とは生涯の付き合いになった。そして軍隊でも親戚・河野家のつながりが生きていた。上官の大竹壮介中尉が遠戚（河野家の親戚）の星野三郎と軍隊友達だったこともあって紹介してもらったり、大竹中尉のもとにいた初年兵の仲間で「大竹会」をつくったり、交友関係を広げた。戦友の中には後年、後援会の幹事になった者もいる（同：118-120）。

幹部候補生試験合格・前橋予備士官学校へ

もっとも、こうした初年兵時代はすぐに終わった。一九四二（昭和一七）年三月下旬、田川は幹部候補生の試験に合格し幹部候補の上級兵になった。四月には前橋予備士官学校に入校し、半年の教育を受けて見習士官として元の隊に復帰した（以前：124）。

田川は、自身が士官を志願したことについて「軍隊に入る以上、自分の能力を生かして、思う存分やってみたい……戦争が始まった以上は兵隊でも将校でも年限や危険性について大して違いはないと達観し、指揮官として、自分の能力を有効に発揮させた方が、自分自身のためにも、国家のためにもなると考えていた」（同：126f）と振り返っている。そのための準備は入念に行い、初年兵のときから班長室で試験勉強に励んだ。軍人勅諭を暗記させるだけの試験には難なく合格し、甲種幹部候補生になり将校への道を歩んでいくことになる。

前橋予備士官学校では中級幹部としての訓練を受けた。規律や訓練は非常に厳しいもので、日曜日であっても外出は許されず、卒業まで家族との面会も禁止された。ただ、初年兵のときのような意地悪な古年兵もいなかったので、精神的には楽だった。また同級生に大学出身者が多かったということもあり、授業外の時間は学生生活に戻ったかのように楽しい時間を過ごせた。家族や友人とのやり取りはもっぱらハガキであり、軍隊の検閲が入るものの、家族の状況を伝え聞くことは何よりの楽しみだった（同：144–152）。

前橋士官学校出身者にはその後各方面で活躍する者たちが大勢いた。政界に限っても、広瀬秀吉《ひでよし》（社会党）、大島友治《ともじ》（自民党）、野中英二（自民党）らがいる。ほかにも他の隊に所属していた将校らでつくられた「自隊懐友会（自動車隊）」や「保隊戦友会」などがあり、戦後に親睦と友好を深めた。

一九四二年一〇月、田川は士官学校での半年の教練を終え、東部第八部隊に見習士官として復帰する。見習士官とは将校（少尉以上の士官）に任命される前段階の階級であり、上等兵や兵長はもちろん下士官（伍長や軍曹）よりも上の階級であった。初年兵のときと生活は異なり、部隊では見習士官用の四人部屋も与えられ、日曜日には外出することもできた。余暇に読書や飲食する自由もあった（同：156）。一九四三年（昭和一八年）の正月には、ほぼ一年ぶりに横須賀の自宅に帰る。田川が「見習士官の姿で街を歩くことに、ある種の誇りさえ感じた」（同：157）と振り返っているように、当時、将校はエリートであり、家族も大いに喜んだ。復帰した部隊でもかつての同輩や教師との出会いがあり、そこでも新たな人間関係を作っていった（同：158f）。

自動車輜重隊《しちょうたい》へ

まもなくして田川たちの部隊は千葉県佐倉の歩兵第五七連隊に移転し、さらに田川ら見習士官は同県習志野《ならしの》の自動車輜重隊への配置転換を命じられた。輜重隊とはいわゆる「兵站《へいたん》」「ロジスティクス」を担う部隊のことで、物資の輸送や配備を担当した。当時の軍隊には兵科として歩兵、騎兵、砲兵、工兵、輜重兵、航空兵、憲兵の七科、さらに近衛兵（皇宮衛士隊）、衛生兵、軍楽隊があった（『事典　昭和戦前期の日本』：303-317）。輜重隊は「陸軍の中で最も軽視された兵科であり……輜重兵科に決まると一度は泣いた」（同：308f）とあるように、田川のように皇居警護担当の近衛歩兵隊から輜重兵部隊への移転というのは当時の価値観からすれば「格下げ」であった。ただ田川にとっては「乗り物を使う機動部隊の方に魅力」を感じた（以前：161）、「これからは歩かないようになるし、「軍の運送屋」だから危険度が低くなるので内心は大喜び」（オーラル上：22）ということもあり、居心地の良い部隊であったという。

軍隊らしくない自動車部隊の教育は、田川にとっては「規律ある社会人の合宿生活のよう」（以前：

167）で面白いものだった。自動車の運転、整備、工学、自動車部隊の指揮などの業務内容もさることながら、初年兵時に過ごした「しごき」が横行する世界とも異なっていた。

将校の大半は予備役幹部候補生出身、もともとの職業も会社役員、商人、教員、サラリーマンなどで、「職業軍人のような視野のせまい人」（以前：162）とは違っていて、恵まれた環境だったという。さらに運の良いことに、叔父・平二郎が（奈良市の自動車輜重隊の）前身である一九部隊の部隊副長官をしていたので知り合いの将校もかなりいた（同：162f）。ほかにも、遠山景久《かげひさ》（ラジオ関東社長）、佐藤敬治（神奈川高校経営者）、本間正夫（東芝グループ関連会社幹部）、毛利良太郎（三菱商事）、村上文蔵（イースタン・モーター）、河野百合雄（会計検査院）、佐久間彊（自治省・消防庁長官）、小津信三（映画監督・小津安二郎の弟）などのメンバーがいた（同：167f）。

一九四三（昭和一八）年一二月、田川は時の内閣総理大臣東条英機大将から辞令を受け少尉に任命される。少尉になったことで部隊の外に居所を置くことができるようになり、両親と相談して東京の呉服商・西沢為次郎宅（千葉県市川市）に下宿し、軍へは電車で通勤した。田川にとって少尉任官は嬉しいことだったが戦況は悪化し、学生の徴兵猶予も停止され、学徒出陣も始まっていた（同：173f）。

田川が所属する自動車隊にも補充隊が大量に入隊するようになり、田川はその教育に当たった。戦争末期になると、空襲も頻繁になってきて田川のいる部隊も機銃掃射されたことがあった。防空体制の強化が叫ばれる中、防空壕構築のための人員の育成が急務となり、田川も選ばれることになった。陸軍工兵学校で防空壕づくりの教育を受け、一九部隊で防空壕担当の将校を務めた（同：175-179）。

外山範子との結婚

田川は一九四五（昭和二〇）年三月三〇日、二六歳のときに見合い結婚する。すでに大正期には恋愛結婚を許容する文化はあったと言われるが、実態では媒酌結婚（見合い結婚）が大半で七割とも九割を占めていたともされる（阪井：85-87、『男女共同参画白書 令和四年版』）。そういう点では田川も世の中の大勢に従っていた。

結婚について田川は以下のように回顧している。空襲が激しくなる中、いずれ自分も戦地へ赴くことになるだろう、そうでなくとも本土決戦になるかもしれない。そういう「命を捨てざるを得ない」状況で「人間と生れたからには、たとえ短い時間でもよいから一人前の夫婦生活、家庭生活を味わってから死にたい」（以前：186）と思うようになっていた。休暇で横須賀に帰ったときに両親に結婚のことを相談した。すでに部隊の中でも結婚の世話をしようとする者も出てきていたのだが、長男の誠一の結婚の世話は自分たちでしたいという両親の願いとも合致し見合いの席がもうけられた。

範子の父・外山源吾は、実業家で後に代議士になった平塚常次郎とともに日魯《にちろ》漁業（現在のマルハニチロ株式会社）の基礎を作った人物で同社の常務を務めていた。見合いの話は日魯社長の平塚と同社の副社長をしていた親戚・河野一郎から田川家に持ち込まれたものであった。一九四五（昭和二〇）年二月に平塚邸で見合いをし、三月三〇日、空襲警報下で結婚式を行った（オーラル上：27f）。

結婚式前夜、田川は以下のような日記を残している。

「（三月二九日）二十八歳（※数え年）の春でいよいよ結婚を迎えることになる。明日は結婚式だ。

……両親も祖父母も、みんな安心することだろう。〝嫁をもらう〟話が出てから、一年近くになる。まだ二回しか会っていない「明日からの妻」に対しては、母に対すると同じ愛情をささげる自信はある。独身生活最後の夜は至って静かだ」（以前：192f）

結婚式当日は家を出てから通りかかった軍の車を乗り継いで浅草から市電に乗って日本橋三越の結婚式会場に向かった。空襲警報のサイレンが鳴る中、三月一〇日の東京大空襲で壊滅した東京の街を眺めながらの移動は異様なものだったという。媒酌人の平塚常次郎夫妻のほか、田川家・外山家合わせて一四名の小さな結婚式だった。空襲に備えて結婚式は地下室で行い、式後の会食も赤飯と酒だけだったが、当時の困窮した時代にあってはそれでも贅沢なものだった（同：194-198）。

義父・源吾は日魯を退いた後に東京資材株式会社の社長も務め、義理の兄弟には外山源一郎（三菱商事）、外山健三（東京水産大学名誉教授）、外山四郎（読売新聞）がいた（同：184-185）。

戦争末期、田川家の新婚生活は空襲が頻発する非常事態の中で始まった。結婚式の翌日の日記に「〝女房〟というものは、なかなか良いものである。軍隊で言えば、副官や当番兵に似ているが、これに〝愛情〟を加えたものだ。女房というものは、また可愛いいものである。なぜもっと早く結婚しなかったかと思うくらい。しかし、もっと早く結婚すれば、範子を私の妻として迎えることはできなかったかもしれない」（同：200）と幸せな生活を書いている。

しかし「近ごろラジオを聴くのが、いやになってきた。新聞も四、五日読んでいないが、見ようとも思わない。見ること聴くこと「日本の危機」ばかり」だ（三月三一日）。「おそらく今は、沖縄や九州方面が、敵の重点攻撃目標になっている」（同）、「敵一機の来襲警報で目を覚ます」（四月一日）、「明け方の空襲で、四時まで起きていたので八時ごろまで寝る」（四月二日）といったように頻発する空襲、仲間から聞く戦況、新聞ラジオが伝えるニュースなどは否応なく生活に暗い影を落とした。一方で「敵は沖縄に上陸、戦局はますます逼迫してきたが、私には危機感がそれほどわいてこない」（四月五日）、「夕方、毛利少尉の来訪を受ける。結婚後、初めての客。嬉しいような、困ったような気持」（四月八日）といったように、様々な思いが混在していた新婚生活だったことを振り返っている（同：199-206）。

終戦へ

田川は初年兵のときでも上官に隠れてメモを残していた。戦争に対する田川の心境は日記にも綴られている。「火だるまになって落ちて行くB29の姿をみて「ざまあみろ」という気持だった」（四月一三日）、「（墜落したB29の）中には搭乗員の死体もあったが、これを見ていて少しも気味悪い感じはなく、むしろ楽しかった」（四月一四日）、「下士官や兵と共に米大統領（※ルーズベルト）の死を祝福した」（同）のように素朴な「愛国心」も持ち合わせていた（以前：212-214）。

四月も後半になると「敗色が濃厚」と感じるようになり、田川の日記もとぎれとぎれとなり内容も暗いものになっていった。空襲の回数も増え、田川ら自動車部隊も焼け跡の整理のために出動する回数が増えていった。たくさんの死体が道路脇に積まれる悲惨な状況の中で、田川は給水や物資の運搬を担当した。時には出動中に空襲に遭い、死を覚悟することもあったという（同：218-224）。

日本が敗けるという噂《うわさ》は同部隊の河野百合雄から聞いた。一五日の玉音放送の後、将校や見習士官たちはしばらく将校室で無言だったという。ただ田川が言うには、たとえ敗戦であろうとも戦争による死の危険がなくなったことで「平和の到来としてホッとしたような雰囲気になった」（同：228）のだという。

田川は多少英語の心得があったこともあり、敗戦後の残務処理に携わった。習志野に進駐してきた米軍に武器を提供する仕事を担当した。田川にとって武装解除は嫌な仕事であり、少尉任官の際に賜《たまわ》った田川家伝来の日本刀まで米軍に接収されるという屈辱的な出来事もあった（同：229）。こうして他の者より一カ月ほど遅れて復員することになった。一九四五（昭和二〇）年九月一四日、自宅の庭に掘った防空壕を妻・範子とともに取り壊したことを以下のように日記に書いている。

「たとえ敗けたとはいえ、戦争が終って、もう再びこうした（※空襲の）心配をしないですむと思うと、防空壕の取りこわしは楽しいものになる。……せま苦しかった庭が少し広くなって、戦時庭園から平和庭園に変って行く。作業をしている私のそばの範子の姿をみていると、平和の有難さが、身にしみてくる」（同：230）

社会関係資本（人間関係）を培養する場所

しばしば「世襲」政治家と揶揄される田川だが、終戦の時点で祖父も父親も政界からは引退していた。父・誠治の引退（一九四〇年）から田川の立候補（一九六〇年、その前の一九五八年に一度出馬を検討している）までは約二〇年の間隔がある。しかし人脈という点では田川の置かれた環境はかなり恵まれたものがあった。後年、田川の選挙の強さに言及する新聞（『東京新聞』一九九〇（平成二）年六月九日「追跡　票とカネ　第三部、それぞれの事情(2)」）によれば横須賀地域には「小泉党」や「田川党」もあったと言われるくらい田川家には地元に根差した安定した支持者の基盤があった。直接の世襲ではないものの、田川は地域のつながりの中で地盤固めの基礎を作っていった。

社会学の概念に「社会関係資本（social capital）」というものがあり、経済資本など、文化資本などとの比較で語られる。つまり人と人との関係、例えば人脈には価値があるということだが、話はそれだけにとどまらない。資本はそれを元手にさらなる資本を生み出すことができる。「お金」という経済資本を元手にさらなる「お金」を稼ぐことができるように、親族から引き継いだ人間関係という社会関係資本を元手にしてさらなる人間関係を獲得していった。田川の少年・青年期はそれに該当する。

地域で商売を営む田川家の豊富な人脈の中で育ち、Y校ラグビー部や慶應義塾で多くの知り合いと出会い、東部方面部隊に配属されそこで苦楽を共にする戦友と出会い、前橋士官学校では将校候補たちとも出会った。

結婚に関しても、親族から持ち込まれた見合いを受け入れて妻と出会った。当時は大半が見合い結婚であり、軍籍のまま結婚というのはともかく、結婚のきっかけとしては当時の「普通」ではあった。ただ（恋愛結婚でもそうだが）見合い結婚の場合は特に自身や親の人間関係が大きく影響する。政界でも経済界でも顔が広く企業経営者とのつながりがあった田川家だったことが誠一の結婚にも大きく影響した。

後に何かと対立する田中角栄（一九一八年五月四日）と中曾根康弘（一九一八年五月二七日）、そして田川誠一（一九一八年六月四日）は同級生である。田中、中曾根と比べると田川の位置づけがおぼろげながら見えてくる（以下、服部：3-60、早野：3-54）。

中曾根との比較で言えば、ともに裕福な家庭に生まれてはいるが、田川が通ったのはエリートの旧制中学ではなく商学校、東京帝国大学ではなく私学の慶應義塾、海軍主計少佐として中曾根が戦地に赴いた一方で田川は国内の自動車隊員だった。もちろん田川が大学に進学した直前の一九三五年の高等教育機関（帝国大学、旧制大学、旧制高校、旧制専門学校、各種師範学校）への進学率（該当年齢人口のうち在学者の割合）は三・〇％（男：五・四％、女：〇・六％）と極めて低いものだったので（文部省調査局編：181）、田川も十分良いところの出身ではあるといえる。だが、中曾根が完全なエリートコースだったのに対して、田川のキャリアはエリートコースでもどこか「緩さ」が漂っている。

一方、貧村育ち、高等小学校卒、陸軍でも上等兵止まり、職を転々としつつ自ら事業を起こした「今太閤」の田中角栄のキャリアはもっと異なる。戦争の時代を生き抜き、後に代議士となる三人ではあったが、そこで経験した「苦難」の差は大きい。田川自身、自分は恵まれていたと回顧しているが、その恵まれた環境の中で極限の努力をするというよりは、その場で「無理」をしないで、自分を曲げないで生き抜くことができた点で、たとえそこに多大な努力が伴っていてもやはり「お坊っちゃん」だったと言える。田中が後に「青年のようなきれいな事を、毎日、毎日、しゃべっていて、政治家が、つとまっている」と揶揄した田川を「うらやましい」と言ったのは本心だったのかもしれない。

経済資本でも社会関係資本でも「元手」にはどうしても格差が存在する。当時の日本社会の水準を考えれば、田川は明らかに「持っている」側だった。ただ田川がそれに安住して資本を無闇に食いつぶしたわけではなかった。どこの場所であっても衝突を起こしつつも、友人は大切にし、その場で要求されることには十二分に応えていた。

こうして描かれるこの時代の田川の境遇は政治家の物語として見れば「普通」であるし、評伝の導入部分としてはいささか「弱い」かとも思われる。だが、それがその後の政治活動における足固めになっていくことになるし、その「普通」さの中にある芯の強さがその後の「痩せ我慢」や「挑戦」を可能にしたと考えることはできる。

第二章

「補欠」から「レギュラー」へ
——朝日新聞記者時代（一九四一年〜一九五五年）

朝日新聞に復社後、長野で開催された国体を取材する田川（1948年ころ）
（『新風』：19 から）

「ジャーナリズムによるコミュニケーションの社会学的な意義は、おもにジャーナリズム特有の形式や内容に対するオーディエンス〔読者・視聴者〕の期待から、またジャーナリズムにそうしたきわだった特徴が存在するとき、その結果としてのコミュニケーションが他の非ジャーナリズム的なものより優れた地位を占めているという合意から生じるのである」（B・マクニア『ジャーナリズムの社会学』リベルタ出版・二〇〇六年：14）

1　非正規記者（準社員）として入社——横須賀支局、通信局へ配置

地元・横須賀支局へ配属

田川の軍隊生活は三年半（一九四二年二月から一九四五年九月）に及んだ。朝日新聞社に入社後、わずか一カ月しか勤務していなかったので、復社するかどうかかなり悩んだ。新聞記者という仕事に対する畏《おそ》れと自分の能力に対しても自信がなかったからである。自動車隊の経験を生かして修理工場でもやろうかと考えたりもしたが、自分で独立して会社を興《おこ》す勇気もまた出ず、「成りゆき」（以前：236）で朝日新聞社に復社する。

復社に際しても河野一郎に相談した。河野の口利きもあって、最初の勤務先は地元の横須賀支局になった。横須賀支局の受け持ち地域では祖父・平三郎、父・誠治の名前は知られており、取材の助けになった。朝日新聞記者という肩書も強く、市や警察の幹部と気軽に話すことができるので、仕事に面白さを見出《みいだ》せるようになっていった（同：237）。

戦前、横須賀は帝国海軍の一大拠点だったため、新聞社の支局が存在したが、戦後は通信部に格下げとなった。田川は横須賀・平坂の二階建ての建物の通信局に家族とともに移り住み仕事をした。妻・範子も田川の仕事を手伝うようになった。当時は記事を横浜支局や本社通信部へ電話で伝えていたのだが、その役を妻が手伝うこともあった。他にも本社や支局からの連絡を受けたり、ときには妻が消防署に電

話して火事に関する簡単な取材を行ったりということもあった（以前：239）。

横須賀通信局の二年間は警察や市役所を回り、地元の市長や議員、財界関係者ら様々な人と人間関係を広げていった（同：242f）。

戦後、旧軍人の復員や在外邦人の引き揚げ船が横須賀・浦賀に入港していたので、通信局ではそうしたニュースの取材もした。特にソ連からの引き揚げ者に関してはソ連兵から受けた女性への凌辱について「悲憤の涙」（同：253）にくれたり、また共産党の徳田球一の遊説の場で市民がヤジや反撃の声を上げたことを「堅実だな、と痛感した」（同：251）と共産主義に対する嫌悪感を覚えたりしたことを日記に残している。一方で「占領軍という〝超権力〟の存在、その横暴さ、被占領国民への仕打ち等々に、反撥を感ずることもしばしばだった」（同：254）と占領軍・米軍への反感も持っていた。

ただ、全国的に注目されるようなニュースの場合には、本社から記者がやってきて記事を書くことが多く、田川のような地方記者はそうした取材の手伝いをしたり、時には自分の知らないところで本社の記者たちによって記事が書かれて悔しい思いをしたりということもあったという。こうしたこともあり、駆け出し記者としての経験を積みながらも「本社へ戻らねばだめだ。社会部でもどこの部でも良いから本社へ行く必要がある」（同：242）と思うようになっていった。

田川は結婚から一年後の一九四六（昭和二一）年三月四日の日記にこう書いている。

「一年前の今ごろは、戦争の暗い暗い生活であった。結婚という、人生の幸福なるべき生活も、なにか物足らなさがあった。それは空襲だった。……いつ敵機の空襲で爆死するかわからなかった。

不安きわまる一日一日であった。そんな生活が、昨年八月十五日、無条件降伏によって終止符が打たれた。私にとっては〃無条件幸福〃でもあった」（同：244f）

もっとも戦争が終わっても、世間では物資や食糧は相変わらず不足していた。配給品だけでは足りず、人々は闇市や農村で買い出しせざるをえなかった。終戦直後の生活を「幸福」として認識できるのは、田川家が裕福だったこと、そして新聞産業の好景気により所得に恵まれていたことも大きい。一九四五年秋から一九四九年春までのインフレ率は年率一二〇から一三〇％以上の上昇を記録し、消費者物価指数も約九八倍に増加したという（高木ほか：2）。そんな中で「親にも厄介にならずに自立している」「ゆうゆう自活している」（ともに三月四日の日記、以前：247）と書いてはいるが、新聞記者の仕事に就けるのも、また教育の機会に恵まれていたのも、本人の努力もあったとは言え、生まれた環境の良さにあったことは否定できない。

図 2-1　横須賀支局（左が田川）（以前：251）

横浜支局へ異動、そして本社通信部へ

一九四七（昭和二二）年七月、田川は横浜支局へ異動す

るが、挨拶回りや準備をしている間に本社通信部へ転任となった。一九四七年九月である。田川はそこで通信部デスクの補助に就く（年譜：5、以前：261f）。

このころから新聞用紙事情が徐々に好転して、『朝日新聞』も一九四八年から週一回四頁の体制にしたり、段組みを増やしたりして情報量を増やしていた。地方版の紙面が充実し、その後夕刊も発行されるようになり（『夕刊朝日新聞』の復活は一九四九年一一月。朝日新聞社百年史編修委員会編：97, 99）、通信部としてやることも増えた。ただ当時の新聞社「花形」は、第一線で活躍する記者が多数所属している政治部（政経部）、社会部、外報部で、それらと比べると通信部は「格が一段落ちているような感じがした」（以前：267）という。

このころの田川は新聞記者という仕事に疑問を抱きつつあった。三〇歳になる直前、以下のような日記を残している（年は不明だが、前後関係から一九四七（昭和二二）年の一一月一四日ではないか思われる）。

「最近、「新聞記者をいつまでやっている気か」と自問することがある。東京本社へ来て、新聞記者生活になにかあき足らぬ感じを持ち始めた。記者として立派に大成する自信がないこと、将来せいぜい支局長か、よくいって部長である。同じ部長でも、政治部長や社会部長なら良いが、いずれにしてもたいしたものではない。

もうひとつ感ずることは、新聞記者ほど実行力の乏しい職業はない。いわゆる〝青白きインテリ〟で、理屈、理論は立派だが、社会の荒波を乗り切って行く〝たくましさ〟を持っている者が、いったい何人いるだろうか。これが入社六年後（うち半分は軍隊生活である）の私の結論である。

もちろん仕事は比較的面白い。派手でもある。「無冠の帝王」とはよく言ったもので、厚かましく振る舞うこともできる。威張った顔もできるが、それだけではないか。豊かな、うるおいのある生活は新聞記者にはとても望めない。経済的にも恵まれない。

こんなことを思うと、早く実業界にとび込んで行きたいという気持になってくる。いつまでも下積みの記者生活をしているより、父の仕事を手伝って、これを盛り立てていく方が自分のためになると思う。

しかし思い切って辞めることにも踏み切れない。やはり「朝日新聞記者」という肩書に未練を持っているのだろう。もう二、三年頑張ってみるほかない」（同：270f）

このような苦悩があったものの、通信部での下積み生活はその後の記者生活に生きた。一つは、通信部では面倒な仕事をやらざるを得なかったために細かい仕事を丁寧にやる癖がついたこと、もう一つは組合運動に参加するきっかけにもなったことである（同：268f）。

そして通信部でも様々な出会いがあった。その中でも田川が「同僚のうち私が最も尊敬している人物」（同：272）が堀川直義（一九一一―二〇〇六。後に成城大学名誉教授・ジャーナリズム研究者）で、田川が通信部に在籍しているときの次長だった。堀川は通信部次長、学芸部次長を務めた後は、朝日新聞社調査研究室勤務になる。新聞社在籍中から「学究肌」で、長谷川如是閑《にょぜかん》『新聞』（朝日新聞社・一九五四年）は、堀川が口述筆記したものだという（白水：128）。また堀川は、調査室では心理学的なアプローチでジャーナリズムの研究を行い、定年後は成城大学教授に転身、放送批評懇談会理事長（一九七四年）、日本広告学会副会長（一九七六年）、一九七七年には第一六期・日本新聞学会会長を歴任するなど、実務・研究共に大きな業績を残している（同：126）。

田川が組合活動を継続したのも堀川との関係によるものだった。

編集局の組合が発足してから、田川は執行委員、地方対策部長の役職、一九四九年三月には副書記長の役職に就いた。当初、副書記長の職は「強く辞退し続けていたが」（以前：273）、堀川の説得によって引き受けることになった。堀川は田川のことを、①通信部内に信望がある、②信念が強く、真面目である、③職制（※管理職）からも信用がある、と評価していると田川に伝えた。田川も尊敬していた上司に評価されたことが嬉しく、「社内の自分の立場を犠牲にしても組合員のために働く気になった」（三月一一日、同：275）と日記に残している。

また堀川も『面接博士のブン屋紳士録』（一九六六年）の「第四章　政治家交遊録」「朝日出身の政治家群像」で田川に言及している。堀川は「……在社中は、とても代議士になどなる人とは思えない人だった」と田川のことを語っているが、その仕事ぶりについてこう評価している。

「大きな災害事故などが地方で起こると、あちこちのルートから死者の数、負傷者の数が通告されてくるが、その数がまちまちであり、また詳細が判明するについて死傷者の数が、ふえたり減ったりする。その後、重傷者が一人、病院で死亡したりすると、重傷を一人減らして死亡者をふやさなければならない。厄介な仕事だが、田川にまかせておけば、まず間違いはなかった。緻密な人なのである」（堀川：104f）

この本ではほかにも堀川が病気になったとき、田川が自宅で飼っている鶏の卵を持って見舞いにきたことなどにも触れていて「人情のあつい、やさしいところのある人だが、こんな点は、選挙民にもうけるのであろう」（同：105）と書いている。そして田川が一九五四年に労働組合委員長になるよう口説いたのも堀川で、能力と人格を買っていたことがうかがえる。

「彼は朝日新聞の労働組合の執行委員長をやったこともある。田川執行委員長の産婆役はわたくしだった……執行委員長というのは責任も重く重労働なので、なかなかなり手がない。なりたい人には問題があり、なってもらいたい人は辞退する。わたくしは、田川なら、しんも強いし、あたりは柔らかで、とびはねる心配もない。誠実で細心なところもよいと思って、彼を極力推薦しようとしたが、彼は固辞して立候補を承知しない。彼を呼び出して、二晩がかりで口説いた」（同：105）

堀川は『紳士録』で朝日新聞出身の大臣・国会議員を二〇人近く取り上げている。その中でもっとも紙幅を割かれているのは緒方竹虎だが田川はその次という大きな扱いだった。

田川も堀川のことを「一身上についてほんとうに相談相手になれるのは堀川さんである」（以前：275）と書いているように相互に信頼していた。通信部から政経部（もしくは社会部）へ異動したいとの希望を伝えたこともあったという（同）。

労働組合と反骨精神

「反骨の人」と呼ばれることが多い田川であるが、当時の新聞社内の空気についてこう語っている。

「新聞社というところは、官庁や一般の企業にくらべて、上司に対して比較的づけづけとものを言うところである。とくに社会部や政治部などの職場では、社内で上役・役付きに〃反骨〃を態度で示すことを誇るような変った風潮もあった。……しかし新聞記者もしょせんサラリーマンで、ふだん〃大きな顔〃をしていても、とことんまでくると、上司に屈服してしまうことが多かった。とくに、そろそろ自分が役付きになる年代、あるいはすでに役職についた年代となると、上司の機嫌をそこねたら自分の昇任に影響するので、自分の主張を〃殺して〃しまいがちになる。まあ、どの社会でも同じである。ハタ目には、なんともみっともないことだ。そんなことなら、最初から〃大きな顔〃をしない方がいい、と思う。

逆にいえば、そういうことができるのは「器用」な人だということでもあろう。私にはとてもそんな小器用なことはできない。もちろん、ただ逆らえばいい、というのではない。道理があって逆らう以上、みっともない妥協、小器用な転進はすべきではない、と思うのである」(以前：299f)

戦後、朝日新聞社内の民主化運動が活発化した。一九四五年一一月一〇日には東京本社に従業員組合が結成され、続いて大阪本社、西部本社でも結成された。また身分制度(「社員」「準社員」「雇員」)も一九四六年一二月には廃止されている(朝日新聞社百年史編修委員会編：50f)。

田川は、当時の朝日新聞労組は「執行部に左翼勢力が強く、過激な執行委員も数人いた」(以前：303)と言う。一方、会社側も第二組合の結成を工作し、労組内部の分裂を図ったりしていた(同)。当時の日記には「組合運動にあまり関心がなかったが、会社の露骨な分裂工作にハラが立った」(同。年は不明一〇月一五日)、「(労使対立の煽りを受けて）犠牲者云々という話がでてくるに及んで、部員の中には恐れをいだく者も出てきたのにはなさけなくなった。みんなが団結すれば犠牲者など出さないですむのではないか」(一〇月一六日、同：304）と、「折れる」社員に対する批判を日記に書いている。

組合執行役員の問題点を指摘して組合脱退を促す声に対して田川は「政府の政策が良くないからといって、日本を離脱できますか。私たちが代表を選んでつくった組合執行部の施策が悪いといって、すぐに脱退するのは卑怯である」と脱退反対論を述べ、一方で「職制からの圧力によって組合を脱退する人も少なくない。信義や友情よりも職制の意向の方が重大であるようだ」と会社側が仕掛けた分裂に乗ってしまう社員に対して不満を述べている（同：307）。

全社の組合の分裂が避けられない情勢になったため、編集局（新聞記者）だけの職能組合を作る機運が高まった。その理由として、①会社の意向を反映する御用組合的な「第二組合」の出現が不可避になった、②現在の組合に反対する者であっても「第二組合」にも入りたくないものもいる、③第三組合を作ってそうした人たちを包摂する、④編集局は業務局や印刷局とは勤務条件が異なるので専用の職能組合が必要である、といったことを挙げている（同：309）。こうした論理は田川らが自民党を脱党して「新自由クラブ」を結成した際の論理とも通じるものがあるが、「御用組合」の力を削ぎ、会社に対する批判勢力を現在の組合に残しておきたいという考えによるものだった（同）。

組合分裂、第二組合の出現、そして編集組合結成の中で、田川は労働組合に深く関わりを持つようになっていった。これがのちの労組委員長就任にもつながる。「左翼思想は（影響を）受けなかったね」

（オーラル上：18）と自ら言っているように（同時代の学生がしばしばマルクス主義に傾倒したのとは異なって）田川はマルクス主義・共産主義思想を信奉してはいなかった。また組合活動に対しても「当時の労働運動は、スト万能のように思えたし、闘争のための闘争のようにもみられた」（以前：311）と批判的で、労働運動そのものに強い愛着を持っていたわけではない。田川や当時の家族・親族環境、人脈を考えれば、新聞記者以外の道も多数存在していた。新聞記者でなくなることで経済的な破綻につながるというわけでもなかった。一線で活躍したいという思いは語っていたが、新聞記者しかできない状況でもなかった。それでも田川を組合運動に動かしたものは、職務権限をかさに職制が部員に圧力を加えてきたことに対する抵抗心、そうした圧力に屈して信念・友情を裏切らざるを得ないサラリーマンの弱さをふがいなく思ったことであるという（同）。

一九四八（昭和二三）年一〇月二六日に編集組合設立委員会が設立され、一一月二〇日に第一回大会で「東京編集労働組合」として正式に発足した。執行委員長は佐野弘吉（政経部・のちにNHK顧問）、書記長には関根弥一郎（社会部・のちに役員）、田川も一九四九年三月には執行委員、地方対策部長、副書記長に選出されている（同：312）。こうして「東京編集労働組合」は当初の方針通り、のちに第一組合と再統一することになる。この組合の執行委員として活動した一〇カ月間を田川は「良い修練の場となった」と振り返っている。その理由として、役員との団体交渉を通じて新聞経営の知識を得たことと編集局各部の人たちとの関係が形成できたことを挙げている（同：314）。

2　花形の政経部記者へ

あこがれの政経部配属

一九四九（昭和二四）年一一月、田川は通信部から政経部へ異動する。この異動を後押ししたのは前述の通信部次長・堀川直義であった。一一月二四日の日記には政経部での意気込みが次のように語られている。

「入社以来の希望が実現することになった。三十二歳（※当時は数え年）……という年は、第一線記者としては遅すぎる感があり、最近は政経部や社会部へ移ることをあまり強く希望もしていなかった。しかしいよいよ実現するとなると、うれしいような不安なような気持が錯綜してくる。

……一年生からやり直しである。だが、新聞記者として最も誇りのもてる職場へ行くことができた。仕事のやり甲斐もある。横田通信部長は「すぐ追いつくよ」と言ってくれたが、これからは修練の一字につきる。

……ハッタリも必要だが、真面目さと努力によって、新らしい職場を開拓していく決意だ」（以前：333-336）

田川の異動の背景には、戦時中に休刊していた夕刊（『夕刊・朝日新聞』）の復活が一九四九年一一月に予定されており、記者の増員が必要だったことが挙げられる（同：334）。

東京本社の政経部は一九五〇（昭和二五）年一月に「政治部」と「経済部」に分かれた（朝日新聞社百年史編修委員会編：539）。日中戦争中（一九四〇年八月）に政経部に統一されていたのだが（同：522）、紙面の拡張によって再度二つの部に分かれたのである。田川は運輸省の担当記者（記者クラブ「ときわクラブ」）になり造船関係や国鉄の賃金闘争などを取材した（以前：339）。

田川は一九五〇年六月から内政クラブ（地方自治庁、建設省、警察庁を扱う）へ移った。そして内政クラブの記者活動を通じて、政治部の中で頭角を現していった。紙面拡大によってより多くの記事が必要とされる状況が、田川のような新米記者にも記事発表の機会となった。記事執筆に力を入れたが、記者クラブの中でも反骨精神を示した（同：342f）。

当時の記者クラブは、役所に酒や物品の供与を求めたり、役所の外郭団体から便宜供与を受けていた。いわゆる「官報接待」問題である。記者クラブに関してはその閉鎖性・排他性や取材対象との癒着が諸外国の研究者からも問題視されてきた（フリーマン：113-280）。その癒着の中でも取材対象から接待をはじめとする様々な便宜を受けている問題は、一九九〇年代に住民訴訟によって特に大きく注目され、新聞業界でも「官報接待はメディアの信頼性に直結するだけに、改善は急務」（現代ジャーナリズム研究会：62）と当時問題になっていた官官接待になぞらえて批判された。

田川が記者クラブ幹事になったときに、「ボス的な記者」から官庁への寄付を求められた。だが、これを断ったのがきっかけで、田川は記者クラブの「古い体質に挑戦せざるをえなくなった」（以前：348）という。日本経済新聞の加藤宣道《のぶみち》（海外新聞普及社常務）、新井明（日本経済新聞社常務）、毎日新聞の中原功、読売新聞の多田実（政治部長、編集局次長、二松学舎大学国際政経学部教授）らと協力して記者クラブの旧弊を取り除いた。

内政クラブは終戦まで旧内務省を担当していた。当時の県知事は内務大臣の任命制だったため、記者クラブの動向によってそうした人事が左右されることもあったという（同：349）。新聞記者の役人に対する態度も横柄なもので、役所は新聞対策として金品の提供を行っていたこともあるしいう。それが逆に取材先への財政的な依存度も高めることになった（同：349f）。

例えば記者クラブでは毎年夏にはリクリエーションで海水浴に行くことが慣習になっていたのだが、記者クラブのメンバーに「やはり飲まねば意味がない。費用は心配する必要はない。国警（以下の警察庁）なり、建設省に出させる」と言われたことがあり、金銭的な癒着に疑問を持つことになった（オーラル上：63）。

田川らはこうした記者クラブの状況を好ましくないと考え、①記者クラブのリクリエーション費用は官庁側に出させない、②それが不可能な場合はリクリエーションを中止する、③もし多数意見が官庁からの寄付を受け入れるというならば断固として反対する、ということでクラブ内数人の記者と共闘した。田川らのこうした動きについてくる者もいたが、面白く思わないものも中にいて（以前：353f）、「古い記者から殴られたこともある」（オーラル上：62）という。

地道な努力によるスクープ

田川は自伝や『年譜』の中で自分が書いた記事を多数挙げている。その中で確認できたものについて取り上げてみたい（日付が異なっている、見つけられなかった記事も複数ある）。

政治部時代の田川が執筆した主な記事（スクープ記事を中心に）

（年譜：6-9をもとに朝日新聞社の記事データベースを用いて確認して作成した。「朝1」は朝刊一面のこと）

一九五〇年

一月二四日　「きょうの国会」記事（朝1）

一二月二二日　「地方議員減員の動き」（大阪府布施市の市議定数削減）（朝1）―図2-3

一九五一年

一月　八日　夕刊コラム「表うら」（夕1）

七月二六日　「小選挙区制に改正」（朝1）―図2-5

一〇月　八日　「地方制度を再検討」（夕1）

一一月三〇日　「食い違う政府の通達　教員の給与改定で」（朝1）

一二月二一日　「地方税改正・白紙に還元　総司令部で反対点明示」（朝1）

一九五二年

一月一二日　「付加価値税を実施　自由党で決定」（夕1）

一月二一日　「国民投票法案を制定　近く具体案に着手」（朝1）

三月　一日　「区長（東京）公選制廃止　都知事の任命制へ」（朝1）

「選挙気構えで増す　全選管調査　各政党への献金（夕1）―図2-2

三月一七日　「地方自治法改正に成案　市町村議会を一割減　東京都議二〇名減」（朝1）―図2-4

三月二七日　「もめる区長任命制　あす閣議で決定」（朝1）

五月　一日　「選挙法改正案成る　戸別訪問は禁止」（朝1）

五月　五日　解説「「事前運動」大っぴら　上京招待や卒業祝」（朝1）

六月　四日　「選挙法の改正案成る　各種運動を制限」（朝1）

八月一七日　「正選挙法に〝抜けアナ〟　演説、事実上「野放し」」（夕1）

九月二九日　解説「公明選挙の第一歩」（夕2）

一一月　二日　「政治問題はらむ地方制度改革　争点に「都県の性格」」（朝1）

一二月　一日　「町村の合併を促進　財源の障害も除去」（朝1）

一九五三年
一月二八日（※正しくは一月二一日）「憲法改正・国民投票法案成る」（朝1）
二月一八日　解説「警察はこうなる　政府に「責任と全権」」（朝1）
二月二三日「改正警察法案成る　警察職員11万5千」（朝1）
三月一八日　夕刊連載「選挙手帳」一五回目「立候補準備」（夕1）
四月　六日　解説「公明選挙運動の実態　金権候補に批判の目」（朝3）
五月一〇日「衆院選挙区の縮小　一区二名を原則に」（朝1）
五月一八日　解説「復活する隣組や町内会」（朝3）
五月二九日　解説「両院選挙　各党の金繰り報告　寄付しめて四億弱」（朝1）
六月　二日「市町村合併を推進　約三分の一減少へ」（朝1）
七月一四日「自・改の予算折衝妥結す」（朝1）
八月一七日　解説「重光総裁の心境　〝政権交代〟を断念」（朝1）
一〇月　二日「重光総裁、対自協力を示唆　予算案で話し合う」（朝1）
一〇月二八日（※正しくは一〇月二七日）　解説「改進党の二つの顔　対政府協力は〝仁義〟」（朝1）
一〇月三〇日『人』寸評・荒木万寿夫（朝3）
一一月三〇日　解説「改進党、野党力強化せん」（朝1）
一二月一〇日「〝攻勢防衛〟で結束「連立」に改進党態度」（朝1）

一九五四年
一月一五日（※正しくは一月一九日）「改進党、憲法の全面改正へ」（朝1）
一月二〇日「憲法問題、態度弱まる　改進党きょう年次大会」（朝1）
二月二一日「改進、政府の善処求めん　きょうにも松村・佐藤会談」（朝1）
三月二五日　解説「追いつめられた改進党　どう転んでもシコリ」（朝1）

一九五二（昭和二七）年三月一日の「選挙気構えで増す　全選管調査　各政党への献金」（図2-2）は自由党の選挙費用に関する批判的な記事である。自由党の増田甲子《かね》七《しち》幹事長が旅費として九月に一〇〇万円、一〇月には一八〇万円と高額を計上していることを取り上げ、「収支のつじつまに記入したものかどうか不明で、全国選挙管理委員会でもクビをかしげている」と記事に書いた。その後、この記事を読んだ増田幹事長から抗議の電話がかかってきたのだが、後に田川の書いた記事の通りだったことが分かり、増田幹事長は平謝りだった。当時、公開情報をもとに選挙資金収支を分析した類《たぐい》の記事はほかになく、田川が始めた流れだっ

選挙氣構えで増す
全選管調査　各政党への献金

図2-2　田川のスクープ記事「選挙気構えで増す　全選管調査　各政党への献金」（『朝日新聞』1952年3月1日）

たという（以前：361f）。

田川はこうした記事について「発表でも作文でもない。足と勉強と、感覚の合作」（同：365）としている。実際、田川の記事は事実をベースとしていて、価値観やイデオロギーによって大上段から社会や政治を論じるといったものではない。こうした田川の取材スタイルについては、朝日新聞政治部の山田記者も「どんな原稿を書くときでも、精密に資料を集め、小まめに動いて自分で確信を持たぬうちは筆を執らないというのが彼の性格だ」と称賛している（憲政161）。田川自身「本はあまり読みませんね」「（左翼思想の影響を）受けなかったね」と回顧している通り（オーラル上：9, 18）、田川の記事は批判的なものであっても事実ベースで、ある意味地味な記事である。

こうした資料を用いた記事のほかにも、田川はスクープ記事を書いている。

その中でも最初のスクープとされるものが、一九五〇（昭和二五）年一二月二二日の記事「地方議員減員の動き　地方自治庁もすでに調査　布施市はすでに半減」（図2-3）である。この記事を書いたきっかけに関して田川は「地方自治庁の長野士郎行政課長のところへ行って雑談をしているところへ、大阪府布施市の塩川市長が来て、布施市が市会議員の定数を一挙に、半分に縮減したいという報告をしているのを聞いて、長野課長と共に驚いた」（以前：368）と回顧している。

ちょうど、地方自治庁では地方議員を削減する方向で検討と調査を行っていたので、田川は塩川市長を取材し記事にした。この記事は他社に先駆けたスクープであった。

こうした地方議員の削減について、政府は一九五二年三月二〇日に提出するのだが、その前段階の三月一七日に『朝日新聞』が他社に先駆けてこの事件を一面で報道している（図2–4）。

このとき、田川の取材をうけた長野士郎はのちに岡山県知事を六期二四年務めることになるのだが、長野は『政治家以前』に以下のような文章を寄せている。

「その名の通りまじめで誠実な人柄と熱心な仕事ぶりには心から敬意を払い、記者時代はもちろん、政治家になられてからも、今日まで親しくさせていただいている。……新聞記者によっては取材対象に「教えてくれ」という態度で接する者がいるが、田川さんの場合は、予《あらかじ》め幅広い取材で、問題を十分調べたうえで疑問をただしにくる場合が多かった。だから話していても気持ちがよかったし、逆にこちらが教えられることさえあった。町村合併推進法や地方自治法改正のときなど、田川さんのアイディアを借用させてもらったものだ。……田川さんは特ダネをとったときは、必ず、複数の取材先を当たるとか、記事の一部をボカすとかして、ニュース・ソースがわからないよう細かい配慮を忘れなかった」（同：422f）

朝日新聞
地方議員減員の動き
地方自治廳も調査
布施市はすでに半減
きょう閣議決定か

図 2–3　『朝日新聞』1950 年 12 月 22 日

堀川による評価と同様、田川の丁寧な取材には定評があったと考えられる。地方自治法をめぐるこのスクープにいたるまでの数日間の動きについて、田川は以下のように日記にまとめている。

三月一二日、議員定数削減に関するニュースを「スクープし

朝日新聞
地方自治法改正に成案
市町村議を一割減
都議は二十名減員
共産党封じ再検討
「強制調査権」めぐり
自由党大会
大成火災海上

図 2-4 『朝日新聞』1952 年 3 月 17 日

なければならない」（同：370）ので、自治庁長野行政課長、鈴木俊一次長（のちの首都高速道路公団理事長、東京都知事）をマークした。夜、鈴木の自宅を訪問する。議員定数削減のニュースを一早く伝えた田川を評価していた鈴木から情報を聞き出す。一五日にも鈴木宅、長野課長宅を訪問、情報を聞き出そうとする。一六日にも行政課の事務官を「朝駆け」する。昼には長野課長宅を訪問し、車の中で話を聞く。午後に鈴木邸で待機し、帰宅した鈴木から話を聞く。「外部から情報を入手して、ジワジワ攻め立てて、口を割らせた」（同：392）とある。その上で事務官、課長、次長の話から議員縮減の大まかな数字が分かってきたのでデスクに相談しながらそれをもとに記事にした。

もう一つ田川が「政治部へ来て最も大きな特ダネ」（同：377）としているのが、選挙制度調査会の小選挙区制の答申私案を事前にすっぱ抜いたことである（図2-5）。政府の「選挙制度調査会」で選挙制度の見直しが行われていて、その中では小選挙区制も検討されていた。田川は記者クラブでマージャンに勤《いそ》しむ同業他社の記者をしり目に、役所、外郭団体、関係各所を夜回りして個人的な関係を作った。選挙課の主任から小選挙区制の資料を「ちょっと見せて」もらい、他の事務官からも要綱案を入手した（同：399f）。これらの資料をもとに選挙制度調査会の野田武夫委員（後の総理府長官、自治大臣、国家公安委員長・建設大臣の野田毅の義父）に確認し、さらに全国選挙管理委員会事務局から「議員定数配表」を入手しスクープ記事を書いた（同：380f）。

田川は新聞記者時代のことを以下のように語っている。

「決して新聞記者として有能であったわけではない。筆はおそいし、悪文だし、私自身は新聞記者としては標準以下であったが、それをカバーしたものは、他人よりよけいに働き、動き回ったことである。その努力さえすれば、一定の水準までは誰でも達することができたはずである。……職人気質に似た気分で、しゃにむに歩いたわけである。……新聞社の仕組みが、そうさせたのかも知れない」（同：386）

小選擧區制に改正
選挙制度調査会 答申の方針決定
原則として一区一名
小党分立避けるねらい

図 2–5　『朝日新聞』1951 年 7 月 26 日

田川は社会部と政治部の違いを「政策を中心にした官庁詰めの記者だったから、努力さえすれば、自ずと特ダネ的な記事がつくれる」（同：385f）としている。確かに、取材対象がある程度決まっているものに対して夜討ち朝駆けによって情報を入手するという点では田川は「努力の記者」なのかもしれない。

田川は取材した記録を細かく残す「メモ魔」だった。その一例が、政治部時代に自治庁を担当していたときに作成した「田川ノート」である。田川は警察官僚の学生時代の成績、また極秘扱いだった官僚採用試験の順位、官僚になってからの出世の度合いなどノートにまとめていた。この「田川ノート」についてジャーナリストの鈴木卓郎は「官僚研究として貴重な資料」であるとして後に言及している（鈴木 1991：68-69、伊勢：37）。後に、中国交渉に関する田川の克明なメモが中国研究者にとって重要な資料になったのだが、それと重なる。

こうした「アシで書く」「努力の記者」という自己認識は政治家になってからも持っていて、マス・メディアを批判する座談会でも「とにかく足で書かなくなったね。それはわれわれの時代とは全く違う」（75）と記者の努力不足を嘆いている。さらに「本当の批判をしないで揚げ足とって、おもしろおかしく書くだけでね」「いまの野党の質問に似ている」（79）と自分と比較しながら現在の記者の職業意識を批判もしている（「特集―新春初小言―これでいいのか日本のマスコミ」『月刊官界』一九八五年一月号）。

解説記事で見せる勤勉

現在確認できるもっとも古い田川の署名記事は、『自治時報』（一九五二年九月号）に掲載された「改正自治法成立まで」である。「〝アナ空け減税案〟罷り通る」というサブタイトルがつけられたこの記事では、第一三回通常国会で成立した法案類を扱っているのだが、田川はこれを「選挙目当ての法案が非常に多かった」（34）と振り返っている。こうした法案は大企業優遇の減税競争の様相を呈しており、その背景には日本が一九五二年四月に独立した後、GHQ連合国軍最高司令官総司令部の許可を経ずとも法案を提出できるようになったこと、そして総選挙に向けて各議員が選挙対策に走ったのだという。そして議員が各方面からの陳情を無秩序に受け入れ、法案に反映させた結果、不均衡な税制（税が軽減される業種とそうでない業種との違いの根拠が不明確）が生み出されたことを指摘している。

この記事で注目に値する点は、不均衡税制に関する田川の主張そのものよりも、それを言うために法案成立までの過程、減税の具体的な内容や金額、当事者の発言など、様々な取材と綿密な情報収集によって書かれたものだということである。

これは選挙違反に関する一連の雑誌記事（「選挙違反の実状」『世界』一九五二年一二月号）、「公明選挙運動を切る」（『地方自治』一九五二年・一二巻六〇号）、「両院選挙　選挙違反総まくり」（『自治時報』一九五三年・六巻七号）などでも見られる特徴である。

「国民の選挙意識の昂揚《こうよう》と選挙の腐敗の除去」（総理府国立世論調査所編：25）を目的とする公明選挙運動に関しても「公明選挙の運動を常時の運動として、まず選挙民の自覚をうながすことが何よりも重要であるが、選挙違反の連座制を強化すること、選挙違反の処理を迅速に行うことなども公明選挙のために是非とも行わなければならないことではないだろうか」（『地方自治』：20）という見解自体は極めて一般的なものである。ただ、選挙違反の実態や検挙率についての詳細なデータ、「金のかからない」公明選挙を実践した候補者を取材するなど足によって書かれた記事だった。

田川のスクープを可能にしたのが「小さな努力と挑戦の積み重ね」だった一方で、そうした努力や挑戦もまた当時の社会情勢から完全に自由だというわけではない（またスクープ記事についても、いずれ分かる記事を他社に先駆けて報じるだけでは本当のスクープではないという批判も記者クラブに関する議論の中でしばしば指摘されることではある）。むしろこうした小さな挑戦の中で目指すべきとされていたもの当時の価値観に大いに規定されている。確かに「議員定数削減」、「選挙費用の削減」も今に続く問題ではある一方、田川が挑戦していたそうした当時の「目標」から今何か学ぶべきものがあるかというとそこには若干の疑問も生じる。だからこそこうした田川の主張の内容というよりは、地道な取材で一歩一歩批判を展開するという田川の身の処し方こそ注目するべきなのかもしれない。それは田川が語る「保守」の本来の意味からすればむしろ王道でもある。後に田川は保守主義について以下のように述べている。

「保守ということばは、決して「古き」を守る意味ではない。日本主義と言い換えてもいいかもしれない一面を持っています。日本古来のよい伝統は長く維持し、古い因習、悪弊は一掃するのが、真の保守主義だと思います。また保守とは自由主義体制を基本として、一歩一歩、改良、改革を加えていくことを意味します。革命がもとめないが、改良なら大胆に一歩も二歩も前に進むことです。この思想は古今東西、最も確実に人類を進歩させてきた最も健全な考え方です」（国際商業出版編：22）

しかし、こうした一歩一歩の地道な改良と改革を重視する田川の姿勢は、古きを守ろうとする者たちからだけではなく、大きな変革を求める者たちからもしばしば批判されることになっていく。

3 労働組合委員長の「論理」――左翼勢力とストをめぐって対立

改進党担当記者へ

一九五三年(昭和二八年)五月、田川はそれまで三年間担当していた「内政クラブ」から、改進党の担当になる。当時の日本では政党の結成・分裂・合併が繰り返されていた。保守主義を掲げる政党も与党・自由党のほかに、複数存在していた。田川が担当した改進党は、第二保守党を目指して複数の政党が合併して一九五二年に誕生した政党だった。

一九五二(昭和二七)年一〇月に行われた第二五回衆議院総選挙では、公職追放されていた政治家が国政に多数復帰した。その中の一人であった鳩山一郎は与党・自由党の中の一大勢力を築く。

一九五三(昭和二八)年四月、一年も経たず第二六回衆議院総選挙が行われる。吉田茂内閣の「バカヤロー解散」に伴うもので、選挙直前に鳩山一郎ら自由党内の反吉田派は新たに「鳩山自由党(分派自由党)」を名乗り、「吉田自由党」と対決姿勢を明確にした。だが総選挙では吉田・鳩山の両派とも議席数を減らした。

一方、保守野党の改進党も内部に、自由党との連携・連立を模索する者、社会党右派・左派と連携し自由党と対決しようとする者との間で揺れていた。こうした内部対立を抱えていた改進党も総選挙で議席を減らした。

それぞれの保守政党が議席を減らす状況で様々な思惑が錯綜した。吉田・自由党は鳩山・自由党から鳩山を引き抜き、改進党内で自由党との連携を模索する者達へ働きかけを行い政権を維持しようとした。鳩山を引き抜かれた鳩山・自由党は、残留組の三木武吉や河野一郎らが日本自由党《にっぽんじゆうとう》（※一九四五―一九四八年の日本自由党《にほんじゆうとう》とは別の政党）に党名を変更する（政党・党勢の変遷については間柴・柳瀬を参照）。改進党担当だった田川だが、若宮小太郎とともに日本自由党にも取材対象を広げ、両党の「吉田内閣打倒劇」を追った（以前：429f）。

　こうした取材を通じて、田川が深い関係を形成し、また印象が強く残った政治家として挙げているのが、改進党の松村謙三、大麻唯男《おおあさただお》、重光葵《しげみつまもる》、中曾根康弘、そして日本民主党の三木武夫、河野一郎である（同：445-455）。

　河野一郎は田川の叔父にあたる。頻繁に夜討ち・朝駆けをする政治部の記者は自宅に帰らず宿に泊まることもあったが、一郎の自宅（東京・目黒）に泊まることもよくあった。取材が目的ではあったが、日本自由党と改進党の間の連絡（「打倒吉田」の策謀）の側面も強かったという（同：463-465）。河野宅では日本自由党の議員や河野と親しい記者たちが集まり情報交換をした。その中には、三浦甲子二《きねじ》（朝日）、三宅久之（毎日）、田村祐造（読売）、木村鍈一（ＮＨＫ）、酒井新二（共同）、山崎曜（日経）らがいた。記者たちとの活発な議論の中で河野は自論を変えることもあったという（同：465）。

「こどもの時代からかわいがられ、朝日に入社するときも世話になった。家内をもらう時も、なかば故人（河野）の〝命令〟によった」（『朝日人』一九六五年八月号に掲載したあと、以前：455に記載）くらいに、河野一郎が田川のキャリアに与えた影響は大きい。実際、田川は代議士になってからは河野派に属し、のちの新自由クラブでも一郎の子の洋平と組むことになったからである。

労働組合委員長就任へ

一九五四（昭和二九）年一一月、田川は朝日新聞労働組合中央執行委員長（第一六代）に就任する。改進党担当になって一年、ようやく議員や関係者とのつながりができてきたころだった。田川を執行委員長にしようという話は、編集局の政治部、社会部などから持ち上がった。執行委員長の任期は半年だが、その間は組合専従、すなわち記者の仕事は休職しなければならず、委員長の成り手はなかなかいなかった（以前：469）。

田川の前任の委員長の矢田喜美雄は社会部出身で、次は政治部から委員長を出すように社会部が求めてきた。田川は通信部時代に東京編集組合の副書記長を務めたことはあるのだが、その後は組合活動からは距離を置いていた。しかし、政治部・通信部時代の上司で当時、執行委員長の選考委員をやっていた堀川直義から直々に口説かれた（同：469f）。田川も「（組合で）意見を言うと、代表で執行委員に出されちゃうんですね……最初は代議員で出るわけ。代議員でまた発言すると、今度、執行委員に出てくれとか」（オーラル上：50）と語っているように、周りから推されて就任したようである。一方、付き合いのあった政治家、河野一郎、松村謙三、三木武夫たちは田川が執行委員長になることに「頭をかしげて」（以前：471）おり、特に重光葵と松村謙三は田川の組合専従に反対だったと言われる（憲政159：5）。

それでも田川が委員長を引き受けたのは、政治部からの説得があったからだという（以前：471）。執行部は委員長・田川をはじめとして、本部書記長・大野政一、本部給与対策部長・竹田正、東京支部委員長・牧野仲造、中部支部委員長・金子賢、大阪支部委員長・木俣博、西部支部委員長・笠目惣次郎だった（朝日新聞労働組合編：609）。

委員長就任後、田川は以下のような声明を出し、組合内部の強硬派を諫めた（初陣：7-9）。この声明は「大人」と「子供」、「生きた」と「虚脱」、「現実（性）」と「理想（公式論）」といった対立的な言葉を用いて、スジを通すばかりで無理をしている労働組合を批判する内容になっている（傍点は引用者）。

朝日新聞職員同好会紙（昭和二九年一二月）

「「無理するな」朝日新聞労働組合本部委員長　田川誠一

両派社会党はこんど吉田内閣が総辞職するか、解散した場合の首班指名で、吉田政治の再現を阻止するため、鳩山首班を支持して、鳩山氏に投票するという。社会党は去年の総選挙のあとの首班指名の決選投票の際に改進党の重光首班に投票するかどうかで大分もめたが、結局、「保守政党に投票することは革新政党としてスジが通らない」といって、投票は棄権し、これによって再び自由党政権が出現した。結果的には指揮権発動や造船疑獄の責任者である吉田内閣を社会党がつくらせたという見方さえ出てくるわけである。

これにこりたかどうかは知らないが、こんどの社会党の態度は「吉田政治の再現を拒むためには、鳩山民主党と一時、手を握ることもやむを得ない」といった具合で、かなり現実的な態度をみせている。よく「社会党は理想ばかりいって、現実性が少しもない」という批判も出ていたが、このような見方からすれば、社会党は〝大人〟になった、といえるかも知れない。

労働組合もいつまでも〝子供〟でありたくはない。そのためには、労働組合に常識論というか、もっと現実性がほしいと私は思っている。これまで、とかく組合員と執行部との間が遊離しているとか、組合運動に行き過ぎがあるなどという意見が出たのも、労働組合があまりに公式論にとらわれすぎていたきらいがあったためではなかろうか。

ストライキをやるだけの組織もなく、組合員にその熱意もないのに、ストライキをかけたり、ストライキをやるだけの価値のある理由もないのにやたらとストライキ権を振り回すことは、かえって組合の弱化を招く結果になってしまうと思う。このことはわたし達が過去に苦杯をなめたことである。

新聞社の労働組合はほかの企業と違って複雑な職種に分かれている。第一線の記者と印刷局で働く人たちは労働の環境が著しく違うし、考え方にもかなりの相違がある。また新聞社相互の協定が、なかなかうまくいかないように、新聞労組の連合体の組織力を統一することは容易なことではない。こうした特殊な立場におかれている新聞労働組合はまず内部を固めていくことが、先決問題であると思っている。

朝日新聞の組合は一度、分裂して一昨年統一されたが、いままで私が一組合員としてわれわれの組合をながめて来た感じとしては〝虚脱状態〟に陥っているではないか、ということである。これを打ち破っていくには組合内部の地ならしをやらなければ駄目だと私は思う。それにはまず〝生きた〟組合活動を行うことだと考えている。

私は前に組合は公式論にとらわれてはいけない。といったが、もちろん労働法規を無視したり、組合ルールを蹂躙《じゅうりん》してよい、というものではない。また敗北感をいだいているわけでも毛頭ない。スジばかり通して、骨や皮ばかりになっては困るというのである。そして「無理はするな」といいたいのである」


田川は現実路線をとる右派・左派の社会党を引き合いに出しながら、組合員にも現実路線をとるように説いた。

執行部で苦労したのが、編集局、印刷局、業務局（営業）との利害の対立だった。田川は後にこのことについては「編集と印刷局との労働条件なんかは合いっこない」「印刷とか現場は、汗を流して活字を拾うより、組合に行ってしゃべっているほうがいいんです」（オーラル上：89）とかなり印刷局を突き放した見方をしている。

組合活動について田川は「会社側との交渉がこじれると、政治家を通じて社の最高幹部との舞台ウラの話合いも、一、二度した」「組合活動としては邪道であり、へたをすれば〝利敵行為〟と見られる危い橋を渡った」とウラの活動を語っている（以前：476）。なお、ここで挙げられている政治家は三木武夫で、最高幹部は朝日新聞専務・信夫《しのぶ》韓一郎《かんいちろう》である（同、オーラル上：53）。こうした禁じ手とも呼べる手法をとった理由については「（組合の）内部の統一に、かなりの勢力を費やさざるを得ず、公式的な会社との交渉には、あまり期待がもてなかった」と振り返っている（以前：476）。

組合活動で特に難航したのがベースアップをめぐる交渉である。一九五五（昭和三〇）年、組合は一・四％のベースアップを要求し、会社側も〇・六％までは妥協したもののそれ以上は譲らなかった。組合は会社に対してそれ以上のベアを求めて三月二五日（二九日との記述もあり）、厚生省中央労働委員会（中労委）に提訴する。中労委は会社と組合の双方から事情を聴取し、四月九日に斡旋案として〇・八％のベアを提案する。この間、四月五日には組合はスト権を確立している。この斡旋案を会社側は受諾したものの、組合側は意見が分かれていてストライキ実施強硬派の力も強かった。そして四月一一日午前三時、組合は中労委の斡旋案を拒否し、ストライキ突入の方針を固めた（朝日新聞労働組合編：96-100、以前：477f）。

田川はスト決行が本決まりになった後に、組合員に以下のように演説したという（以前：480）。

①ストライキは機関決定されたが、それは組合員の総意を正確に反映したものではなく、一部の強硬派によって引きずられたものである。

②ストを強行すれば必ず組合は分裂する。組合員の中には、記者として職場を放棄したくないという気質が根強く残っているし、スト強行に対する反対の空気も根強い。

③組合の分裂は過去に経験があるように会社を利するだけで、組合員の立場を弱体化することになり、得るものは何もない。

④のみならずストによって必ず末端から犠牲者が出る。これまでの例にあるように委員長や書記長など当面の責任者などは処分されず、末端の職場で、いざこざを起した者だけが犠牲になる。その犠牲者の生活を組合が保障していくだけの力がないではないか。

⑤スト派は、組合の力を試すため、形だけでも良いからストを決行すべきであるとしているが、ストは組合の〝伝家の宝刀〟であって、たとえ機関決定されても、最後の最後まで回避することに努力するのが、組合執行部の業務である。にもかかわらず、執行部内は、一部の強硬派に引きずられて極左分子に組合運営の指導権を奪われてしまった。

田川は「斡旋案を拒否したあとの事態解決には自信が持てない」と大野書記長に辞意を表明して帰宅した。田川はこの事件ついて、「なんと言われようと、ストライキは避けなければならなかった」「あの時点で『委員長辞任』しか道はなかった」と振り返っている（同：478f）。

四月一八日、再開大会が行われ、組合は斡旋案を受諾しベア闘争終結が決定した。当時の朝日新聞社の労務担当の役員だった矢島八州夫が後に「あとはスト突入以外にない。ところがストは起らなかった。奇蹟が起ったのである。田川君の驚くべき決断が、常人とは全くちがったことを現出した。職をとして六千人の意志を押さえつけた。大勇がなければ出来ないわざである」（憲政 161：10）と振り返っているように、委員長辞任によってストライキは寸前で回避された。

一方組合では田川委員長の不信任が決議され、「田川委員長辞任問題調査委員会」（宮本能冬委員長・東京本社・事業局）も設置されることになった（朝日新聞労働組合編：100f）。この前代未聞の「本部委員長の辞任劇」は朝日新聞社の労働組合史にも記録されている。

「全体としてみれば実力行使に入り得る余力はあるとしても、完全な実力行使への態勢はもはや時を失し、期待し得ない—との結論が出た。こうして八二・五％のスト権を掌握して「中労委を収束の場としない」とした確認も、あっせん案拒否の決定も、予期せぬ委員長の辞任劇によって崩壊し、中央委あっせん案で事態を収拾することとなる」（朝日新聞労働組合編：100）

調査委員会は「田川氏は元来、保守的傾向の人物であり、組合指導者として不適格であった。また、同氏はいずれは朝日新聞を退社してもよいという意志があった」と事実認定し「組合綱領に違反し、統制を乱し名誉を傷つけたものと判断する」と報告をまとめている（同：101）。なお『組合史』はこうした調査委員会の判断を紹介しているのだが、「計画的に反組合的行動を犯したものではない」とした委員会判断については「断定は不透明である」（同）、つまり田川の委員長辞任は意識的な組合潰しの可能性があるとして厳しく批判している。

二分する評価

田川委員長の「辞任劇」については評価が二分している。

田川は「執行委員の中に過激派がいて、執行委員にならなくてもその背後に強硬派がいて、表へ出ない」「各三社（東京、大阪、名古屋）の委員長はみな私と同じように慎重なんです。みんな『スト反対』なんだけど、下が言うことを聞かない」と後（一九九八年一二月）に語っている（オーラル上：93）。そして「下」を取りまとめるのに苦労する中で辞任せざるをえなかったときの心境を田川はこう語った。

「私が組合に愛想をつかしたのは、委員長の私に「強硬派を説得できる」と言いながら、裏へ回って「スト決行」を煽《あお》っている組合役員がいたことです。……これが調子が良くてね。「田川さん、うまくやろうよ。収めましょうよ」って。……それで、最後はそういう奴に全部やられて、結局ストをやらざるを得なくなったんで、私は辞任したんです。まだスト態勢に入らないんだけど、ストを確立して、いつでもストができるような態勢をつくろうという段階で、私は大野政一という活版部の書記長に、「とてもこれ以上はやってられない。辞める。あと、やってくれ」と言って僕は家に帰ったんです」（同：94）

田川は委員長辞任とともに社を辞める決意もしていた。非常手段でストを回避した以上、会社に残っていても委員長を糾弾する声は生じるだろうし、いずれ昇進したときに論功行賞呼ばわりされることに耐えることはできないと思われたからである（以前：481f）。

朝日新聞社を辞める際には、新聞社の役員たちからも引き留められた。もっともこうしたこともまた組合からすれば「保守」と映ることになるわけだが、「会社側」であった元朝日新聞社代表取締役・野村秀雄（熊本日日新聞社社長、NHK会長などを歴任）は田川に手紙を送って労をねぎらったという（同：

489-492)。

こうして田川は一三年間勤務した朝日新聞を退職することになった。この辞任劇をめぐって田川の発言は時期によって微妙に異なっている。新聞社を退職し、松村謙三の大臣秘書官になったころは新聞の取材に「いや気がさした」と答えていて（初陣：16）、一九七七年『政治家以前』でも自身の選択の正当性に言及していたが、一九八〇年の『初陣前後』のころには「朝日新聞社内外には、評価が相半ばした」「組合の過激派や組合意識の強い人たちは、私を〝裏切り〟呼ばわりしたのは当然」と一定程度は組合側の見解にも理解を示している（同：3)。ただ、労働組合の中の一部の立場のことを「過激派」と表現するなど、組合の側に立って組合の論理を全面的に展開することにも否定的だった。『オーラルヒストリー』でも、組合の中には「過激派」「強硬派」がいたことに言及していて、そうした勢力に理解を示すような発言はしていない（オーラル上：93f)。

労組側に立てば、田川はいわゆる「経営陣の論理」に従ったことになる。もちろん第二組合をめぐる田川の言動を鑑《かんが》みても、完全に経営陣の論理に従ったわけでもなかったのだが、少なくとも会社に妥協ともとれる態度を示す田川は「裏切り者」と映ったことだろう。そしてこのような田川に向けられた「裏切り」論は、のちの新自由クラブと自民党の連立に際して、もしくは進歩党内での内紛劇で見られた議論にも重なるものがある。

そして「目的意識を持って信念を貫く人」といった田川のイメージからすれば、「無理をするな」「スジばかり通して、骨や皮ばかりになっては困る」と説くのは現状維持的な保守的姿勢そのものにも映る。

何よりのちの田川が繰り返し、著書『やればできる痩せ我慢の道』のタイトルにもなっている「痩せ我慢」の精神とも矛盾するようにも見える。

「個人」でできる〝痩せ我慢〟と「周囲」を巻き込む〝無理〟とは異なる、田川の信念の行動は「個人」でのみ実践できるものであり、集団・組織のレベルで展開可能なものではない……と考えればこうした矛盾は解消されるのだが、この問題は田川の人生の中で繰り返し生じた。田川の信念・理念とその実現に向けた「痩せ我慢」と「挑戦」は個人的なものにとどまる。つまりその範囲には限界がある（他人を巻き込んで実践していくことができない）という問題は、すでにこのとき垣間《かいま》見えていたのである。

第三章

生涯の師・松村謙三との出会い

――政治家秘書から政治家へ（一九五五年～一九六〇年）

松村謙三文部大臣（右から２人目）の秘書官時代の田川（中央）（1955年）（『新風』：21 から）

「保守派はその態度によつて人を納得させるべきであつて、イデオロギーによつて承服させるべきではないし、またそんなことは出来ぬはずである」（福田恆存『保守とは何か』文春学藝ライブラリー・二〇一三年：184）

1　メディア政治家・松村謙三の秘書として

保守リベラルの政治家・松村謙三

改進党担当の記者になった田川はそこで生涯の師となる松村謙三と出会う。

松村謙三（一八八三―一九七一年）は富山県福光町（現・南砺《なんと》市）に生まれ、早稲田大学政治経済学科卒業後、報知新聞記者、福光町議会議員、富山県議会議員を経て、一九二八（昭和三）年第一六回衆議院議員総選挙で代議士に初当選する。戦前・戦後あわせて衆議院議員を一三期務め、厚生大臣兼文部大臣（東久邇宮《ひがしくにのみや》内閣）、農林大臣（幣原《しではら》内閣）、戦後、公職追放されるも解除後は文部大臣（第二次鳩山内閣）を務めた。保守合同後に総裁選に二度立候補するがどちらも岸信介《のぶすけ》に敗れた。親中派として知られ、日中国交回復を推進し、LT貿易、記者交換など日中交流の促進に努めた。また清廉な政治家としても名高い（自由民主党広報委員会出版局編：500、武田：384も参照）。

田川は松村の大臣秘書官として「弟子入り」するのだが、「親中派」、「清廉な政治家」、「保守でリベラル」という田川のイメージは松村謙三のそれとほぼ重なる。以下は自民党結成後の一九五九年の総裁選に岸の対立候補として松村が「負ける覚悟」（オーラル上：105）で出たときの演説内容である。

「金のかからぬきれいな政治を」（総裁立候補の弁・一九五九年）

（政治と金について）

「民主政治は英雄の仕事ではない。平凡な政治、誤りのない政治、清潔な政治――これが民主政治の特色だと思う。ところが最近痛切に感ずることは政治に金がかかり過ぎるということだ。そして金と権力を結びつける傾向が公然としかも露骨に過ぎるということだ。……いまほどあらわに〝金力〟が横行することはなかった。これは何も政治の世界に限らず、社会一般の風潮だといってしまえばそれまでだが、やはり根本的には政治家の心がまえ〝政治の姿勢〟が乱れているからだと確信する。いまの自民党がともすれば金権や派閥の力によって政治をもてあそぼうとする傾向があることは保守党の墓穴を掘るものであり、私の深く憂うるところである。いまにしてこのような態度を正さねば保守党と保守党による政治は国民から見放されるであろう」（松村 1977：208）

（日本と外交政策について）

「日本及び日本国民は戦後十五年、あの廃墟の中から起上ったが、今日の文化、経済は戦前の域をはるかにしのいでおり、鉱工業生産指数の飛躍的な上昇は世界各国の注視の的となっている。わが国は現在軍事力こそ微弱だがその他の点では実力を備えてきていることは誰しも認めざるをえまい。これは〝政治〟がよくて出来たのではない。占領行政の時代とその後の独立行政がよかったわけではない。それにもかかわらずここまで国力が伸びてきたことは民族の〝持てる力〟によるものだと思う。私のこの前提に誤りがないとするならば、民族のこの偉大な力を自由に発展させることが政策の正しいあり方だと考える。私は官僚のみの力によることなく、国民おのおのの力と才能を十分に発揮させるために、最大の力を注ぎたい。

また外交政策についていえば、日本はもちろん自由国家群の一員であるから、自由国家群との協力を基調とすることは当然である。しかし、これと同時にその地勢上の位置からみてアジア民族の一員だということも忘れてはならない。アジア民族と手をとり、その繁栄と生活向上に最善の努力をし、アジア人の生活および感情を自由国家群の中に溶け合わせる努力をしてアジアの平和、世界の平和に寄与するのが日本の使命だと確信する。同じ党内にいるので現内閣に対する手きびしい批判は避けたいが、いまの政府の政策は本当にアジア人の気持をつかもうとする努力が足りないのではあるまいか」（同：209f）。

松村謙三については評伝がいくつも書かれているが、その中でも松村を尊敬していた田川は『松村謙三と中国』や『日中交渉秘録』などで積極的に松村の足跡を伝え続けており、「田川の提示した松村像が、現在の定説となっている」と言われる（武田：389）。特に現在の松村像は「清貧の政治家」、「進歩派」といった側面がやや強調されており、田川が描いた松村像が一因ではないかともいわれる。「保守・傍流」として理解されがちな松村ではあるが、松村を正面から保守主義者としてとらえることもまた必要であると武田は指摘する（同：390）。

とはいえ田川自身も松村のことを「ひと言でいうと、古武士。皇室中心主義者、代表的な保守政治家」と評している。そして、秘書官が天皇の話題をするときの言葉づかいを「何ごとだ！」と厳しく注意し、天皇を「天子様」と呼び、訪中の際にもそれを通していたという松村の逸話も紹介している（自由民主党広報委員会出版局編：501）。また松村は福澤諭吉の「瘦我慢の説」を愛読しており、そうした精神を最後まで体現した政治家だとも評価している（同：505）。

田川の松村評の中で興味深いのは、幣原内閣時代に農林大臣を務めた松村が進めた農地改革を評価する際に「日本を革命から救ったのはこの農地改革だと極言する人がある」とし、松村が早稲田大学創始者・大隈重信を「非常に尊敬していましたね。大隈さんの〝在野精神〟というものを受け継ごうと努力されていました」と語っていることである（同：511）。革命を否定する保守主義者であり、同時に在野精神も併せ持つ松村とその後の田川の共通点を見出すことができるからである。

文部大臣秘書官・田川

保守合同直前の一九五五（昭和三〇）年三月一八日、松村は文部大臣に就任する。大臣秘書官を探していた松村は河野一郎、若宮小太郎（朝日新聞出身・政治家秘書官）を通じて田川に白羽の矢を立てていた（オーラル上：95f）。松村謙三の秘書官にはほかに川端佳夫《よしお》（元読売新聞、その後国会議員）、小楠正雄（元・東京日日新聞社）といった記者出身者がいたが、田川のことも他の秘書官たちと同様に「裏表のない忠実な勤めぶり」（松村 1964：149）と高く評価していた。

田川は秘書官になったことを「朝日新聞という大きな〝ぬるま湯〟から「冒険」して秘書生活・政

図3-1　松村謙三文部大臣と秘書官たち。後列右から３人目が田川（初陣：35）

界に入ったと語っている（初陣：5）。大臣秘書官というのは、国家行政組織法が規定する公務員の特別職であるが、田川の時代では局長級の待遇で専用の自動車と運転手がついた（同：10f）。秘書官には、大臣が任命する者（政務秘書官）と省側が任命する者（事務秘書官、秘書官事務取扱）がいて、秘書官には代議士大臣なら自身の議員秘書を充てたり、親族を任命したりすることもある。新聞記者出身者が大臣秘書官になることもあり、鳩山一郎総理の大臣秘書官であった若宮小太郎（元朝日新聞政治部長の若宮啓文《よしぶみ》の父）も朝日新聞出身である（オーラル上：98）。

秘書官就任にあたって、田川の叔父・河野一郎の推薦が後押しになっていた。ただ、新聞社を辞めて秘書官になることに田川の親兄弟と家族は反対だった（以前：486）。政務秘書官は不安定な身分であり、官僚から派遣される事務秘書官とは違い、田川のような政務秘書官は任命した大臣が辞めれば一緒に辞めなければならなかったからである。

大臣秘書官の仕事は多忙を極めた。それまで松村謙三の議員秘書を務めていた小楠正雄が竹山祐太郎（建設大臣）の大臣秘書官になったため、松村には議員秘書すらいない状態だった。そのため、田川が大臣秘書官と議員秘書を兼務していたという（初陣：13）。

大臣秘書官になった当時、田川は新聞のインタビューの中で朝日新聞社を辞めた理由として労働争議で「うらぎり者」呼ばわりされたことを挙げて「いや気がさした」と語り、秘書官の仕事については「いざやってみると雑用が多いですナー」と不満を述べつつ、「最近は政界にも魅力がなくなった」「ドロ沼」であると政治の世界に対しても早くも批判を展開していた（同：15–18）。

ここで田川が「ドロ沼」と評していたのが、一九五五年までの保守合同問題である。戦後の日本社会は多くの政党が乱立し、統合・分裂を繰り返していた。

詐欺事件の保全経済事件や贈収賄事件の造船疑獄などの政治問題によって求心力が低下していた当時の吉田茂・自由党内閣だが、緒方竹虎《たけとら》副総裁は一九五四年三月末、改進党と合同する新党結成構想（「緒方構想」）を発表する。だが、改進党幹事長の松村はもともと保守二党論者でありこれに反発する。一方で、犬養健《たける》法相が指揮権を発動して容疑者の逮捕が無期延期され造船疑獄が一段落して、吉田政権が安定すると、保守合同論も一度はとん挫することになった（小宮：312）。

自由党は党内反吉田派の岸と石橋を除名するが、この自由党内の反吉田派は自由党を脱党し、改進党とすでに自由党から脱党したグループが作っていた日本自由党と合同し、一九五四年一一月、日本民主党が結成される。日本民主党の総裁となった鳩山一郎は一二月、鳩山一郎内閣を発足させる。このとき鳩山は早期の解散・総選挙を約束しており、翌年一月二四日に衆議院を解散し、二月に第二七回衆議院総選挙が行われ、与党・日本民主党は一八五議席を獲得して第一党になる。だが依然として少数与党にすぎず、むしろ両派社会党の議席数増加が目立つことになった（中北：186）。

日本民主党の三木武吉は再び保守合同を呼びかけた。

「一八五名の少数党で政策を行うということ自体が根本的な無理である。民主党は自由党に対し、引抜や切崩しなどの工作はせず、近く正式に表玄関から呼びかける。保守結集の形は合同でも連立でも提携でも構わないが、その時機は今や熟している。保守結集のために、もし鳩山の存在が障害になるなら、鳩山内閣は総辞職してもいゝし、民主党は解体しても一向に差支えはない。否、保守結集の出来た場合は、鳩山内閣は辞職して、衆望の期する新総裁による新政権を樹立するのが正道である。」（御手洗《みたらい》：426-427）

一九五五年一一月に自由党と日本民主党が合同して巨大保守政党の自由民主党が誕生するまでは改進党などの保守系の野党も複数存在していた。しかし社会党両派が議席の三分の一を占めて社会主義勢力が伸長してくると、三木のように保守政党の統一を叫ぶ合同論が台頭してきた。

松村謙三の合同反対論（清和会講演：一九五五年六月二一日）

松村謙三はこうした保守合同論に対して保守二党論を展開し、最後まで反対の論陣を張っていた。

「いま流行《はや》っている保守合同の問題であるが……これは何を意味するかというと、それによって政局を安定させ、そうして日本に落着いた政治上の安定を与えるということである。しからば、いまやっておるようなあいう合同をやって、それで強い政治力が出て来るかということを考えなければばならない。私共はそういう強い政治力が、ただ少数のものの話合で離合集散をするだけで出るとは考えない。むしろ政治は弱体化する。これはかつての戦争前に、政党を解消して挙国一致翼賛体制ということをやってみたときに、私共は案外に思った。形は挙国一致だけれども、ちっとも内部は挙国一致じゃない。バラ〳〵である。そうしてその政策というものは、そういうバラ〳〵の間に共通する政治しか出来ないから極めて低いところにいって、あの戦争中政治力が自由に発揮出来なかった。その一つの原因は、それを一束に束ねてしまったということにあることはご承知のとおりであって、むしろ日清戦争、日露戦争のときのように、政党は違うが考え方を一つにしてやっていこうという形のほうがよほど政治力が高まった。そういう前例からみて、いま政党をただ形ばかり合せてみて、力が出るものではない。

……社会党に政権を渡したら大変だから保守党でもっていこう、その保守党でもっていくのに一つになるのである……ところがそれが一つになるということは、やがて社会党へ政権を渡す最も早道であるということを忘れているわけである。なぜかというならば保守が一つになって単独の内閣をつくった場合に、それが行詰って来たときにはどうしたって第二党の社会党に政権を渡さなければならない。……大体内閣は一年か二年、永くて三年のものである。もし保守が合同して、内閣をつくって、二年ぐらい経ったら必ず行詰る。そうすると社会党にやらなければならない。こういうようなことを考えてみるときに、私共は無条件で保守合同ということは考えられるものではない」（松村 1977：196f）

松村が恐れていたのは「やがて社会党へ政権を渡す」ことだった。保守勢力が一体化した後でその勢力が行き詰れば次にやってくるのは革新勢力である、代わりの保守勢力が別に用意されていること、保守勢力の多様性が保守にとっても重要だと主張していたのである。実際、戦後の総選挙の相対得票率の推移を見ると、合同前の第二五回総選挙（一九五二年一〇月）では保守三党（改進、自由、協同）で計六七・二％、第二六回（一九五三年四月）は保守三党（改進、〈吉田〉自由党、分派〈鳩山〉自由党）で六五・六％、合同直前の第二七回（一九五五年二月）は保守二党（日本民主、自由）で六三・二％だったのだが、合同後の一九五八年総選挙の自民党の得票率は五七・八％、一九七二年には四六・九％まで低下している（石川：214-215参照）。保守一党が保守勢力を衰退させるという松村の懸念も理解できる。

鳩山内閣内で松村の様子を田川は以下のように日記に残している。

「……閣議のあと、三木武夫運輸大臣が、文部大臣秘書官の私をつかまえ、「田川君、松村さんに、あまり短気を起こさんように、なだめてくれ」とささやいた。

閣議が終わって、文部省へ帰る途中、松村大臣は車の中で「このごろ政府の内部は、実際なっていない」「閣議でケンカしてやったよ。大蔵大臣の奴、けしからん。鳩山総理に、いいかげんに吹き込まれてしまって……」とご機嫌斜めであった。最近、米の問題ばかりでなく、松村さんのカンにさわることばかり起きているということも手伝った。保守合同が良い例だ。これは松村さんには絶対承服できないことなのに、このうえ米の自由化を打ち出そうというのだから、場合によっては、文相の座を本当に投げ出すかもしれない」（初陣：31f）

保守合同に向けて両党での協議が進められていく中、最後まで反対の論陣を張ったのは松村謙三と三木武夫だった（三木：167-169）。だが一九五五年一一月、日本民主党と自由党が合同して自由民主党が誕生する。第二次鳩山内閣から第三次鳩山内閣に代わったとき、松村は内閣から去った。松村は田川に次のように語ったという。

「文部行政の仕事には、まだやり残したことがたくさんあり、未練を持っている。しかし保守合同に最後まで反対して来た自分にとって、ここで進退を明確にしておく必要がある。これは政治家としてのスジである」（初陣：36）

河野一郎は保守合同や米の自由化問題については松村と意見を異にしていたものの、松村の清廉な政治姿勢や反骨精神あふれる〝古老〟の存在は鳩山内閣の看板でもあったので、文部大臣にはとどまってもらいたかったのだろうと田川は推測している（同：37）。田川も松村に大臣辞任を思いとどまるように説得したのだが固辞された。「役職から離れてしまっては、先生の立場が、次第に弱ってしまうことを心配しています、一議員になると影響力を失うのではないか」という懸念に対してもこう反論した（同：39-41参照）。

「それは違う。閣内にいても、自分一人ではどうにもならない。大部屋（役職につかない意味）にいても、党内で自由に活動ができるはずだ。党に帰って若い代議士の相談相手になったり、指導に当たることが、むしろ政治を少しでも良くしていく道である。

……

スジを通すことが政治家にとって、最も大切なことである。また政治家は引き際が大事だ。この事が、すべての政治行動の基本である。ボクは、この原則だけは、どうしても貫いていきたい。代議士を辞めるわけではないのだし、これからも、一代議士として働いていく。」

この会話が記録されているのが、一九八〇年発行『初陣前後』であることに注目したい。この当時、田川は新自由クラブの代表でその後、自民党と連立し（一九八三年）、さらにスジを通して自民党に復党せずに一人で進歩党を立ち上げることになる（一九八七年）。そうした田川のキャリアと併せて考えると、この松村と田川の会話は示唆的である。

2　「新風」の政治家

出馬に向けた活動

松村が閣僚を辞めたことで大臣秘書官の職を失った田川はその後、松村に依頼されて議員秘書になった。朝日新聞社を辞めた時点で田川を代議士にしようという動きはあったし、田川自身も想定はしていた（初陣：42）。だが、田川の立候補予定となる当時の神奈川二区（定員・四：川崎市、横須賀市、鎌倉市、逗子市、三浦市、三浦郡）には、小泉純也、野田武夫、山本正一といった自民党議員が三人も出馬・当選しており、そこに田川が入り込む余地はほとんどなかった。

一九五六（昭和三一）年、鳩山内閣は選挙制度を改革し、小選挙区制度を導入することを検討していた。その中で、田川の地元の横須賀・田浦地区と横浜市金沢区を合わせた新しい選挙区割りが行われる可能性が出てきた。「小選挙区になれば、小泉の親父さん（小泉純也）と私とは別々になる」「私自身も「これは行けるなあ」という感じを持った」（オーラル上：111）と出馬の道が見えてきた田川は地元への根回しや小泉純也への挨拶など準備を進めていた（初陣：45f）。

しかしこの小選挙区案とその選挙区割りは自民党に有利なものだった。鳩山は憲法改正を急ぐあまり、そして党内の意見に引きずられた結果、世論の反発を受けたこの政策を「鳩山内閣最大の失政」と自身で語っている（鳩山：188）。野党やメディアによってもこの恣意的な選挙区割りは「ゲリマンダー」「ハトマンダー」と批判され、国会での議論も紛糾、結果この計画はとん挫する。想定していた選挙区がなくなったことで田川の立候補の道も閉ざされることになった（初陣：46f）。

こうした政党再編と前後して、松村から議員秘書を打診された田川は「私の経歴からすれば単なる議員秘書は役不足」（同：52）とも考えたが、労組委員長辞任で朝日新聞社にいづらくなったときに松村に声をかけてもらったことに恩義を感じていたので、引き受けることにした。

田川は「五年近い秘書生活は、私にとって単に政治の面ばかりでなく、社会生活への貴重な体験になった。そのうえ、松村氏の人格や思想に直接触れ、人間松村謙三を身近に知ることができた。これは人間として本当に金銭で得られない尊い勉強であった」（同：53）と振り返る。

大物国会議員となれば十数人の秘書を抱えるのが普通である。しかし当時の松村には事務所の受付対応をしていた女性と田川の二人しか秘書がいなかった。そのため「政務はもちろんのこと、陳情の処理、選挙区との連絡まで広範囲」に渡っていて、ときには来客の対応まで田川がすることになった。また、松村はあまりメモも取らなかったので、田川が記録を取っていたという（同：55）。

一九五六（昭和三一）年、田川は娘が通っていた母校でもある浦郷小学校のPTA会長になる（同：58）。そして一九五七年に入ると田川の立候補を後押しする集まりが徐々に出来上がりつつあった。地元・横須賀では九月に「青年政治研究会」という若者の会がつくられ、田川がその会長になった。「政治について語り合おう」という集まりで時には野球にいそしんだりもしたが、しだいに田川の後援会的な色彩を帯びるようになっていった（同：62、年譜：10f）。

また、母校・慶應義塾大学でも「横須賀三田会」のメンバーが田川の政界進出に当たってひそかに始動していた。この当時、父・誠治が三田会の会長をしていて田川もメンバーと交流があった。そのため、大臣秘書官就任時にも祝いの会を開いたりもしていたが、田川が出馬した際には選挙運動の中心となってくれたという（初陣：65f）。その後、田川は同三田会の相談役にもなっているのだが、大学のネットワークも活用していたのである（『塾員名簿』一九五七年：862、一九六九年：880）。

当時の様子について、田川は「チャンスがあれば代議士になれるかも知れないという気持ちをいだくようになった。……しかしよく考えてみると、地方議員の経験もないし、地盤はもちろん看板も資金もない私にとって、選挙に打って出ることなどそう簡単なものでないというぐらいはよくわかっていた。だから秘書官や議員秘書時代を通じてなにがなんでも選挙に出たいなどというおおそれた考えは持っていなかった」「生来、引っ込み思案で、万事、消極的な性格だったから、自然に機会が与えられれば別として、人を押しのけてまで、衆議院選挙に出るような勇気はなく」（初陣：60f）と語っている。ただ秘書の仕事を務めている中で、松村は「この人は、やがて代議士に出る」など田川の売り出しはしていたし、明言はせずとも代議士教育や選挙教育は行っていたという（同：61）。

自民党内における対立と出馬断念

保守合同によって結成された第三次鳩山内閣（一九五五年一一月—一九五六年一二月）は、ソ連との国交回復（日ソ共同宣言：一九五六年一〇月一九日）と、国際連合加盟（一九五六年一二月一八日）をなしとげる。鳩山は同年に行われた総裁選には出馬せずに閣僚からは引退する。その後、一二月一四日の総裁選では石橋湛山《たんざん》が勝利して内閣総理大臣になった。しかし石橋は就任直後の一九五七年一月二五日に倒れる。石橋は退陣を決意し、総裁選第二位の岸信介が総裁、内閣総理大臣となる。岸は日中交流を促進した石橋とは異なり、対米重視、反中国の外交姿勢を強めた。また国内政治においてもタカ派的な行動が目立ち、自民党内からも批判が生じていた。石橋擁立に尽力した松村は、岸内閣の政治方針に対し不満をためる。自民党内で右派的な勢力を相対化するために、田川のような若手を送り込んで対抗しようと考えていたという（初陣：72-74）。

選挙区の都合もあって、田川にとっては出馬の機会（特に自民党からの公認の取得）がなかなか整わない状況だった。地元の横須賀で田川を推す動きが生じつつあったとはいえ、田川の支援者は横須賀地域に限られていた。神奈川第二区の票田の川崎市をはじめとして鎌倉や逗子、三浦、葉山ではまだ準備が進んでいなかった。ただ、一九五八（昭和三三）年になり岸内閣が解散を示唆するようになると、田川の立候補を取りざたする声はますます大きくなっていった。例えば「総選挙前哨戦を現地に観る」（『国会』一九五八年四月号）という記事は「自民党は……公認候補の選考に着手しているが、現議員のほか新旧立候補者がひしめき合い、激しい公認争いを続けており」（26）と伝えており、神奈川二区では自民党の四人目の新人公認候補として田川の名前も掲載されていた（29）。

後援会の中には、「たった一回で当選するなんて虫がよすぎる。とにかく無所属でも次の布石として立候補すべきだ」といって出馬を急かす声も大きくなっていったという（初陣：80）。

こうした地元の熱意を前に出馬は不可避なものになっていった。だが、選挙資金面で慎重を期したい田川は、叔父・河野一郎を横須賀に呼び、出馬を望む後援者を抑えるよう願い出た。一九五八年三月一四日、横須賀の大滝会館に集まった三〇〇〇人の支援者に対し、河野は田川の立候補は見送ってほしい旨、そして次回の立候補を確約すると伝えた（同：78-81）。こうして出馬は取りやめになったが、この会を機に、次回の選挙に向けた流れがより大きくなっていった。それまで「お前だけは政治をやらないでおくれ」と出馬には反対していた母・クラ子すらも「断念するなんて男らしくない」とむしろ出馬を促すようになったという（オーラル上：112）。

当時、神奈川二区出身の自民党代議士は小泉純也（一九〇四年生）、山本正一（一九〇一年生）、野田武夫（一八九五年生）といずれも五〇代から六〇代の者たちだった。地元の青年は若い世代の代議士を望んでいたので、田川の不出馬は彼らの不満をためることになったという。後に、田川はこの決断をこう振り返っている。

「この〃出馬断念〃をふりかえってみて、政治には出処進退が、いかに大切なものであるかを痛感する。もし、あの時、無所属でも強引に立候補していたら、当選ができなかったし、それはかりでなく、自民党公認候補と〃抱き合い心中〃したであろう。

そこで自民党内部に〃しこり〃が残り、次に立候補したとしても抵抗が多く公認が得られなかったかも知れない。またそのまま立候補して、もし、たいした得票を得られず惨敗した場合には、それだけで政治生命を断たれ再び立候補をする芽をつまれたかもしれない。政治行動をする上に「強気に出るのは易いが、引き際がむずかしい」とよく言われるが、あの時点で、立候補を断念したということは、結果からみて適切だったと今でも思っている」（初陣：90f）

確かにこのとき出馬していたら田川の懸念の通りになったかもしれない。日本社会党が伸長し二議席を確保、自民党は現職の野田すらも落選していることを考えると、新人の田川が勝利するのは難しかっただろう。仮に田川が当選したとしても自民党内に軋轢《あつれき》を生み、その後の政治家人生も大きく変わっていたという田川の推測は説得力がある。

出馬断念からしばらくたった一九五八年の八月、田川を支援していた一二のグループが連合し、後援会組織「新風会」が結成される（同：91）。併せて、鎌倉市長の磯部利右衛門の急死に伴う市長選挙が一九五八年九月に行われた。神奈川二区で四位当選だった山本正一は、候補者選びで難航した自民党から窮余の一策として出馬することになり、代議士を辞職する事態になった（『神奈川年鑑』昭和三四年版）。この背景には鎌倉市長に社会党系がなることを防ぎたいという河野一郎の思惑もあったとされる（初陣：100）。なお山本の辞職に伴い自民党の野田武夫が繰り上げ当選するのだが、同じ党とはいえ中選挙区では山本とは争った関係である。支援者の中には自分たちが推した候補が党の事情で代議士の立場を捨てることには納得いかない者もいた。山本のそうした支援者たちが田川の側に回ったことも後援会の誕生に寄与したという（同：92, 105）。

こうして、もともと三人の自民党候補者がいた神奈川二区から一人が市長へ鞍替えしたことは田川の立候補にも有利に働いた。神奈川二区はそれまでの総選挙（第二三～二八回）でも毎回、自民党系（旧自由党、旧日本民主党、旧改進党）候補が少なくとも二人、多いときには三人当選していた。山本の席が空いたことで田川の当選可能性も高まったのである。

松村謙三からの教え

田川は松村を師として仰いでいるが、議員秘書時代に学んだこととして、「金権政治に対する執念ともいうべき反発精神」と「右傾向化への警戒心の強さ」を挙げている（初陣：95）。松村の反金権の思想としては、一九五九（昭和三四）年の自民党総裁選で岸信介に対抗して松村が立候補したことが典型である。この立候補を田川は、岸内閣の金権政治・強権政治に対する「勝敗を度外視しての挑戦」（同：93）と評していた。反主流派の池田勇人、石井光次郎、益谷秀次、三木武夫らが岸再選阻止の対立候補として松村を推薦した。総裁選のわずか三日前であった。総裁選はその前の一九五七年あたりから金がかかるようになっており、松村の立候補はこうした金権政治に対する批判という意味あいもあったという（『松村謙三と中国』：36f）。これには新聞の論調も味方した。例えば、総裁選後の「天声人語」では以下のように松村を中心に総裁選を振り返っている。

「松村謙三氏が総裁選挙に敗れることは初めから分っていたが、落ちてみるとやはり惜しい気がする。今どきの政治家には珍しい清貧……松村さんの総裁立候補のスローガンは「金力政治から金のかからぬ政治へ」「権力政治から国民とともに行く政治へ」だった。これは松村さんの人柄としては別にハッタリではない。……松村票はわずか百六十六だったが、わずか三日間しかない〝無運動〟で、しかも〝負けいくさ〟と分っていての票なのだから、骨の固い票である。これは松村票というより、反岸の固定票の性格をもつものだけに、岸総裁としては手痛い批判を真っ向から浴びたことになる」（『朝日新聞』一九五九年一月二五日）

こうした「（ハッタリでない）反金権」の実践は後の田川の言動とも重なる。実際、友人の堀池友治は自伝『続・布衣之交』の中で「（井出一太郎が）「松村さんの遺志を本当に継いでいるのは田川君だね」と言ったことがある。誠に同感である」（堀池：122）と評している。

前回の総選挙で田川は出馬を取りやめたものの、河野一郎からは次回公認の約束を取り付けていた。だが、定員四の神奈川二区ではすでに小泉と野田の二人の自民党の現職議員がいた。それまでも自民党系が三人当選することもあったが、状況次第では候補者が共倒れする危険性もあった。そのため自民党は、田川が新たに立候補することで票が割れることを恐れた。実際、横須賀市自民党支部ではなかなか公認が得られず、神奈川県連でも結論は出なかった（初陣：143）。

そうした公認阻止の動きに対して、県連会長もしていた河野が田川に公認を出すように党本部に要望書を提出した（同：144f）。

「要望書

県連選挙対策委員会は、さきに総選挙に対する公認問題を協議されたようだが、第二区の公認については、定員四名のうち現議員二名のみにとどめ、田川誠一氏の公認については、次回選対委に持ち越されたようである。

わが党では従来から第二区の公認は三名を認めており、鳩山内閣当時には三名の当選さえ得ているにも拘《かかわ》らず、今回に限り公認を二名に減らそうとする動きのあることは、党勢拡張が叫ばれている際、誠に理解に苦しむ。

特に社会、民社両党の革新派の予想される候補者は二名であって、わが党の候補者が三名になって共喰いによって現勢力を割る心配は毫《ごう》もない。

のみならず社会、民社両党が前国会における安保審議を通じ、国民の強い批判をうけ、伸び悩んでいるとき、わが党は新進候補を加えて革新勢力にクサビを打ち込む絶好のチャンスである。

これには田川誠一氏が適当な人物であると思う。

われわれは田川誠一氏の公認を速かに決めるよう強く要望する。
昭和三十五年九月二十日
自民党神奈川県連
会長　河野一郎殿
菊地兵之助
牛尾長吉
桐ヶ谷五郎
今井武志
桐ヶ谷信雄
今村市太郎
菊地喜代松」

自民党は「面子《めんつ》」を保つために新人候補の公認を現職議員よりも遅らせることで対応した。一九六〇（昭和三五）年一〇月一七日に本部の選挙対策委員会で田川の公認が決定した。衆議院の解散が一〇月二四日、公示が一〇月三〇日だったので、直前の公認決定だった（同：146）。

田川の選挙活動とコミュニケーション

選挙活動で田川が最重要視したのが同志や支援者の名簿である。後援会に入った者に加え、初めて接触したものであっても名前をメモに取り、その日のうちに名簿に記載した。名簿には会った日時や関係についても追加的に説明を加えた。名簿上では「一般的な支持者」と「積極的に支持者を広げる努力をしてくれる人」とに分類し、後者には後援会の世話人になってもらい、すぐに連絡を取れる体制を整えておいた。田川は「良心的に名簿をつくれば、名簿の数の倍は得票になって現れる」と選挙に熟練した代議士から教わったことを忠実に守った。名簿の人数は初陣選挙のころは二万人、一九八〇年ころは九万人に及んだ（初陣：165f）。逆に後年、新自由クラブの新人立候補者を訪問した際に名簿の人数が二千人にとどまっていたことに対しては「問題にならない」と厳しい言葉をかけるなど、他人に対しても要求水準は高かった（和田：125f）。

名簿は選挙区だけに限ったものではなく、全国各地の友人・知人、新たに知り合った人たちの名簿も別に作り、そういう人たちにも出馬を伝えた。彼らの知り合いが田川の選挙区にいたら、そこからまた知り合いを増やしていくためである。松村謙三の選挙区（富山二区）の支援者が川崎や横須賀の知り合いに声をかけてくれたのも効果的であったという（初陣：166f）。

田川は後援会機関紙「新風」を一九五八（昭和三三）年に創刊した。機関紙の記事は「昔とったきねづか」でほとんど田川が執筆した。また、座談会や八ミリ映画の映写会も行った。特に松村に随行した中国訪問で撮影したフィルムはかなり関心を持たれたという（同：168）。田川は一九六〇年三月、松村の紹介で青林書院という出版社から訪中記『訪中一万五千キロ』を出版したが、こうした本も選挙活動に利用していった。それ以前にも『南方だより』（一九五八年）や『南の国々を回って―首相親善特使随行日記』（一九五八年）などの諸外国の動静を伝える冊子を発行しており、選挙活動に利用した。

この当時の田川の執筆スタイルを松村謙三と河野一郎はこう評価している（『よみがえる欧州』：5-6）。

「田川君らしいありのままの描写と、やさしい表現があふれているように感じた。私はこれを社会教育の教養講座にしたらどうかと思っているくらいだ。また、こんどの旅行記に限らず、田川君が勉強している、いろいろな面で、こうした出版をされて、社会教育の一助にされることを祈る」（松村謙三）

「幸い田川君は、新聞社時代から〝ものを観る目〟という修業を積んでいる。こんどの旅行記も多忙な日程の合間に記したメモと思うがやはり、かん心なことは見落していない。と同時に誰にも判り易いように筆を走らせている。この意味で私は常識の書として、これをおすすめしたい」（河野一郎）

選挙で必要な「地盤（ジバン：選挙区・後援会）」「看板（カンバン：知名度）」「鞄（カバン：資金）」の「三バン」のうち、田川が最も苦労したと振り返るのが、「カバン・資金面」であった。秘書として働いていた松村謙三から特別な計らいはほとんどなかった。改進党系の代議士は松村の側近・竹山祐太郎もつつましい生活をしており、松村がスポンサーを紹介するようなこともなかったという（初陣：170）。

党の公認、派閥から資金を得られるようになり、選挙が始まってからは協力者や支援者が増えてきて

「金欠」ではなくなった。しかし、選挙以前の準備段階では父・母、河野一郎からの援助もあってそれを選挙資金に充ててはいる。選挙資金は全部で三〇〇万円ほどかかったという（同：170f、オーラル上：129）。

田川も他の候補と同様に、朝の街頭演説、宣伝カーでの遊説、後援会・演説会を行った。田川が「選挙運動は、表に現れている華々しいキャンペーンばかりでなく、選挙事務所の運営、演説会の設営、文書の配布などの一般的なことから資金問題や支持団体をつくるための工作、他陣営への切り崩し、新しい支持者の発掘などの根回し工作が、大小さまざまな形でひそかに行われるからである」（初陣：189）と言うように、選挙区の多くの支援者に支えられた。

図 3-2　座談会で中国訪問の報告をする田川（初陣：167）

後に清廉な政治家との評価されることになる田川だが、『初陣前後』では選挙期間以外も含めた選挙の「総費用は、全部で七百万円前後であった」「他の新人候補にくらべて、かけた費用は最低であったと思う」（同：196）と書いている。「いざ選挙に直面してみると、案外なんとかなる、ということがあとで分かった。金が十分に用意された、というのではなく、最小限度はなんとか調達できるということだ」「選挙資金は、苦しいぐらいが良いのであって、資金が潤沢にあると、選挙運動が、金に頼るようになり、かえって、運動にマイナスになる。運動資金が不足すれば、それを人手や体で補うようになるから結局、足でかせぐ選挙運動になる」（同：199）というのが選挙資金に対する田川の考え方である。ただ、「人手や体で補う」ことになる支援者とのつながりも一種の資本であることを考えると、田川にはそうした金以外の財産、そしてそれを得るための元手に関してはかなり潤沢だったと言える。

選挙戦における田川の主張

田川の選挙戦での主張は現状の保守・革新の双方を批判して反省を迫るものだった。以下は「第1回選挙公報」に掲載された文章である。

「一、議会政治を守り政治に対する信用を高める。
　今日の保守と革新が両極端に分かれ「絶対」と「絶対」とが激突している状態から脱却するために両者の強い反省が必要であり、良識と寛容の精神をもってまず自らの党を改善していかねばなりません。
一、アメリカ、イギリスなど自由陣営の国々と親善関係を堅くつづけていくが、中国を含めアジアのいずれの国とも手をつないでいく努力を惜しまない。
　国際的対立が国内に持ち込まれているところに今日の混乱の背景があります。祖国は米国でもソ連でもなく、日本であるという自覚即ち自主性をもつ外交が打ち立てられねばなりません。
一、青少年に科学技術の関心を持たせ、人間愛と正しい祖国愛を忘れさせないような教育を行う。
　技術革新による産業の近代化に即応するため科学技術の振興は急務であります。

右翼の全体主義的な暴力や左翼的な集団暴力主義思想の芽は早くつみとらねばなりません。祖国を忘れるような国民は滅んでしまいます。このために人間としての良識を持ち国際的にも信頼と尊敬をうけ、しかも正しい祖国愛を持つ国民の育成につとめなければなりません。

一、経済成長の中に国民の所得の均衡化をはかる。

経済成長は必要であるが、同時に下積みとなっている中小企業、農業、漁業の体質を改善し収益を高め、各産業間の所得の均衡化をはかる必要があります。

また、中以下の所得階層に絶えず政治の眼を向けて幅の広い中産階級が国の中核になるような社会をつくらなければなりません」（初陣：200-201）

このころの田川は「青少年に科学技術の関心を持たせ、人間愛と正しい祖国愛を忘れさせない」とあるように教育政策を訴えていた。そして極化した保守・革新（右派・左派）の双方を批判する。特に「保守と革新が両極端に分かれ「絶対」と「絶対」とが激突している状態から脱却するために両者の強い反省が必要」という主張はラジオの政見放送の主題にもなっている。

「……この春以来、国会の内外は、有史以来の混乱と、血みどろの事件（※一九六〇年安保運動）が続きました。その、直接の動機は、社会党の激しい座り込みや、集団の実力行使に端を発して、自民党の安保改定の強行採決になったためであります。こうした混乱をまき起こした政治的背景は、自民党と社会党の二大政党が、外交とか、国防のように、国の基本的な問題について考え方が余りにも違い過ぎているという事であります。……欧米の政界では、外交とか国防など国の運命に関する重要な問題については政党政派を超えて協力し合うという良い政治的ルールがすでにできています。

日本でも小さな問題は、自民党と社会党の間には、しばしば話し合いがつきますが、外交や国防のような問題が大きくなればなるほど両党の考え方は両極端に分かれ、しかも「絶対」と「絶対」とが激突するという状態なのであります。私はいまの日本の政党が少なくとも国家の運命に関するような問題については、政党政派を超えてお互い話し合いをするという慣習を身につけなければならないと思っています。政治には里道がいる事は申すまでもありませんが、現実と理想の開きをどう埋めて行くかというところに政治の苦心がいるのであります。

社会党は現実と理想を混同しています。「安保条約破棄」とか、「自衛隊廃止」と口でいっただけで現実の問題を解決出来るものではありません。議会政治は、外交や国防などのような、大きな問題を政変によって、百八十度も変えるような政治方式ではありません。秩序ある漸進的な改革をはかるのが議会政治であります。これが革命政治と違う点であります。

私は今、社会党に対する批判を申しましたが、私たち自民党も、この際、謙虚に反省する必要がありります。物事を一面からしかみない独善的な考え方があるような気がします。われわれ保守党は健全な常識を尊重しなければなりません。自己の立場を尊重すると同時に、他人の立場を尊重するという、寛容の精神と良識が今の政治に最も必要なことであります。私はまず、自らの党を脱皮させ、政治の信用を高めていくつもりでおります」（同：203-205）

当時の保守と革新という二大勢力の中で見れば、田川が保守政治家であることは明確である。しかし「秩序ある漸進的な改革」を求める田川は「反動」とも「守旧」とも異なっていた。松村ら改進党の伝統を受け継ぎ、在野精神を持つ保守、「傍流保守」の政治家として選挙に挑んだ。

初陣に際して、田川の妻・範子が地元・東浦賀幼稚園で挨拶した文章に田川の人となりの一端を見ることができる。

「よく田川は激しさが足りない、気はくに乏しいということを言われますけれども、田川が心の奥に秘めております信念の強さ、筋の通った、ものの考え方は、長くお付き合い下さる方が、皆認めて下さることとです。……田川は、何事もおろそかに出来ない性質で、一行の記事を書きますにも確信を持たなければ筆を取りません。その当時は、「このような新聞記者もいたかと言われるような、新聞記者の型を作り出して見せる」と申しまして、その時の自分の立場に応じて忠実に、そして出来るだけの熱情を傾けておりました」（同：207-209）

この「激しさが足りない」と似たような評価は、朝日新聞同僚の山田栄三も「強いて欠点らしいものを探し出せば激しさがないという程度であろう」と朝日新聞労働組合機関紙の文章にも書いている。ただこの文章は「地方自治庁を担当していたころ、酒に酔った経済審議庁（※経済企画庁の旧称）の役人が、社の車に乗り込んで乱暴を働いたとき彼が憤然とこの男を殴りとばして政治部内の語り草となった」と続いている。「激しさが足りない」というのは時と場合によるもので、それも含めて妻の評価と重なるところがある（憲政 159：2-4）。

選挙活動は妻、そして家族総出だった。最初は出馬に反対していた母・久良子も一度出馬を見送ったときなどは「なぜ辞めるのか」と田川を問いつめるくらいで熱心に応援した（初陣：191）。選挙区を走りまわり活動をやり切った満足感もあり、投票日・開票日の前夜はよく眠れたという（同：218）。

初陣――第三位で当選

開票速報は朝一〇時くらいからNHKラジオ・テレビで見た。開票が進んでいくにつれ、田川の得票数は三位と四位の間を行き来した。選挙区の定数は四のため、この時点で「当選するかもしれない」と期待感が湧いてきた。神奈川二区の開票は川崎から始まり、田川の地元横須賀の方が後のため、午後になると田川の得票が伸びてきた。午後三時過ぎ、テレビ速報で田川の当確が出る。「ついに当選だ」「代議士になったぞ」と田川は心の中で叫んだ（初陣：222）。

この勝利について、田川は安保騒動で国民の政治不信が極限に達していて新人待望論があったこと、地元における祖父・平三郎と父・誠治をはじめとする田川家の知名度が新人候補の信頼度を高めたこと、叔父・河野一郎や師・松村謙三といった非主流派とはいえ自民党の重鎮の傘の下にあったことが主な背景であったと振り返っている（同：224）。こうした点を踏まえると、田川は純粋な世襲ではないとはいえ持てる資本を活用して得た勝利だったことが分かる。

『初陣前後』では自身の当選に関する地元紙の報道にも言及している。その内容は、自民党からの後任をめぐって河野派の伸長を抑えようとする党本部や元大臣らによる阻止運動が生じた「いわく付き」の

選挙	1位	2位	3位	4位	5位	6位	7位
第28回	土井直作（日本社会党）	中嶋英夫（日本社会党）	小泉純也（自由民主党）	山本正一（自由民主党）	野田武夫（自由民主党）	志村茂治（無所属）	中西功（日本共産党）
1958年5月22日	77,452	74,865	66,699	63,159	61,837	23,892	16,504
第29回	中嶋英夫（日本社会党）	小泉純也（自由民主党）	田川誠一（自由民主党）	野田武夫（自由民主党）	土井直作（民主社会党）	中西功（日本共産党）	
1960年11月20日	108,160	66,994	65,379	64,595	53,516	25,273	
第30回	中嶋英夫（日本社会党）	田川誠一（自由民主党）	秋山徳雄（日本社会党）	小泉純也（自由民主党）	土井直作（民主社会党）	中西功（日本共産党）	野田豊（自由民主党）
1963年11月21日	98,492	79,824	72,356	71,607	67,059	37,948	35,992
第31回	田川誠一（自由民主党）	曾祢益（民主社会党）	小泉純也（自由民主党）	中嶋英夫（日本社会党）	松尾正吉（公明党）	秋山徳雄（日本社会党）	松島松太郎（日本共産党）
1967年1月29日	110,205	109,229	103,286	95,843	93,172	89,262	44,908
第32回	松尾正吉（公明党）	中嶋英夫（日本社会党）	曾祢益（民主社会党）	田川誠一（自由民主党）	小泉純一郎（自由民主党）	松島松太郎（日本共産党）	
1969年12月27日	119,598	112,709	108,358	107,429	103,381	73,261	
第33回	田川誠一（自由民主党）	岩垂寿喜男（日本社会党）	中路雅弘（日本共産党）	小泉純一郎（自由民主党）	松尾正吉（公明党）	曾祢益（民主社会党）	
1972年12月10日	139,809	125,221	125,177	122,188	117,213	97,572	
第34回	田川誠一（新自由クラブ）	曾祢益（民主社会党）	市川雄一（公明党）	小泉純一郎（自由民主党）	岩垂寿喜男（日本社会党）	中路雅弘（日本共産党）	山本正治（日本労働党）
1976年12月5日	203,647	135,658	130,298	117,698	113,615	107,999	3,195
第35回	市川雄一（公明党）	田川誠一（新自由クラブ）	小泉純一郎（自由民主党）	中路雅弘（日本共産党）	岩垂寿喜男（日本社会党）	小川泰（民社党）	山本正治（日本労働党）
1979年10月7日	114,768	113,977	105,125	104,246	103,856	94,240	4,139
第36回	田川誠一（新自由クラブ）	小泉純也（自由民主党）	岩垂寿喜男（日本社会党）	市川雄一（公明党）	中路雅弘（日本共産党）	小川泰（民社党）	山田吉三郎（自由民主党）
1980年6月22日	159,183	146,681	127,275	116,213	110,879	107,532	65,404
第37回	田川誠一（新自由クラブ）	市川雄一（公明党）	小泉純一郎（自由民主党）	岩垂寿喜男（日本社会党）	小川泰（民社党）	中路雅弘（日本共産党）	河野鉄雄（自由民主党）
1983年12月18日	146,238	122,233	115,274	115,148	110,450	94,876	50,720
第38回	小泉純一郎（自由民主党）	市川雄一（公明党）	田川誠一（新自由クラブ）	岩垂寿喜男（日本社会党）	中路雅弘（日本共産党）	小川泰（民社党）	河野鉄雄（無所属）
1986年7月6日	167,838	128,381	121,641	117,543	102,731	96,557	32,270
第39回	小泉純一郎（自由民主党）	田川誠一（進歩党）	岩垂寿喜男（日本社会党）	市川雄一（公明党）	原田義昭（自由民主党）	中路雅弘（日本共産党）	横山純子（無所属）
1990年2月18日	168,997	164,207	162,341	117,601	107,171	86,400	83,354
第40回	永井英慈（日本新党）	小泉純一郎（自由民主党）	市川雄一（公明党）	松沢成文（新生党）	岩垂寿喜男（日本社会党）	中路雅弘（日本共産党）	原田義昭（自由民主党）
1993年7月18日	158,573	149,269	123,781	118,879	104,033	90,974	82,006

図 3-3　衆議院神奈川二区（中選挙区）の結果（第28回～第40回）

選挙結果は『衆議院議員総選挙一覧』第28回～第31回、神奈川県選挙管理委員会発行の『選挙の記録』（昭和44年、昭和47年、昭和52年(2)、昭和55年、昭和38年(3)、昭和61年、平成2年、平成5年）を参照した。昭和51年のものが入手できなかったため、やむを得ず『朝日新聞』の報道を参照した。当選者に繰り上げ当選は含めていない。8位以下の候補者は省略している。

選挙であったこと、そして主婦を含む若い有権者らによる支持、熱心な運動員のサポートによって選挙に勝利したことが触れられている（同：226-229）。

　全国紙では『朝日新聞』（一九六〇年一一月二四日夕刊）が「初登場 返り咲き」として三人の議員を紹介しており、その中で田川も取り上げられている。田川は「教育問題を看板に」という見出し、写真は「「ハッタリのない政治を……」と田川氏」という写真説明で紹介されている。

「選挙中、「新人が旧人に勝つにはハッタリがなければダメだ。田川にはそれがない」とカゲ口をたたかれた。これに対し口を開けば「ウソのない、ハッタリのない、まじめな政治が今こそ必要だ」とハネ返し、立会演説でも講義調の静かな口調で聴衆に話しかけた。そして終始旧人と互角にわたり合って堂々と当選できたのは〝地味でまじめな人柄〟に有権者が〝旧政治家にない魅力〟を感じたのだろう。それだけに古い型の政治家がまだかなり多い自民党の中に〝新風〟を送るだろうとの期待も多い。

元文相松村謙三の秘書をしていた関係から教育問題には特に関心が深く、当選後も「教育問題を選挙の看板にしたのは私だけだった」と得意顔だ。もともと祖父の故平三郎氏は大正末期の代議士、父親誠治氏も神奈川県議に二回当選の経歴の持ち主。また河野一郎氏の照子夫人とは叔母、オイの間柄で、政治家としての素質と環境には十分恵まれている。「南の国々を回って」「訪中一万五千キロ」「南方便り」などの著書がある。一女三男の父。横須賀生まれ、四十二歳」

『読売新聞』でも「異色の新議員群像」という特集記事で「歯切れのよい演説」の議員として田川のことが取り上げられている。

「宮城の伊藤宗一郎氏とともに河野派から出て、みごと栄冠をかちえた新聞記者出身の代議士。慶応大学を出て朝日新聞政治部記者を勤め、政界入りを決意して、松村謙三氏の秘書となった。したがって三木・松村派とみられがちだが、河野一郎夫人のオイだから、むしろ河野派に数えるのが本筋だろう。前回は河野氏が立候補を断念させたイキサツもあり、河野氏は田川氏当選の報に涙を流さんばかりの喜びようだった。記者時代は地道に官庁回りなどをして一見意気が上がらぬかに見えたが、案外シンは強く時々大きな特ダネを抜いたという。河野、松村、三木氏らのバックと案外歯切れのいい演説が浮動票をサラって出たといわれるが政治家としての力量は未知数」（『読売新聞』一九六〇年一一月二二日夕刊）

また他の新聞の取材にも「田川さんの目には自民党の派閥抗争がことさら不愉快なものにうつる」と書かれ、インタビューには「要するに常識が通用しない世界なんですな」「平々凡々に徹し、ウソやハッタリのない政治をやっていこう」と答えている（憲政166）。このようにハッタリのない（※言動と実体とが一致していること）が田川を表す言葉の一つであった。

なお『毎日新聞』（一九六〇年一一月二一日・夕刊四面）では、田川の経歴は「ラジオ関東サービス会長（朝日記者、文相秘書官）横須賀市出身、慶大法卒」と書かれている（カッコ内原文）。同時期の他の資料でも田川の肩書の一つとしてしばしば登場するこの「ラジオ関東（現・ラジオ日本）」とは一九五八（昭和三三）年に設立された中波ラジオ局で神奈川県の複数のラジオ局が統合してできたものである。設立時の会長は河野一郎だった（電通：190）。そして「ラジオ関東サービス」はラジオ関東の関連子会社で、同年八月に設立された資本金三〇〇万円・六〇〇〇株・社員八人の広告業で、田川は同社の大株主となっている（『帝国銀

図 3-4　選挙活動葉書（憲政 164）

行・会社要録 第41版』：143、『月刊放送ジャーナル』一九七九年九月号、『帝国銀行・会社要録 第46版』：929）。

河野派へ所属

田川は当選後に河野派に所属する。松村謙三の大臣秘書官と議員秘書を務めていたことから三木・松村派に属すると見なされることもあった。だが当時の松村は三木から距離を置きつつあり、また派閥政治にも嫌気がさしていたこと、さらに弟子の田川を巻き込みたくなかったこともあって、盟友である河野一郎に田川の将来を託す意味でも河野派入りを薦めたという（初陣：255-257）。

議員としての信条について田川はしばしば松村を師と仰いでいるが、当選までの過程を見ると、例えば前述の「ラジオ関東サービス」の件をとっても、叔父・河野一郎の影響力を無視することはできない。当然、田川も自伝の中で河野の存在に言及してはいるのだが、松村にくらべるとその分量は少ない。ただ、選挙の基本（ジバン、カンバン、カバン）という点から考えた場合、河野の影響は大きかったと言えるだろう。

「河野一郎の甥」という角度から見ていくと、田川のイメージは現在知られているものとは少しではあるかもしれないが異なる面も見えてくる。純粋な世襲とは言えないものの、そこに並の世襲政治家以上の「恵まれた環境」を見てとることもできるからである。もっとも河野一郎は田川が代議士になってから五年もたたない一九六五年七月に六七歳で急死した。政界入りして早々に河野という後ろ盾を失うことになる田川は、恵まれた「環境」に安住しているだけではなく、その「素質」を生かさざるをえなくなっていったのである。

第四章

自民党の「爆弾」議員

（一九六〇年～一九七六年）

自民党からの“強行採決”指示に背いて委員会で法案を審議して採決しその後、本会議で委員長報告をする田川（1973年）（『新風』：52より）

「自民党の長期政権下において、基本的には自民党が政権を担当し続けることを望みながら、国会の勢力比は与野党伯仲状況がよいと考えて投票行動を行う有権者がいる。これをバッファー・プレイヤー（牽制的有権者）という。彼らは、自民党政権が、安定多数の下で驕りを見せ、汚職に塗れたり、有権者の望まぬ政策を強行したりした場合、次の選挙で自民党を牽制するため、自民党以外の政党に投票する。しかし彼らは、政治の混乱によって、自分の生活が脅かされるのを好まないので、自民党が政権を失う危機に瀕し、野党が政権に手が届きそうになると、自民党に投票する。この日本独特の投票行動は、自民党政権が長く続き、自民党の経済政策や外交・防衛政策などが高く評価される一方、野党には政権担当能力が不足していると考えられている状況の中で生まれたものである。その意味では、彼らの投票行動は、必ずしもイデオロギーによる投票ではない」（蒲島郁夫・竹中佳彦「保革イデオロギーと投票政党」『選挙』一九九四年三月号：11）

1　爆弾質問議員・田川誠一の追及

「国有地は田川に聞け」——横須賀海浜地をめぐる利権追及

当選後の田川の評判は上々であった。国会社『月刊国会』（一五巻一〇号）の「人物診断」でも田川は「若い世代の明星」「新人議員中の白眉」と紹介されている。そして激戦区の神奈川二区で当選したことが「政争苛烈《かれつ》で激しいつばぜり合の戦塵の中にその居城を築き、若い時代のチャンピオンとして、悠々と闊歩しているのは一大異色」「選挙区の評判は圧倒的で。《ママ》庶民的だと云うコト、謙虚で人間的深みと親切が抜群だ、と云うので智識階級や、一般庶民層は悉《ことごと》くと云つてもいゝくらい田川支持」と高く評価されている。その上で田川の人物をこう語っている。

「▽人間は真面目一方、誠実にコツ〳〵と努力しており、ハツタリや手廻しのよい賢い動きは見られない。しかし、雨の点滴が岩を穿《うが》つように、ぢり〳〵と同志を糾合して行くあたりは松村宗らしい在り方であり、固い地歩をしめている。

▽すべてが地味である。そして、ジャーナリスト出身らしい鋭い感覚をもつている。河野タイプに対立する松村タイプの実践はやがて確乎不動の存在となるだろう、と、地元では専らの評判である。自民党は参議院戦の地方区では敗北し社民の曾根氏が凱歌を奏したがこう云つたところに同県民の批判力の高さを語ると云うべく、新人田川氏への期待も亦《また》、大きいワケである。同氏の政治家

としての生長は大いに刮目《かつもく》するに足るだろう」

衆議院初当選の報道後、田川が全国紙に登場するのはしばらく経ってからである。一九六二（昭和三七）年九月二六日の『朝日新聞』朝刊一面「松村氏、中共から帰る」は、当時断絶していた日中の交易の回復を模索して訪中した松村の帰国を取り上げているが、「同行の田川誠一、藤井勝志《かつし》の両代議士を伴って」と田川にも触れている。のちにLT貿易へと発展する日中交流はその後の田川の主たる政治活動の一つとなるのだが、このころはまだ松村の陰に隠れて扱いは小さかった。

田川自身、派閥会長だった河野一郎のアドバイスもあって、「初当選から二回目の選挙（昭和三八年）を迎えるまでの三年間は、選挙地盤の養成に力をそそいだ」（初陣：273）と振り返る。田川の地元の神奈川県は国会からも通勤圏内であり、地元の行事への出席は容易だった。こうした後援会組織の充実に加えて、地元の支援者を国会に招待する催しを企画するなどして地盤を固めていった。

新人議員の田川は地方行政委員会と文教委員会に所属した（同：279-280f）。地方行政委員として田川は地元・横須賀の国有地の管理問題に取り組んだ。以下は第四〇回国会衆議院地方行政委員会（第一七号　昭和三七年三月八日）における田川の発言である。「地方交付税法の一部を改正する等の法律案」に関する委員会審議で一番に、土地の管理問題について自治省を追及した。

これは、神奈川県三浦市の海浜地にある有名人の別荘の土地が、国から破格に安い金額で貸し出されているものではないかという問題で、田川は地元漁民からの陳情によって関心を持つに至った。悪天候で海が荒れたとき、地元の海岸を臨時の避難場所として使いたいと漁民から頼まれたのだが、田川が関係官庁を調べ上げていく中で、海浜地をはじめとする国有財産の管理の杜撰《ずさん》さが明らかになってきた（同：282f）。

「田川：……最近公用地それから海浜地に個人の住宅、別荘であるとか週末の住宅、こういった個人の住宅を、どんどん建てるという傾向が非常にひどくなってきておる。中には、無断使用をしておるというようなことがあるわけですが、そのうちで県知事がこれを認可しておるような状態もあるわけです。最初に、そうした公有地に個人の住宅を建てる許可権が、知事に一体あるのかどうかということにつきまして、自治省にお伺いしたいと思います。

田川：……私が今ここでこの問題を取り上げましたのは、こうした海浜地を、週末住宅と称して無断に使用をしたり、あるいは都道府県知事の許可を受けて海岸を占有しておる傾向が、最近著しく目立ってきたということであります。……公共用地にどんどん家ができておって、しかもこの使用料が非常に安いのであります。年間坪四十九円五十銭、こういうような使用料を県がとっておる。個人のレジャーに供せられる住宅が、公共用の土地にこうしてどんどんできるというのは、非常におかしいじゃなかろうかと思うわけですが、これに対して建設省はどういうお考えをお持ちになっておるか。私はこうしたことは、法律に違反したことじゃないかと思うのでありますけれども、建設省はこれに対してどういうふうにお考えですか、お聞きしたい」

田川のこの質問に対し、政府委員（建設省の役人）は国有財産法第九条の規定をもとに、国は国有財産に関する事務を地方公共団体又はその吏員に取り扱わせることができるため問題はないと返答した。

しかし、田川は逆に同法取扱規則第二一条に、国有財産の利用・収益については、①部局の便宜となる事業又は施設の用に供するとき、②公共団体において、公用、公共用又は公益事業の用に供するとき、その他③部局長が特にやむを得ないと認めるとき、といった公的な条件が付いているのではないかと追及する。そして有名人の別荘のために国有地を使用させることは①から③のどれにも当てはまらないのではないかと指摘する。この指摘に対し、政府委員は以下のように苦しい回答をする。

「政府委員：……第二十一条の第三号の規定に該当させて使用を許可したものと考えております。ただその場合に、「特に必要やむを得ない」というふうに、非常に厳格にしぼった表現になっておりまするから、お話しのように、レジャー用の民間の建物の敷地に供することを認めることはどうかという御批判はあるかと思いまするけれども、まあ私どもといたしましては、結局その海浜地が、公用または公共用の用途なり目的にじゃまにならない、支障を生じないという、まあ実情は、私ども聞いたところでは、ほとんど道路もないし、人が普通では住まないし、あるいは船だまりとか海水浴場といったような、一般公衆の用に供する施設にもならないという場所柄であるとも聞いております」

この回答に対し田川は「週に一回の別荘に適用するということは、どうもこれは常識で言って非常におかしいことだと思うのですが」と言いつつ、さらに「こうした国有海浜地を、今建設省が言われたよう大ざっぱなことでなく、もう少し何か規制するというようなことをしなければいけないんじゃないか」と政府に国有地の管理徹底を要求する。そして政府委員から以下のような言質《げんち》を取った。

「政府委員：（各種法令が規定している場所以外の海浜地は）おっしゃるように半ば野放しのような状況になっておる。ただ、国有財産法上の管理につきましては、これはもう少し管理を適正にいたしますように行政上の指導なりあるいは省令、訓令等の規定におきましても、もう少し検討いたしまして改正等考えなければならぬということは、私どもも痛感しておる次第でございます。

政府委員：……現在の国有財産法上の規定に基づく管理を、もう少し適正に行なうということにつきましては、私どもさっそく検討いたしまして、善処さしていただきたいと思います」

各新聞社の記事データベースで調べてみる限り、公共用財産、国有海浜地の問題はそれまでほとんど報道されていなかったようである。常識的価値観と事実をもとに新しい問題を発見し追及する、かつての記者時代と同じようなスタイルが政治家・田川においても採用されていたのである。

特権を暴く「ジャーナリズムの心意気」

この問題は、いわゆる「国有地の払い下げ問題」の一種である。田川は法の盲点を突いて特権的に国有地が使用されていることを指摘し、その規制を当局に求めた。そして「野放しの国有海浜地　早く立法措置で規制を」として『朝日新聞』（一九六二年三月二三日夕刊・「想林」欄）に投稿する。

田川はこの投稿記事の中で、海岸法、河川法、地方自治法に言及しながら、国有海浜地が「法の盲点」となり、管理が不十分になっていることを解説した。二週間前の委員会での質問をもとにしているが、新聞読者に向けて分かりやすくまとめており、解説記事のようである。

この問題は『朝日新聞』ほかの全国紙でも取り上げられた。さっそく「国有の海浜地に有名人が法の盲点をついた別荘を建て、しかもこれに対する法的な規制がないという問題が八日の衆院地方行政委員会で田川誠一委員（自民、神奈川二区）によってとりあげられ、主管の建設省ではさっそく法的な規制措置を検討することになった」と質問の翌日に報道されている（「〝国有地の海浜に別荘〟衆院地方行政委で追及」一九六二年三月九日朝刊、カッコ内は原文）。

また『週刊読売』（一九六二年四月一日号）は「年わずか五十円の新別荘地　国有財産というアナをねらった有名人たち」という耳目をひくタイトルで特集を組んだ。そして『読売新聞』（一九六二年三月二六日・夕刊）の「週刊誌評」ではその特集を取り上げ「三浦半島の小網代湾に財界人や映画人がわずかな地代で国有地に別荘を建てているという話題。静かでいいのは結構だが、特権の悪用は庶民にはコチンとくる。もう逃げ腰の人もあるというからやはり世論の力だ。こういう場合強気をくじくのがジャーナリズムの心意気だ」と書いたりもしている。田川の国会質問はこの「ジャーナリズム（の心意気）」の発端となった。というよりは、選挙資金の問題を追及した記者時代と同様のことを国会の場で実践し、それに他の報道が追従したといった方がいいだろう。

結局この質問から半年後、建設省はこの問題を認め、対策のために新しい法案を作ることになった（「〝国有地野放し〟改める「公物管理法案」建設省で検討」『朝日新聞』一九六二年九月二日）。この報道の中でも「さきの通常国会でも田川誠一氏が……占用許可が与えられている点を批判した」と田川の追及がもとになったことが触れられている。

国有地の管理問題について、田川は何度か国会で取り上げている。その後一九六三（昭和三八）年三月二二日の決算委員会では、三浦半島突端一帯がレジャー業者に乱開発されていることを指摘し、その過程で不明瞭な土地の払い下げ問題があったことを追及している。この追及に対して大蔵省の管財局長が「今初めて承った次第でございます」と答えているように、田川の情報収集力は、官僚をもうならせるものだった。

なお、田川はこうした問題提起を政府や役人の責任を追及する文脈で行っていたわりではないことをたびたび強調していた（同日の決算委員会）。

「田川委員　……ただ一言申し上げたいことは、きょう質問をいたしたいことは、別に暴露をするとかいうことでは決してございません。公共財産は国民全部のものがなるべく公平に使うべきものである。一部のものの独占するものではない。……うまく利用できるものはどんどんうまく利用することができるだけ合理的に利用する、それがほんとうの自然の保護ではないかと思う。どうかそういうようなことを一つお考えになって、これからやっていただきたいと思います」

これはかつて海浜地問題を新聞に投書したときの結論部分でも主張していることである。

「私は管理を任されていると称する都道府県を必ずしも責めるものではない。担当係官は法の盲点を知りながら、その取扱いに困っているのである。……厳正な管理を行なうため、一日も早く立法措置をとって規制する必要がある」（『朝日新聞』一九六二年三月二三日・夕刊）

与党議員ということもあるだろうが、追及のための追及はしないこと、そして合理的な「落としどころ（法律を整備する）」に目標を置いている。過度なイデオロギー闘争をせずとも、常識的な価値観の中で自身が「不正」と考えるもの、他人も常識的にまたそう考えざるを得ないものを追及する形をとっていた。読売新聞の坪井良一は元同業者である田川のこうした政治姿勢について全国知事会発行の『都道府県展望』で「新鋭だが、勉強家のうえに、かなりの行動力もあり、「地方行政はいかにあるべきか」について、一つのビジョンをもった政策マンである」と高く評価している（坪井：42）。同様にのちに田川が自治大臣兼国家公安委員長になったときも、警察官僚は非自民系の閣僚であった田川を警戒し態度を硬化させたが、田川の裏表のない対応やポケットマネーで幹部たちを歓待するなどの姿に徐々に警戒を解いていき、「筋を通す政治家」と評価するようになったという話もあるように（鈴木 1985：31f）、必要以上に官僚を敵視することはなかった。

サイエンス・ランド開発追及問題での誹謗《ひぼう》中傷

既存の論理の中で身近な不正と戦うことは、イデオロギーをかかげて遠くの敵と戦うことより時に困難を伴う。「共産党や社会党が攻撃するのはいいとして、保守党でそういう摘発事件をやりますと、ずいぶん仕返しがくるんです」（オーラル上：142）と田川は語っているが、その一例が代議士二期目でまきこまれた誹謗中傷事件である。

第三〇回衆議院選挙（一九六三年一一月二一日）では、田川は二位で当選、神奈川二区の自民党の候補者の中ではトップだった。

田川は、一期目で追及していた国有地問題についても、現地を見学、関係者の話を聞くなどして継続的に追いかけていた。そのさなか、神奈川県辻堂海岸の旧海軍演習場に関する国有地の払い下げ問題を追及していくことになる。

この土地は旧日本海軍演習場で終戦後は米軍に接収されていたのだが、一九六四年に解除され国有地となった。この土地は、県立公園、日本住宅公団、汚水処理場、相模工業学園などから払い下げ要求が出されていた。一九六〇年、大蔵省は土地の処分を決めたが、県立公園用の土地はそのまま放置されていた。この県立公園用の土地にレジャー施設「サイエンス・ランド」を建設しようという話が持ち上がった。一九六四年四月、リコー社長・市村清を社長とする「株式会社サイエンス・ランド」が設立される。子どもたちに楽しみながら科学知識をつけさせることを目的とした遊園地だった。発起人には神奈川県知事・内山岩太郎や銀行頭取や会社社長など一〇〇名近い財界有名人が名を連ねていた。だが、この土地はもともと県立公園用のために払い下げられることになっていたもので、それを民間企業に払い下げることとの公益性が問題になった。田川は同年四月七日の決算委員会でこの問題を取り上げた。

（「幻の遊園地サイエンスランド事件」『月刊経済』一九六七年九月号）。

「中央財界がかかわっているこのような政治問題に、反対の意志を表明すると、必ずこれを押さえようという動きが一方に出てくるものである。人を介しての説得とか圧力や誘惑、脅迫、いやがらせなどがつきもの」であり、サイエンス・ランド関係者に頼まれた三木武夫からも追及をやめるよう説得されたこともあるという（初陣：332）。

こうした追及以降、田川に関する「怪文書」が出回るようになった（同：333）。怪文書は「保守党の仮面をかぶったアカ精神異常者田川誠一代議士その醜悪な行動と五千万円恐喝事件を曝いて同志に報告する」というタイトルで「政界浄化全国連盟」という架空の名義で出されていた。「デバ亀代議士」などの内容をガリ版刷にして国会周辺、神奈川県の県議、市議を対象に郵送されていた。そして次第に選挙区の理容店、飲食店といった人の集まるところにも郵送されるようになった（同：333f）。

選挙区のライバル陣営の中にはこの怪文書を奇貨《きか》として田川のイメージダウンを狙うところも出てきたこともあり、田川は弁護士、警察と相談したのち、架空の差出人相手に告発手続きを行った（同：334f）。

架空名義の犯人捜しは難航したが、田川は怪文書の発信元がサイエンス・ランド関係者であると見込みをつけ、関係各所を独自に調査したり、知り合いの記者、秘書ら、果ては総会屋を通じて情報を入手したりして、最終的には警察と協力して筆跡鑑定を行い犯人を突き止め逮捕した。取り調べの供述で首謀者も判明し、一九六五年七月八日に逮捕された（同：337-342）。一連の事件は新聞でも報道されている（「怪文書を配り、捕わる　出版社長ら二人」『朝日新聞』一九六五年七月九日・神奈川版）。記事によると、出版社社長が田川を非難する事実無根のパンフレットを三回にわたって配り、その知人の女性がその印刷を手伝ったとされている。

この事件を通じて、田川は「弁護士の費用や交通費などをはじめ、選挙区への弁明や報告などの通信費など百万円は使ったであろう。犯人が逮捕され、怪文書の目的が明らかにされたことで私への〝火の粉〟は打ち払うことができたけれども、名誉毀損《きそん》に対する罪が、こんな軽いものならば、民事訴訟も併せて行い、損害賠償か慰謝料の請求でもすればよかったと後で悔やんだ」（初陣：344）と振り返っている。

この事件と前後して、田川は誹謗中傷、名誉毀損、誤報に対して厳しい視点を向けるようになっていく。

「……新聞に間違いがあった場合、新聞、マスコミによって名誉が傷つけられた場合、堂々と訂正を要求することが、新聞をより良くしていく道である。もし要求が容れられない場合は、法の裁きによって決めてもらうことである。それをしないで、ただ新聞をうらんでいただけでは、言論の暴力に屈することになり、言論界の向上に対して、読者自ら、国民自らがソッポを向いていくことになってしまう。

……手続きを踏んで、信念をもって、間違いをただしていけば主張が通るということを、私は言いたいのである。まして名誉毀損に対しては、公務員より強い立場にある一般市民、国民にはより強い権利があるということを言いたいのである。

暴力は〝力〟だけではない。〝切り捨て御免〟の言論も許さるべきではない。最近の新聞は、こうした点について自ら反省していることはうれしい。しかしジャーナリズム全体が、新聞ほどこの点について理解をもっていてくれるかどうか、甚《はなは》だ疑問である」（同：347-349）

自身に対する逆風には信念を持って抵抗していく。こうした信念はその後、自民党内の浄化運動でも発揮された。

なお、この事件は新聞というよりはむしろ週刊誌で大きく取り上げられ、サイエンス・ランドの出資金を集める際に出版社社長（記事では「総会屋」と書かれている）が暗躍したことや、出版社社長が専務理事を務める国際政治関連の研究会の関係者、果てはその背景に神奈川県内の自民党の派閥争い（佐藤栄作派と河野一郎派の対立）が関係しているとも指摘される（「〝第二の吹原〟に泣いた財界一〇〇人　幻のサイエンスランドに踊らされて」『週刊現代』一九六五年八月五日号：102-107、藤原：182-185）。

〝黒い霧〟への抵抗――党内浄化運動

一九六六（昭和四一）年は政府・自民党をはじめとして政界での不祥事が相次いだ。国有財産の管理、閣僚の政治姿勢、政治資金のあり方が追及され、それまでの政界の問題が噴出した。相次ぐ不祥事は「黒い霧」事件と呼ばれ、国民の政治に対する怒りが高まった（藤本：132）。

その「黒い霧」の一つが「田中彰治事件」である。自民党代議士・田中彰治は衆議院決算委員会委員長に就いていたが、政官財の癒着を追及するそぶりを見せながら裏では関係者を恐喝する事件を複数起こしていた。その一つである「虎ノ門国有地払い下げ事件」は、国会議員が自身の地位を利用して民間人を脅迫して逮捕されたという事件だった。恐喝で代議士が逮捕されるのは戦後初で、前代未聞の事件だった（藤本：132f、「田中彰治代議士ら逮捕」『朝日新聞』一九六六年八月五日夕刊）。

こうした「黒い霧」事件に対し、田川は宇都宮徳馬《とくま》や川崎秀二《ひでじ》らとともに一九六六年九月ころから「自民党から利権に絡む汚職や腐敗を追及する」運動を開始する。この運動には志賀健次郎、井出一太郎、臼井荘一、赤城宗徳《むねのり》、古井喜実《よしみ》、桜内義雄、篠田弘作、江崎真澄らが加わった。こうした「粛党運動」は宇都宮・田川ら急進派のもの以外にも自民党内で多様なグループから行われた（初陣：382f、平野 1996：114f)。新聞も川崎や中曾根らとあわせて田川の粛党運動を報道した（「自民党内に燃え上がる粛党・三つのノロシ」『読売新聞』一九六六年一〇月一五日など）。その中で示された方針は以下の通り報道されている（初陣：383f)。

①自民党の資金運営と代議士個人の収支を国民の前に公開して明朗政治達成の糸口とする。
②佐藤首相のイニシアティブによる既成派閥の総解散。
③解散機運の政局に備えて、首相は公費を使っての〝内遊〟ではなく、自民党総裁として全国を遊説し、国民に所信を訴える。

「黒い霧」事件をめぐる野党の追及によって政権運営もままならなくなった佐藤内閣は、一九六六年一二月、衆議院を解散する。「黒い霧解散」とまで言われたのだが、自民党は二八〇議席という過半数を大幅に超える議席を獲得した。

こうした「黒い霧」への対抗として田川は期間中、白いバラをつけ「粛党運動と政治の姿勢を正す」

と訴えて選挙活動した（同：384）。神奈川二区は乱戦になった。誕生したばかりの公明党から新たな候補者が出て、また民社党も参議院からの鞍替え候補者、さらに保守系の無所属議員も含め候補者は九名に及んだ（前回は七人）。田川は初めてトップで当選し、この乱戦を制した。

この選挙は、前回一位当選だった社会党議員が四位になるなど波乱含みの選挙だった。田川は「背水の陣」で選挙戦に臨んだが、「もし落選すれば、政界を引退するつもりだった」（同：391）と日記に書いている。

信念に忠実な田川の姿勢は日中国交正常化にむけた活動でも発揮することになる。そしてそれは、ときに自民党内で逆風にさらされることにもつながっていった。

2 「自民党を壊滅させるユダ」——日中国交正常化をめぐる攻防、右派、週刊誌メディアとの対決

松村の秘書として訪中

議員秘書時代、田川は松村と二度、外遊している。一回目は石橋湛山内閣の親善特使・松村謙三の随行員として東南アジア、中近東、豪州、ニュージーランドへ（一九五七年一月二三日〜三月四日）、二回目は周恩来首相の招待による松村訪中団の随員として当時国交のなかった中華人民共和国への訪問（一九

五九年一〇月一九日）である。なお、代議士になってからも松村に同行して欧州経済共同体・EECへの訪問（一九六二年四月三〇日〜五月三一日）、LT貿易の基礎作りとして二度目の訪中（九月一二日〜二五日）をしている。なお田川は外遊のたびに旅行記を執筆して、いくつかは市販もしている（『南の国々を回って』『よみがえる欧州』など）

一九五六年一二月に日本は国際連合に加盟するが、総裁・首相になった石橋湛山は盟友の松村を親善特使に任命した。これらの外遊は国際連合加盟の挨拶としての意味合いを持ったものであり、外務省から事務官が、田川も外務省嘱託として随行する公式訪問だった。訪問国のイラン、イラク、パキスタン、インド、セイロン（スリランカ）、マレーシア、オーストラリア、ニュージーランド、インドネシア、タイでは国賓として扱われた（初陣：127）。

日本は、鳩山一郎首相時代の一九五六年一〇月に日ソ共同宣言を結んだが、石橋はさらに国交をアジア方面へ広げ、関係改善することを目指していた。党要人の松村を特使に選んだのもそのためであった。田川がこの旅行に随行して特に痛感したことは、当時の日本のアジア政策の乏しさであった。その後、田川は自民党内にアジア・アフリカ研究会（AA研）をつくりこうした問題に取り組むようになる（同：130f）。

松村が中国と関係を持つようになったのは一九五五（昭和三〇）年一二月に中国科学院代表団団長として来日した郭沫若《かくまつじゃく》と東京で会見したことからである（同：132）。さらに一九五七（昭和三二）年、松村は中国紅十字会（赤十字）代表団の副代表・廖承志《りょうしょうし》と会談し、訪中への意欲を増していくことになった

（同：132）。

当時の日中関係は、正式な国交関係はなかったものの、国会議員団が訪中したり、中国からも紅十字会の代表団などが訪日するなどの民間交流、そして民間貿易も細々とではあるが行われていた。国会にも超党派の日中貿易促進議員連盟が一九四九年、日中友好協会が一九五〇年に発足したように、日中友好の機運が生まれつつあった（同：134）。

こうした日中関係は鳩山一郎や石橋湛山の時代までは続いていたのだが、一九五七年の岸内閣からより対米中心、中国封じ込め・反共政策へと傾斜していった（鹿：38-40）。こうした経緯もあり日中関係は徐々に悪化していたのだが、一九五八（昭和三三）年五月には長崎国旗事件が起こって両国の関係は決定的に悪化した。これは、長崎県のデパートで開催されていた「中国切手・切り紙展覧会」に掲げられていた中国共産党政府の国旗（五星紅旗）が右翼系団体・菊旗同志会所属の青年に引きずり降ろされ毀損された事件である（笠間：72-78、山本 1961：112-116）。国交のある国の国旗を毀損した場合には「外国国章損壊罪」で処罰されるが、警察は刑事事件にならないとして犯人を釈放した。この事件をきっかけとして中国共産党政府は貿易を停止したとされている（初陣：134）。

松村は日中交流のない状態を憂えたが、当時の岸政権の外交方針とは異なるため、慎重な姿勢をとっていた。松村は株式会社ダイヤモンドスター創業者・堀池友治（田川の支援者でもある）を通じて廖承志と連絡を取り合った。堀池はひそかに北京を訪れ、松村訪中の段取りを整え、周恩来の招待を取り付けた。こうして一九五九年の訪中が実現する（同：135）。

自民党の内部には松村の訪中を「中共接近」として冷淡な対応をした者も多かったが、松村の訪中によって、LT貿易協定、記者交換、その後の日中交流の土台を築くことになった（同：135）。

記者出身である松村はときに政策をめぐって記者と対立することもあった。その一つが松村の中国訪問に同行した毎日新聞の金森宗次記者が「国交回復のとき、中国は賠償金をどのくらい日本に請求するつもりなのか、（中国側の周恩来に）聞く」と言った際、松村は「そういうものが活字になって世界に広がったら、何年先かわからんが日中復交が具体化したときに、その数字が基準になる。そのときの中国、日本の事情もあるだろうが、中国側は周さんが口にした過去の数字を減らすことはできないぞ。そうすると、日本人はその金のためにどこまで苦しむか、君はそこまで考えていないのか」「君は自分のことを考えて、日本国民の将来のことを考えられないのか」と諭したという。松村は記者の（不用意な）質問が外交に与える影響を懸念し、記者の外交への見識を問いただし、記者を説得して質問を止めさせた。金森はのちに「あのとき、政治家というのは何十年先の日本のことまで考えなければいかんのだなあ、とほんとに目からウロコが落ちる感じだった。あんな人、いまはいない」と岩見隆夫に語ったという（「政治に必要なのは、言葉と想像力と、ほんの少しのお金」『サンデー毎日』一九九六年一二月一日号：16-17）。

LT貿易実現への貢献

松村の秘書だった田川も松村謙三の随員として、一九五七年に東南アジア・中近東・オセアニア、一九五九年には第一回の訪中をした。

当時、日本は台湾（中華民国）と国交を結んでおり、中華人民共和国とは正式な国交はない状態だった。戦後の東西冷戦下で西側陣営、特に日米安保条約を米国と締結していた日本は、米国と同様に台湾政府を公式政府として認めていた。

ただこうした状況でも中国との交流は必要であると考える者達は与党・自民党の中にもいて、松村もその一人であった。松村は池田勇人《はやと》首相の許可を得て代議士・大日本水産会会長の高碕達之助らとともに中国を訪問し、一九六二年、「日中長期総合貿易に関する覚書」に調印した。この覚書は調印者の廖承志（Liào Chéngzhì）と高碕（Takasaki）のイニシャルをとって「LT貿易」と呼ばれている。これは国交がない日本と中国との間で行われた半官半民の貿易形態である（初陣：290f、秘録：52）。

田川にとっては一九五九年に続く二度目の訪中だったが、前回とは異なり中国側の態度も軟化していたという（初陣：291）。この訪中で田川は、廖承志と松村との間に入って交渉を取り持った。そしてこれを機にLT貿易やその後のMT貿易（覚書貿易）の交渉に長く関わっていくことになる。

松村と周恩来の間には以下のような合意事項が結ばれ、半官半民のLT貿易が始まった（同：292f、秘録：40）。

・日中貿易の拡大をはかる。
・このため両国に連絡機関をつくる。案として中国側は廖承志、日本側は適当な人（のちに高碕達之助に決まる）を、その連絡責任者とする。

・両国の貿易を円満に継続するため、両国から保証人を出す。案として中国側は廖承志、日本側は高碕達之助とする。

中国墓参活動

こうした貿易交渉と並行して、田川個人も日本人・戦犯処刑者の墓参り実現（中国墓参活動）に向けて動いていた。全国戦犯遺族の会である「白菊遺族会」は、中国で戦犯として処刑された者の遺骨収集と墓参りを求める運動を行っていた。田川は中国共産党対外文化協会理事の孫平化《そんへいか》、そして王暁雲《おうぎょううん》や廖承志らと交渉を行った。また中国の政治姿勢が軟化したこともあり、墓参が実現した（初陣：296-300、オーラル上：162f）。一九六三年五月、田川は孫平化と廖承志に以下のような要望書を送っている。

「中国戦犯関係死没者の遺骨収容の問題につきましてはかねてからお願い申し上げておりますが、死没が解放前の事であるため正確なる資料がないものと思われます。しかし遺族の立場になりますとせめて死去した地に赴いて、その霊を弔《とむら》いたいという願望に燃えている事は当然であります。私は松村謙三先生と共に度々貴国に伺い死没者遺族の中国への墓参についてお願い致しておりますが、これが実現できれば日中親善に大きな前進をなすものと確信しております。

……死没者の遺家族は過去のいまわしい出来事を水に流し今はただ中国の土にふれ、肉親の霊を慰めたいと一日千秋の思いで待ち続けております。中国政府の御理解がいただけるならば、私はこの問題についてあらゆるお世話をするつもりでおります。

衆議院議員　田川誠一

一九六三年五月十三日

廖承志先生

孫平化先生」

この要望書に対し、中国紅十字会から八月二八日付で「本会は中日友好の精神に基づきまして、出来得る限りの協力援助を与え度いと思います」との返書がきた（初陣：300-303）。このことは新聞でも大きく取り上げられている（「遺骨収集と墓参許可　中国紅十字から便り　処刑戦犯」『朝日新聞』一九六三年九月七日夕刊、「中国戦犯の収骨、墓参　紅十字会が協力の返事」『読売新聞』一九六三年九月八日）。

三度目の訪中（一九六四年二月）では、墓参問題の交渉に加え、日中の航空機乗り入れ、日中記者交換などの話し合いが行われた。田川はこのころから「親中派」「中国通」「対中進歩派議員」として新聞報道にもしばしば登場するようになる。

例えば『読売新聞』（一九六四年二月一八日）朝刊一面記事「中国、日中友好で提案　航空機乗り入れ　新聞記者を交換　貿易拡大に常駐員」では「自民党の藤井勝志、田川誠一両代議士は……」と始まるように、田川の知名度は高まっていた。またテレビのニュースやトーク番組にも出演するようになり、徐々に中国通の与党議員としての立場を固めていった。

一方、自民党の議員の中には、田川ら党内親中派の動きを警戒する者も多数いた。

五度目の訪中、日中政府の板ばさみ

田川は議員三期目の一九六七年に厚生政務次官に就くことになるが、皮肉なことにこれが田川の対中活動の足かせになった。政府首脳は、田川が政務次官の肩書のままで国交のない中国を訪問するのは「政経分離」の観点から問題であるとした。「個人の資格で出かけることはいっこうにかまわない」と言われた。田川は政務次官を辞め、対中活動に専念することにした（「政務次官を辞任　中国訪問の田川氏」『朝日新聞』一九六七年一一月一〇日）。だがそれがさらなる対立を生み出していく。

厚生政務次官辞任後の一九六八年二月、田川は有効期限が五年であるLT貿易を継続させるため五度目の訪中をする。このころは佐藤首相の台湾訪問、中国国内の文革激化によって日中両国の関係は悪化していた（初陣：412）。会談でも中国側は佐藤内閣の対中敵視政策への対抗措置として「政治三原則（中国敵視政策を止めること、「二つの中国」論を作る陰謀に加わらないこと、日中国交正常化を妨げないこと）」と「政経不可分（日中関係で政治分野と経済分野を分けて論じるべきではないという考え方）」（秘録：51）の原則を強く主張してきた。田川ら日本側の代表は、佐藤内閣を批判しないかぎり交渉は進まない一方で、国外において中国とともに日本政府を正面から批判することは与党政治家である田川にはできない、というジレンマに直面することになった（鹿：140）。田川も「当時は国交がないから、中国から見れば日本は敗戦国ですよ。惨《みじ》めな思いをしましたよ。ですから、公式以外の席などでは、つい鬱積した気持が露呈する」（オーラル上：217）こともあったと振り返る。

結局、LT貿易は「覚書貿易（MT貿易）」として継続されることになった。ただしそこで交わされた声明書（コミュニケ）が問題になる。中国側の要求（政治三原則、政経不可分）を日本側が半ば押し切られる形で同意した内容になっていたからである。LT貿易交渉のときには、日本側は政治三原則と政経不可分には同意せずに、「政経分離」の原則を中国に突き付けていたのに比べると、今回の交渉では中国側に譲歩した格好になっていた。これについては新聞でも評価が分かれた。

『朝日新聞』をはじめとして日中交流の継続を評価する報道では、LT貿易から続く覚書貿易は政府の「対米偏重」政策を相対化するものとして以下のようにかなり好意的に受け取られている。

「昨秋の日米会談以後、佐藤内閣は〝中国の脅威〟にどう対処するかを軸にして、安全保障の諸政策を進めている気配が濃厚だ。……LT貿易だが、アメリカの中国封じこめ政策に日本政府が同調する態度をとれば、中国としてもいい顔はすまい。日本の立場は、アメリカと中国との間の緊張を和らげ、両者の緩衝地帯となることでなければならない。LT貿易は日中をつなぐ交流のかけ橋だ。このルートをたち切ってしまうと、両国の関係はいちだんと冷却化し、極東の平和から見ても、貿易経済という点からも、損失はともに大きい。アメリカと違って、日本は中国と密接な関係をもつ。中国と対決する政策をとることが将来の日本の利益になるとは思われぬ。中国との貿易や文化交流を盛んにすることによって、〝脅威〟を解消してゆくことができるはずである。これをやらぬというのは、外交を否定するに等しい。中国側もまた硬直化した態度でなく、柔軟に「話合い」をしてもらいたいものだ。この情勢の中だからこそ、LT貿易のルートは消滅させるべきではないと考えることもできるだろう。日中はたがいに欠かせぬ市場でもある。国家関係にも〝季節〟はある。霜の時期だからといって、植物の根を台なしにする愚は避けたい」（「天声人語」『朝日新聞』一九六八年二月一三日）

一方で、『読売新聞』のように、貿易の重要性は認めつつも中国の姿勢に疑問を呈した報道もあった（一九六八年三月七日社説「LT交渉の妥結に思う」）

「日中関係の〝苦難〟時代に、この交渉に当たった日本側代表団の、ここ一か月の苦労のほどは十分に察せられる。しかし、コミュニケで明らかにされた会談のふんい気や結果については、われわれは遺憾《いかん》ながら簡単に賛成することはできない。……

コミュニケの前段に出てくる「米帝国主義と日本当局の中国敵視政策」に、日本側が「深い理解」を示した、という表現はなんとしても軽率すぎる。中国がアメリカに敵意をもち、また佐藤首相の台湾訪問などを敵視政策のあらわれとして非難する気持ちは、わからないではないが、日本側がこれに対して「深い理解」を示すというような表現は、あまりにも中国ペースである。しかも「このような障害を排除する」ことに努力すると述べている点は、政府与党内の反発を買い、国際的にも好ましくない反響を与えるおそれもあろう。……

北京会談は、われわれにかなりの失望を与えたが、そのマイナス面は極力少なくし、プラス面を伸ばして行くことに新たな努力を傾けるべきだと思う。それには日本側が中国に理解ある態度をと

図4-1 「奈良和モーニングショー」（1969年3月25日）に出演する田川（杉村春子とともに）（新風：38）

ると同時に、中国側も日本の複雑な事情に〝深い理解〟を示すことが望まれる」

中国に押し切られながら貿易交渉をまとめた田川らの姿勢は自民党内から「中国側の原則に妥協した」「国賊」「売国奴」として非難された。この点について田川は『日中交渉秘録』のあとがきでこう書いている。

「国交樹立前の日中間の交渉や話合いが、全く対等のものであったかと言えば、私は完全にそうであったと言い切ることはできない。……かつての日中関係のように、二十三年間も外交関係のなかった両国の間に、真の対等を求める方が無理であった。

しかも、その断絶は中国が求めたものではなく、歴代のわが政府が中華人民共和国を中国の正統な政府と認めず、国連への中国の復帰も一貫して阻止し続け、過去の戦争についても終結の措置をとらずにきたためなのである。裏をかえして言えば、日中復交まで、中国は「戦勝国」であり、わが国は「敗戦国」であったということも言えるかも知れない。そうした不正常な関係に目を覆うて、ただいたずらに「対等」を求めて、私たちを非難していた人たちの見方は、独善に過ぎるのではないかと思う」（秘録：331f）

さらに中国側にも事情があって、日本に譲歩する姿勢を見せると中国国内では「軟弱派」として判断され失脚する恐れもあり、それが中国側（の交渉団を）をより強硬にさせた要因でもあると田川は語っている（同：384）。

しかし中国に譲歩したように受け取られた田川の姿勢は同じ自民党の議員から大いに批判されるようになっていった。特に自民党のタカ派・松野頼三や愛知揆一《きいち》とはテレビの公開討論でもやり合う関係だったという（初陣：423f）。

例えば愛知揆一とはNHK国会討論会（一九六八年四月一四日）でベトナム戦争をめぐる和平問題をテーマに論戦を繰り広げた。この番組には、愛知揆一（自民）、田川（自民）、成田知巳《ともみ》（社会党）、石橋政嗣《まさし》（社会党）、木村俊夫（官房長官）が出演し、ベトナム戦争下におけるアジア情勢について討論したが、「中国の脅威」に対して田川は「アメリカが中国に脅威を感じていることは分かるが、中国だって、アメリカに脅威を感じている。アジアの地図をみれば、中国を取り巻いているのは、アメリカの軍事基地ではないか」と反論し、むしろ社会党の二人の議員と意見が同じということがあったという（同：424）。自民党内では複数の主義主張が対立していたのである。

こうした自民党内「ハト派」の意見に対しては、「自民党には松野頼三、愛知揆一、大平正芳、椎名悦三郎の諸氏のような国民を手こずらす連中がいます……田川代議士のような政治家が自民党の中にもおられることを知って心が明るくなりました」（練馬区の支持者からのハガキ。同：425）、「四月十四日のNHKの国会討論会で自民党の田川誠一氏は、日本国民の立場からアメリカを見、中国を見て、日本の国家と国民の進む方向をはっきりと述べられた。自民党国会議員は、とかく問題点をぼかし、のらりくらりのつかまえどころのない答えをするきらいがあるが、田川氏は、中国はむしろアメリカの脅威を感じていると思うと述べ、その理由はアメリカの軍事基地が中国を取り巻いているからだと指摘された……田川氏が政府の対中国関係に政経分離で臨む態度を批判し実際には経済と政治は切りはなすことのできない事実関係を明らかにされた。自民党内の正論が新しき自民党に脱皮することを、大多数の国民は待望している」（『読売新聞』一九六八年四月一八日・投書気流欄）といった賛同の投書も寄せられたという。

田川ら「親中派」は自民党内の反主流派として、国民の不満を受け止める機能も果たしていた。

最大の苦戦、四回目の選挙

一方で一九七〇年前後は、日本国内では大規模な学生運動や社会運動が起こり、一部の過激派はよど号ハイジャック事件やあさま山荘事件など様々な事件を起こし、また中国国内では文化大革命が激化していた。日本社会でも共産主義・共産圏への批判的な見方は根強かった。こうした状況下で田川らの日中交渉は、「容共」「媚中」ととらえられ、特に保守派からは批判の対象になった。選挙区には、中国の農産物が日本に入ってくることへの拒否感を示す農家もいたし、また共産党のようなことをしないでほしいという選挙民もいたという（オーラル上：198）。支援者で選挙参謀を務めた高地光雄も中国交流を打ち出す田川を「やはりすばらしい政治家だ」と感動する一方で、中国共産党寄りと受け取られかねない言動には危惧していたという（石井：84）。

これと前後して、田川にとって四回目となる第三二回総選挙（一九六九年）が行われた。この選挙は小泉純一郎の初陣で、田川と小泉がともに神奈川第二区で自民党議員として立候補したのだが、小泉は五位で落選、田川も最下位四位で当選というかつてない苦戦だった。自民党の獲得議席も一議席のみであり、五五年体制下の同選挙区でもっとも厳しい選挙だった。

この選挙では中国問題に肩入れしていると思われた田川に対しては右翼陣営から非難・攻撃があったり、国会でも「タカ派議員」から「売国奴」呼ばわりされ、街頭演説でも人が寄り付かなかったため、「最下位でやっと当選」と支援者の高地も苦しい戦況を語っている（同）。

田川自身はこの苦戦について「楽観が苦戦のもと」とも回顧している（初陣：454f）。中国問題でメディア露出が多くなって知名度が上がっていたこと、同選挙区の最大ライバルだった小泉純也が死去したこと、厳しい選挙戦だった前回でトップ当選したことといった要素が田川陣営に油断をもたらしたのでないかという。そして自民党新人の小泉純一郎は田川と同じ横須賀地域に地盤を持ち、しかも親の死去に伴う初陣だったため同情票が集まり、田川の票の一部が小泉に流れたことも苦戦の要因ではないかと田川は振り返っている（同：456）。

田川の本心？

田川は「親中派」として、中には「過剰なまでに中国に対する負い目を感じている人」といった批判(『諸君！』一九九八年八月：68f。外交評論家岡崎久彦の発言)もある。だが田川の中国観を読み解いていくと思想的な意味での親中派ではないことが分かってくる。それはすでに一九六〇(昭和三五)年出版の『訪中一万五千キロ』(青林書院)の中でも「私たち一行には、新中国の政治思想には、批判的立場をとる者が多く」と書いているように、中国の思想に共鳴する政治家や労働組合幹部らと自身との間に一線を引いている(同書・はじめに)。新聞記者時代から田川のことを知っている読売新聞論説委員の宮崎吉政も「(田川の本のうち)愛読しているのは中国関係のものである。従来、この種の出版物は中国をベタぼめにするか、極端にケナすか、いずれかの傾向にあったが、田川さんのは、なんといっても事実を客観的にとらえ、平易に書かれているのが大きな特長」と評している(憲政161：30、一九六三年に書かれたもの)。

こうした田川のスタンスは一九七二(昭和四七)年六月出版の『松村謙三と中国』でも引き続き表れていて、「中国問題の論議は、冷静に、客観的にされなければならない。単なる感情論や打算など思いつきで解決できる問題ではない」(『松村謙三と中国』：209)とし、中国問題を不毛なものにしている三つの考え方を以下のように整理し、批判している。

「そのひとつは、中国の立場にだけ立って、中国問題を論じようとする態度である。この立場に立つ人々は、もちろん中国との国交回復には積極的だが、同時に中国の思想に共鳴し、中国の主張に全面的に賛同しているものである。これらの人々は、わが国の実情を中国に正しく伝えることをためらい、中国の誤った日本観に対して、これを指摘しようとしないで、いたずらに中国に迎合するような態度を示している。

もうひとつは、これとまったく反対の立場で、中国を感情的にきらい、中国を知ろうとせず、中国との国交回復に反対をしている人たちである。これらの人々は、中国が、社会主義の体制をとっているということだけで、中国を忌避し、中国と交流することによって、わが国が赤化されると恐れている反共主義にこり固まっている。また、このような立場の人々は、中国を戦前と同じ尺度と感覚でみているばかりでなく、中国を含むアジア人に対して、ある種の優越意識をもち、半面、欧米諸国に対しては劣等感をいだいている人々に多い。

第三の立場は、中国問題の重要性についての認識が薄く、わが国は、ただアメリカとの関係さえ円滑に保っていけば、こと足りるという考えの人たちである。このような人々は中国問題にふれようとせず、中国との関係は、国際情勢の成り行きに任せておけばよい、という安易な考え方を持つものに多い。政府や自民党首脳の中にはこれまで、こうした考え方に立っていたものが多い。」（同：209f）

田川は、中国問題を「日本は中国に対して、いったいどう対処したらよいか」と日本の国家問題として考えるべきものとして位置づけていた。日本の視点が重要であり「中国の動向や態度」といった中国の内情についての議論よりも優先されるべきものとしていた（同：210-211）。

当時、日本と中国共産党政府との間には国交は結ばれておらず、「日台条約」(日華平和条約・一九五二年締結)によって戦争が終結したととらえられていた。条約締結時、国共内戦によって中華民国政府は台湾に亡命しており、すでに北京には共産党政権が誕生していた。国連の中でも台湾政府を承認するアメリカと、北京政府を承認するイギリスとの間で対立があり、一九五一年のサンフランシスコ平和条約締結の際には日本が中台のどちらを中国の代表とするかという問題が生じた。結果、両政府とも招聘《しょうへい》されなかったが、日本は独立後にどちらの政府を中国として正式に承認し国交を結ぶかという問題が残った(井上 2010 : 14-17)。

しかし、日本はサンフランシスコ平和条約発効(一九五二年四月二八日)と併せて台湾政府と「日華平和条約」を締結した。この背景にはアメリカのダレス宛てに吉田茂首相が送った「吉田書簡」の中で台湾政府を正式承認することが決定していたことが挙げられる。ただこの決定に関しては日本国内や政府内でも疑問があり、サンフランシスコ平和条約の交渉に当たった外交官・西村熊雄も、台湾のみを実効支配している国民党政府との講和条約が中国全土にまで適用されるべきかどうか法的な問題があると認識していたという(同 : 21)。

田川の主張では、台湾との間にのみ平和条約が限定的に発効したのであり、中国大陸との平和条約は完了していないということになる。一国二政府状態のうち一つの政府とのみ結んだ平和条約は「虚構」であり、もし中国共産党政府と国交を結ぶのであれば、それは日華平和条約の破棄とセットであると田川は主張していた。台湾と中国の関係は内政問題であり、中国の統一は完全に中国国民の手にゆだねるべきであるとしている（『松村謙三と中国』：224-226）。なお田川は「（日中国交回復後）中国が、台湾をいかに取り扱うかは、中国の自由であるが、中国の二つの政権は、〝中国式〟の方法によって、融通性に富む平和な解決の道を、きっと見出すに違いない」と楽観的な見通しを示し、「すでにアメリカの方が中国と台湾との統一をはかる意図で、対中国政策を転換しようとしている」（同：226）と日本政府の対中政策の「無為無策」（同：227）を批判していた。

五〇年以上前の田川のこうした議論や見通し、特に日台条約、そして一国二制度の行く末に関するものを二〇二四年現在、そのまま評価することは難しいだろう。ただ当時の状況下では少なくとも〝制度的〟には筋が通っていたようには見える。

また田川は、中国に対して複雑な心象を持っていた様子もうかがえる。日中交渉の記録（田川が残した議事録と各省出身の補佐役らの記録をつき合わせたもの。オーラル上：215）を書籍化（『日中交渉秘録：田川日記―14年の証言』一九七三年）するにあたっても「個人の主観や感情をむき出しにした箇所もあったので、整理の段階で、これらをかなり割愛した」（『秘録』：はじめに）とわざわざ記すくらいだからである。

そして、オーラルヒストリーの中でもこう言っている（発言は一九九九年三月一八日のもの）。

「（親中派とされ日中交渉に挑んだ古井喜実に関して）松村先生を師と思い、非常に親しくしてて、最初の中国を訪問したのは、昭和三十四年、一九五九年です。三十四年に初訪中して、中国と国交を持たなきゃダメだなという気になったんでしょうな。「中国はあまり好きじゃないよ」と、陰へ回って言うもの。……だけど、何か、やはり中国に魅力があるんだね。私なんかだって、中国の中華思想、、というのは、好き、、じゃない、、です。好きじゃないけれども、やはりあの国を無視して、あまり好きじゃないから、ではお付き合いしないでいいかというと、そうはいかないもの。日本の安全、、、のため、、には、仲良くしていく方法をとらなきゃいかん。だから、そういうことじゃないですかね」（オーラル上：221）

また、日中国交回復直後に出版された『日中交渉秘録』（一九七三年）には掲載されなかったエピソードが一九八三（昭和五八）年出版の『日中交流と自民党領袖たち』「第7章　宴会辞退事件」で語られている。田川自身「もうこれを読むのが嫌なんですよ」（オーラル上：223）というように、中国との交渉で生じたトラブルを描いたものである。

これは覚書貿易交渉での苦労話の一つで、一九七〇年に日本側交渉団の古井喜実と「民間大使」として北京に滞在していた西園寺公一《きんかず》が、激高した中国側によって人民大会堂の宴会場で人民裁判さながらの謝罪式をさせられたという事件である。

この事件が起こる前、日本側・松村謙三らとの会談を終えた中国側・周恩来首相は「この後もう一度会談を」と要望した。古井は度重なる会談での疲れもあり特に高齢の松村のことも気遣ってこの申し出を断った。だが中国側の認識ではこの「会談」とは、食事をしながらの会談すなわち「懇談」のことであった。認識の行き違いがあったとはいえ、首相主催の懇親会を断られメンツを潰された中国側は日本側に謝罪を要求した。そして日本側は中国人民大会堂で謝罪することになった。この事件に対し田川は「それにしてもこのような〝陳謝儀式〟を見ていると、社会主義国でよくやっている「人民裁判」も、こんな雰囲気なのかなあと感じ、古井氏の心情もさぞつらかったことと同情に耐えなかった」（『日中交流と自民党領袖たち』：99）、「ことさら問題を大きくして人民大会堂という大舞台で〝謝罪式〟まで上げさせた中国側のやり方には、大人気ないものを感じないわけにはいかなかった」（同：102）と書いている。

また日中友好協会とは別に設立された日中協会が「思想的なもの」を排除したものであったことについて、以下のように強調している。

「国交正常化までの友好団体というのは、中国一辺倒の色合いが非常に強いのと、もう一つは思想的に社会主義、あるいは共産主義的な色彩が非常に強かった。……（日中友好協会に関しても）やはり中国に対しては一辺倒でした。だから、そういう団体では本当の日中友好にならないから、そういう思想的なもののない、また日本の主張もちゃんと中国側にも伝えていけるようなものをつくろうじゃないか」（オーラル下：15f）

中国問題を「日本の国家問題として考えるべき」という点に関して田川は一貫していた。中国要人の評価についても人物によってまちまちで、周恩来については「視野の広い人で、常識人」「私なんかも周恩来は好きだったですね」と高く評価する一方で、毛沢東については「（品行方正かと問われて）毛沢東なんか酷《ひど》いものだ」（同：16f）と酷評している。

田川の中国に対する認識は本人が認めるようにときに外したり、また「宴会辞退事件」のように後々まで伝えないようにしていたりする出来事もあるが、中国の共産主義思想に与《くみ》しているわけでもなかった。日本が交流をもたなければならない「他国」としての位置づけも一貫していた。そういう点では田川の姿勢は現実的であるのだが、一部の勢力からは思想的な意味での「親中派」と見なされ、しばしば批判の対象になった。

3　自民党の反乱分子――中曾根派脱退、自民脱党へ

自民党内外からの批判と攻撃

田川が所属していた河野派（「春秋会」）は河野一郎の死去によって、野田武夫、中曾根康弘で構成される「新政同志会」と、園田直《すなお》、重政誠之《しげまさせいし》らによる「春秋会」に分裂した。当初の田川は無派閥になろうかとも考えていたが、松村謙三の頼みもあって中曾根らと行動を共にすることになった。中曾根ら新政同志会が反・佐藤栄作であったことも一因である（オーラル上：180f）。ただ同会は「タカ派」のメンバーも多く、その中での田川の立場は微妙なものだった。

また派閥外の「タカ派」からもしばしば標的にされた。例えば『経済時代』（経済時代社）一九七二年五月号では「日中土下座外交に意見する」との巻頭言に始まる特集が組まれており、自民党・石原慎太郎議員が「日中問題とマスコミ　許せぬ売国奴、古井・田川両代議士」（61-66）という自身の講演をもとにした論考を執筆している。その中で、田川が中心となって締結した日中記者交換協定の改定によっ

て「日本の新聞の報道の自由というものを北京に売り渡した」(62)と批判が展開されている。さらにこの問題は元毎日新聞社・京都産業大学教授の三好修らによって詳細に追及されている（「新聞はこうして北京に屈服した」『経済往来』一九七二年四月、『中国報道の偏向を衝く』日新報道出版部・一九七二年）。

確かに一九六四年に合意された記者交換協定では「双方の記者は、駐在国の外国新聞に対する監理規定を遵守すると共に、駐在国が外国新聞記者に与えるのと同じ待遇を受けるものとする」（秘録：59f）とあるが、中国では当時も新聞は共産党の機関紙・宣伝機関としての位置づけだった。西側の自由主義諸国のような「報道の自由」は認められていなかった。さらにこの記者交換協定においても日中関係における「政治三原則（①中国敵視政策をやめること、②二つの中国（中国と台湾）をつくる陰謀に加わらないこと、③日中両国の国交正常化を妨げないこと）」が暗黙の了解として盛り込まれているのではないか、と三好らによって指摘もされている。

こうした点は確かに「自由な報道」の原則に悖《もと》る。ただ田川によればたとえ不自由でも中国に記者を置いておくことに意味がある、ただ行くだけでも行かないよりは分かることがある、という主張も新聞社を中心に存在したという。また、当時すでに中国と国交があったフランス、イギリス、カナダも同じような待遇だったため、日本だけが格別に不自由な状況に置かれていたわけではなかった。むしろ、日本からは七社送り込んでいるのに対して、中国からは新華社一社のみ（多いときに人民日報も入れて二社）だったので、中国からすれば「破格」の扱いだというのが田川の主張である（オーラル上：238-240）。ほかにも、報道の自由がない点ではソ連も同じであり、中国に対する批判と同じものをソ連に対しても行うべきであること、新聞記事の内容の問題について議員である自分を批判するのは議論の矛先が違っていることなども反論として挙げている（「田川氏が反論の文書 三好修氏の「日中記者交換偏向」論」『朝日新聞』一九七二年四月二二日）。

筆者個人は自由民主主義の価値観を支持しているし、そうした価値観を体現する報道を「良いもの」として認識している。しかし歴史的・国際的に見れば報道のあり方は多様である。例えばこの分野の古典『マス・コミの自由に関する四理論』では「プレス制度間の相違を正しくみるには、プレスが機能している社会体制に注目せねばならぬ……その社会のもっている基本的な信条および仮説に注目せねばならぬ」とある。ここでいう「信条・仮説」とは「人間の本質、社会および国家の本質、人間と国家の関係、あるいは知識や真理の本質」についてのものであり、「プレス制度の相違は哲学の相違になってくる」のである（シーバートほか：12）。したがって政治社会のあり方に関する信条が異なる国との間では報道のあるべき姿についても対立が生じる。世界的に見れば、現代の日本社会ではとても許容することができないジャーナリズム観をとる国があるのを否定できない。なお今日でも中国は「当面のイデオロギー領域における注意が必要な際立つ問題」の一つとして「西側のジャーナリズム観」を宣揚し、我が国の党がメディアを管理する原則と新聞出版管理制度に挑戦する」ことを挙げて「西側のジャーナリズム観」を拒絶している（山本 2014：390）。

そうした点から見れば、批判の多い記者交換協定も「日本は中国に対して、いったいどのように対処したらよいか」「日本の国家問題として考えるべき」という田川の中国問題観の中に納まるものだろう

（もっともそうした国の「発表ジャーナリズム」と化すジャーナリズムは批判されてしかるべきだろうが）。

実際、記者交換協定の改定に関して田川らは以下のように中国側に「譲歩」せざるを得なかった事情を説明している。

「新聞記者交換協定の定員修正が行われた六八年（昭和四十三年）の交渉で、中国側はそれまでの九社を大幅に削減したいと要求してきたとき、私たちは強く抵抗したが、中国側は、もし日本側が応じない場合には、一方的に削減しなければならない、とさえ言い切った。これについては、当時の冷却し切った日中間の政治関係からみて、これ以上、日本側に優遇措置をとっていくことは、中国の世論から許されないと苦しい事情説明があり、暗に中国国内の突上げによるものであるかのような印象を私たちは受けた」（秘録：383、具体的な交渉過程は同：99-104）

こうした悪条件下で交渉を行っている田川らの立場を理解しようとしないメディアも存在した。例えば、週刊誌記事「日中問題・政治家の顔とハラの違い」（『週刊文春』一九七〇年一一月九日号）では、自民党反主流派が主流派に対するゆさぶりの道具として日中問題を用いていること、古井代議士と宇都宮代議士がもうけ話をめぐって乱闘騒ぎを起こしたこと、河野代議士が関係商社の利益を自民党反主流派に還流していることなどと伝えた。『週刊文春』はそれまでも田川ら親中派を批判する記事をしばしば掲載していたのだが、この号の記事は政策の内容というよりは特に個人攻撃の色彩が強いもので、見出し（「（国交回復で中国株が上がることについて）アッとおどろくタメゴロー」「こりゃあ国際的な殺人罪」「いい年をして頭を冷やせ」「宇都宮と古井があわや乱闘」「ポーズの陰に家庭の事情」「全学連より複雑なセクト」「日本人商社同士で醜い争い」「三千万円をタダでもらう」「天皇家から労働組合まで」「殿様と呼ばれてニコニコ」「ウラで独占資本を結ぶ?・」）も特にセンセーショナルなものであった。

この記事に対して、田川、河野、古井は『週刊文春』を名誉毀損で警視庁に告訴した。その後、『週刊文春』は一九七一年六月一四日号四〇頁に「おわび」として「……四代議士に関する部分は見出し並びに表現に甚だ不適当なところがあり、四氏の日中国交回復の政治活動を読者に誤解させる結果となりました。ここに当該部分を訂正するとともに、古井、田川、河野、宇都宮の四氏に対して謹んでおわび申し上げます。　週刊文春編集部」と社告を出し謝罪した。

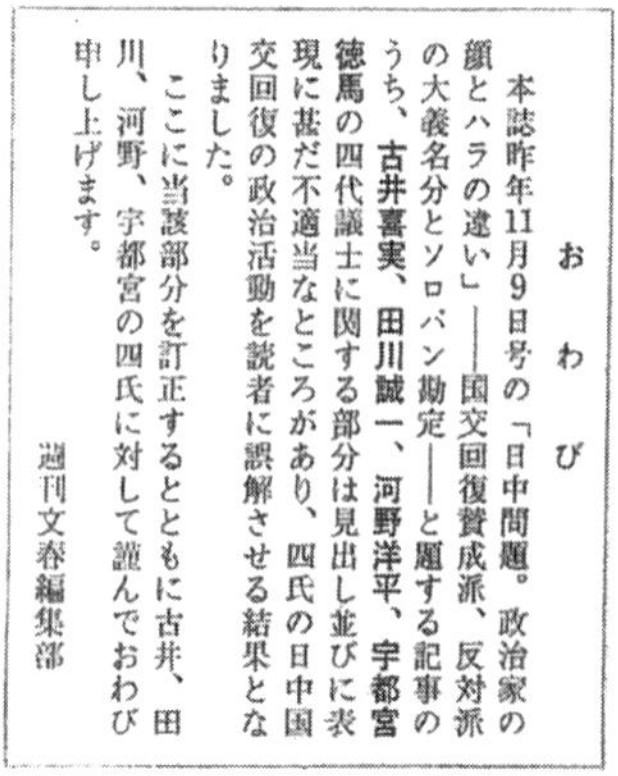

おわび

本誌昨年11月9日号の「日中問題。政治家の顔とハラの違い」――国交回復賛成派、反対派の大義名分とソロバン勘定――と題する記事のうち、古井喜実、田川誠一、河野洋平、宇都宮徳馬の四代議士に関する部分は見出し並びに表現に甚だ不適当なところがあり、四氏の日中国交回復の政治活動を読者に誤解させる結果となりました。

ここに当該部分を訂正するとともに古井、田川、河野、宇都宮の四氏に対して謹んでおわび申し上げます。

週刊文春編集部

図 4–2　記事のおわび（『週刊文春』1971 年 6 月 14 日号：40）

日中問題をはじめとして、自民党内で少数派として論争を展開することが多い田川であるが、「人身攻撃」「誹謗中傷」に対しては反撃に出ていた。自身に関する不確実な情報がメディアを使って流布《るふ》されることには容赦しなかった。ただ、こうした姿勢は対立をより深めていった。

党内からの強行採決指示を拒否

田川は自民党内でもたびたび衝突することが多かったが、その典型が健康保険改正法案の「強行採決」をめぐる攻防である。

田川は第七一回国会（一九七三年）の衆議院・社会労働委員会の委員長に就任した。長期政権下の自民党の年功序列人事では当選回数を重ねるごとに党や政府要職に就くようになっていくキャリア・パスの制度化が進んでいったと言われるが（佐藤・松崎：32–51）、当選三回、四回目あたりから常任委員会の委員長になるのが慣例だったという（オーラル上：261）。この国会に提出された健康保険改正法案は筑波大学法案（国立学校設置法一部改定案）、防衛二法とならんで第七一回国会の「対決法案」と言われていた。自民党はこれに「強行採決」で対峙する戦略をとった。自民党の幹事長、国会対策委員会は各委員会委員長に「強行採決」するよう指令を出していた。田川はこうした自民党の方針に「理解」は示しつつも、「最終的には委員長にまかせられた」として、指令を拒絶し、審議を続けた。強行採決に同意しない田川に対して、自民党の橋本登美三郎幹事長たちは国会内総裁室に田川を呼んで説得に当たったが、田川はこれを拒否して話題になる（「前尾議長、混乱収拾へ　衆院委の強行採決　野党、差戻し要求　健保・年金持越し　田川委員長が採決拒否」「〃信念〃貫いた田川委員長―「健保」の採決強行拒否　自民カンカン―野党は絶賛「話し合い足りぬ」〃親分〃の説得にも首ふらず」『毎日新聞』一九七三年六月二三日）。

図4–3　自民党総裁の説得を拒否して「悲壮な決意の表情」で総裁室から出てくる田川（『新風』：50、『毎日新聞』1973年6月23日）

田川は、こうした対応をとったことについて、「委員長というのは党に従うべき筋のものじゃありません。事実上は、党は推薦しますけど、任命は国会で選挙して決めます。ですから、委員会の運営というのは、党主導じゃなくて、委員長主導。委員長より上と言ったら、副議長とか議長が主導すべきです。それが全部与党の主導でやっているわけです。……それを直していかなきゃならんという一つの使命感でもありました」（オーラル上：262）と原則論を展開する。

こうした田川の態度に対して、野党は「議会制民主主義を守った」（『毎日新聞』一九七三年六月二三日）として評価し、法案の賛否とは別に審議には協力した。そして強行採決をした他の重要法案よりも先に委員会を通過するという皮肉な結果になった。こうした「快挙」に対しては、メンツをつぶされた形になった自民党議員が田川の本会議場入りを阻止することもあった。野党は「田川の面子を立てなきゃいかん」として審議には協力した。社会党筆頭理事だった田辺誠も河野洋平に「俺らが田川を絶対守るから心配するな」と何度も声をかけてきたという（オーラル上：262f、河野オーラル：10）。

逆に自民党タカ派からは田川の評判は悪かった。例えば村上正邦は「全野党あげて田川氏に異常なまでの協力ぶりを示した」「理屈に合わぬこの頃」「最近の自民党はまことにも多元的であり、一定したイデオロギーなどという書生的なものはない」（村上：156f）と苦言を呈した。同様に石原慎太郎らも「国会対策においても、自民党の田川誠一社労委員長が野党の味方になって自民党に泥をかけたり……自民党の常軌逸脱の最たる例である」と不満を顕わにしている（石原ほか：189）。

自民党内の田川嫌悪は、雑誌でも取り上げられていて赤坂太郎「自民党の〝ナチ〟と〝ユダ〟」（『文藝春秋』一九七三年九月号）に掲載された浜田幸一の発言「オレの前で河野の名前を口にせんでくれ。河野という言葉を聞いただけで頭の芯が痛みだすんだ。なに、田川？　アア、田川の名前もいわんでくれ。このいまいましい名前を聞くと、オレの心臓が一時停止しちゃうんだ」や、中川一郎の「こんど田川の顔をみたら締め殺してやりたいわ」といった発言が取り上げられている。その記事「自民党の〝ナチ〟と〝ユダ〟」の中では、河野やその親戚関係にある田川らのことを「あの一族はユダの子孫じゃあるまいか」とも嘆く青嵐会議員の発言も引用されていて、河野・田川らの嫌われ度合いをうかがい知ることが出来る（赤坂 1973：108）。そもそも青嵐会のメンバーが立ち上がった理由について中川一郎は「最近の自民党の政治は野党に近いハト派の方々の考え方によって動いているところに最大の誤りがあり、自民党の政治が狂ってきた」（中川：180）ことを挙げているが、その「ハト派」の代表格として名指しされていたのが田川だった。

こうして党勢が衰える自民党の中で、自らのスジを通そうとする田川は党主流派とだけではなく、別のスジを通そうとする他の議員とも衝突していくことになる。

中曽根派への失望

一九七四（昭和四九）年一二月、田川は中曽根派を脱退する。すでに河野一郎死去後に無派閥になるつもりだったが、反中国派の佐藤の三選阻止のために反・佐藤派である中曽根派に入った経緯がある。だが、中曽根が一九七〇年の佐藤四選支持に回ったこと、さらに首相公選を主唱していたはずの中曽根派が「話し合い」派に転向したことも派閥脱退の一因とされている（オーラル上：276）。

また前述の社会労働委員会の採決問題に関して、当初は「強行採決はよくない」と言いながら党が強行採決指令を出したことが分かると田川を説得しようとする者がいたり、党内で田川を批判する動きが出てきたときに大石武一以外かばう者がいなかったり、といったこともあり田川は失望したと当時の新聞は書いている（「中曾根派を脱退　田川氏」『朝日新聞』一九七三年一二月二二日、オーラル上：263）。こうして一九七三年ころから中曾根派に対する失望が積み重なっていたものの、まだそれだけでは脱退には至らなかった。「中曾根さんがいい時に出ないと悪いなという気持ち」（オーラル上：263）もあり、踏みとどまってはいた。

決め手となったとされるのが田中金脈事件である。『文藝春秋』一九七四年一一月号に立花隆「田中角栄研究―その金脈と人脈」が掲載されると、しばらく経って日本のメディアも連日のようにこの問題を取り上げ、国会での野党の追及も激しくなった。結局、田中は政権の維持を諦め、一一月二六日に退陣を表明する。

田中の辞任の時点で次期総裁として有力視されていたのは大平正芳と福田赳夫《たけお》だった。田中派・大平派は公選制で大平正芳の勝利を望む一方、福田派は中曾根派・三木派・中間派閥と組んで話し合いで福田武夫を推していた（藤田：66f）。しかしこの「公選論」と「話し合い論」の対立は、選出方法の論争というより、自らが推す候補が有利になる方法を推していたにすぎなかった（同：68）。この段階で公選を行えば大平が勝つが、再び大量の金品が行き交い金権政治批判を巻き起こしかねない、かといって話し合いで福田を選んでも両者の対立は深刻になる、といった状況で着地点が見えなかった。

こうした中、田中は当時の中間派閥椎名派の領袖で副総裁・椎名悦三郎に次期総裁選びを任せた。一二月一日、椎名は分断の両極（大平と福田）ではなく、少数派閥の三木武夫を次期総裁に指名し（いわゆる「椎名裁定」）、一二月四日に三木武夫内閣が発足する（伊藤 1985：143-154）。

このとき、田川は総裁選が行われることを想定して河野洋平の擁立に動いていたが、椎名裁定によって三木総裁が誕生すると、そうした試みもとん挫することになった。それまで首相公選論を唱えていた中曾根が自身の主張を貫かないことにも派閥内で批判していた（オーラル上：276）。三木が総裁になったことを中曾根から聞いた田川は「三木ならまあまあ」と評価しつつも、「しかし、同志会は離れる」と回答した。その後、大石武一らに慰留されるも中曾根派を脱退し、無派閥として活動していくことになったのである（同：282）。

自民党「脱党」前夜

田中内閣になってから、特に金脈問題が露呈してからは自民党長期政権の構造的な問題が顕在化してきた。自民党の金権政治、長老支配といった問題に対しては、党内の若手を中心に不満が表出した。中国問題に関して田川と真っ向から対立した青嵐会（一九七三年設立・自民党の若手を中心に三一人で発足したタカ派グループ。幹事長は石原慎太郎、代表世話人：中川一郎、藤尾正行、湊徹郎《みなとてつろう》、渡辺美智雄、玉置《たまき》和郎《かずお》、座長：中尾栄一、代表幹事：加藤六月、佐藤隆、事務局長：浜田幸一）もまたその一つであった（「自民31士「一命賭し」血判状　若手タカ派の青嵐会」『朝日新聞』一九七三年七月一八日）。なお、党内で倒閣を目指す青嵐会に対して『読売新聞』の渡辺恒雄は「議会政治の行詰りを打開する方法は、……対決型から妥協型の議会政治を作ることだ。それには『保守・革新』という旧概念を打破し……妥協による安全保障政策上の対立の休眠化をはかり、イデオロギー対立を凍結して、極右、極左を排した保革連立政権を作ることである」(『中央公論』一九七四年四月号：107)、「保守二党化は一時的な政局不安定を招くだろう。しかし「政治不信の増大」という犠牲による政局の安定よりは、一時的な政局不安定による国民の政治不信の解消の方が望ましい。政府党内にあって〝倒閣〟を言うよりは、保守新党を作って国民に信を問う方が堂々としているではないか」(渡辺 1974：175f) と自民党一党政権の限界を指摘し、自民党からの脱党を促しているが、これを二年後に実現するのが新自由クラブであった。後に新自由クラブ・初代代表となる河野洋平も、一九七三年一二月に派閥横断型の政治工学研究会(所)を立ち上げるなど、自民党若手の活動が顕在化してくる(オーラル上：276)。

この研究所は既存の派閥を越えた政策を中心とする若手グループの集まり(政策派閥)だった。研究所のメンバーは以下の通りである(脱党：表紙うらの表)。田川はこの中では最古参五期目のベテラン議員で、五五歳とかなりの年長者だった。

【中曾根派】○河野洋平(一九三七生・一九六七初当選)、藤波孝生《たかお》(一九三二生・一九六七初当選)、大石千八《せんぱち》(一九三五生・一九七二初当選)、山崎拓《たく》(一九三六生・一九七二初当選)、片山清一(一九一二生・一九七二初当選)、○田川誠一(一九一八生・一九六〇初当選)

【三木派】○西岡武夫(一九三六生・一九六三初当選)、○山口敏夫(一九四〇生・一九六七初当選)、菅波

茂（一九一三生・一九六七初当選）、坂本三十次《みそじ》（一九二三生・一九六七初当選）、塩谷一夫（一九二〇生・一九六七初当選）

【水田派】佐藤文生《ぶんせい》（一九一九生・一九六七初当選）

【田中派】橋本龍太郎（一九三七生・一九六三初当選）、渡部恒三《わたなべこうぞう》（一九三二生・一九六九初当選）、小沢一郎（一九四二生・一九六九初当選）、羽田孜《はたつとむ》（一九三五生・一九六九初当選）

【藤山派】葉梨《はなし》信行（一九二八生・一九六七初当選）、加藤紘一（一九三九生・一九七二初当選）、住《すみ》栄作（一九二〇生・一九七二初当選）、竹内黎一《れいいち》（一九二六生・一九六三初当選）

【参議院】斎藤十朗（一九四〇生・一九七二初当選・補欠）、最上進（一九四一生・一九七四初当選）、秦野《はたの》章《あきら》（一九一一生・一九七四初当選）

〇……自民脱党・新自由クラブに参加

ロッキード事件の衝撃

戦後最大の汚職事件とも言えるロッキード事件が、田川の政治家人生にとっても大きな転機となる。一九七六年二月、米国上院外交委員会・多国籍企業小委員会が航空会社のロッキード社の贈賄に関する文書を公表し、いわゆる「ロッキード事件」が発覚する。

事件の発覚直後、首相の三木武夫は「事件の真相究明は徹底的に行う必要がある。さもないと政府・自民党が事件をうやむやのうちに消し去ろうとしているような印象を国民に与える」と危惧《きぐ》を表明した。

三木政権生みの親である椎名は「資料内容の検討もせずに、まだどのような資料を提供されるか不明の現段階で軽々に判断すべきではない」と資料の扱いをめぐり三木とは対立した（「真相究明の方針で一致　資料交開ではズレ　三木・椎名会談」『朝日新聞』一九七六年二月一四日）。三木との対立が生じる中で椎名は田中角栄、福田赳夫、大平正芳と相次いで会談し、三木首相の退陣を求める方針でまとまった。いわゆる「三木おろし」である。

「ロッキード事件の収拾をめぐる首相の一連の態度は、首相の真相解明への熱意とは別に、党内の党員感情を硬化させる結果を招き、これら実力者同士の会談では①三木首相の早期退陣もやむを得ない②総選挙前に徹底的な派閥解消などの粛党を断行する③「ポスト三木」の後継者は、こうした課題を実行に移せる最適任者を選出する④その方法は、総裁公選によらず「話し合い」で行う―の基本的合意に達したといわれている」（「椎名―福田・大平・田中氏　三木首相退陣で一致　福・大提携を軸に後継は話し合いで」『読売新聞』一九七六年五月一三日）

現代の視点から見ると、三木の言動が自民党議員の感情を「硬化」させたこと自体はともかく、それが三木の責任・辞任問題となったり、こうした決定を下す際の相談相手に疑惑の当事者の田中が入っていたりすること自体（別段政権批判を主目的としない本書であっても）、理解しづらいものがある。

実際、こうした「三木おろし」に対しては各紙社説でも「三木退陣論の虚構」（『朝日新聞』一九七六年五月一五日）、「三木退陣論を凍結せよ」（『朝日新聞』一九七六年五月二七日）、「大義名分なき三木退陣論」（『朝日新聞』一九七六年八月二四日）、「常識では、ちょっと信じ難いような動きだ」「今のような動きが続けば、自民党は自らの手で墓穴を掘って行くことになるだろう」（『読売新聞』一九七六年五月一五日）と厳しく批判されている。三木退陣論のみならず、このころの新聞では連日、自民党政治の問題を追及する社説が書かれており、当時の一大論点になっていた。

国民の政治不信も高まっており、一九七六年三月下旬に実施された『朝日新聞』の世論調査の報道では、①全体の七割が政治に不満を持っている、②ロッキード事件が起きた原因は日本の政治体質にある、③汚職がなくならない理由は日本の政治体質に問題がある、といった結果が得られたと伝えられている。「最近特に話題になった」ものとして「ロッキード事件」を挙げる割合が多かったことに関しては、「ひとつの話題にこれほど集中したことは今までになかった」と以前の朝日新聞の世論調査と比較しながら伝えてもいる（「ロッキード問題で本社全国世論調査「政治に不満」が七割 三木支持二六%、不支持は三八% 野党支持、自民上回る」『朝日新聞』一九七六年三月二七日）。

三木おろし・ロッキード事件については『読売新聞』が「世間の常識」という言葉を使って次のように論じている（「重大な選択の岐路に立つ自民党」『読売新聞』一九七六年五月二〇日社説）。

「分からないことが、あまりに多すぎる。三木政権の〃生みの親〃椎名氏が、なぜ先頭に立って三木退陣に動き出したのか。せめて国会で重要法案をきちんと処理し、ロッキード事件の捜査が一段落するまで待てないのか。〃金権問題〃で退陣し、その釈明も済んでいない田中前首相が、大手をふって〃浮上〃して来たのは、どうしたことか。金権政治を激しく非難して、あれだけ田中氏と争った福田副総理が、いかなる名分があってまた田中氏と握手できるのか……。

読売新聞社にかかってくる電話や投書にはそういう町の声が圧倒的に多い。つまり自民党長老たちの動きは、世間の常識と隔絶していることを、まず指摘しておきたい」

このスキャンダルはそれまで自民党・若手グループの中でくすぶっていた「脱党論」をより大きなものにしていった。河野をはじめ「もう脱党以外ない」や新党を望む声が高まった（オーラル下：19）。実際、すでに「保守新党結成のすすめ」（田中秀征《しゅうせい》『自由』一九七三年一〇月）や、「保守二党論」（神島二郎『中央公論』一九七二年八月）といった保守新党論（保守二党論）が語られ始めており、自民党一党政治の揺らぎは言説のレベルでは活性化していた。

もっとも田川は拙速な脱党論に対しては慎重だった。脱党を望む河野に対してもその追いつめられた思いに心を寄せながらも「洋ちゃん、新党なんてものは、十人やそこらでできるもんじゃあないよ。少なくても二十人ぐらい集めないとね。そう軽々にできるもんじゃあない。……若いモンが動いたって、そう簡単にどうにかなるってものでもない。あんたの気持はわかるけれど、慎重に行動してほしいな」（脱党：25f）、「俺は十人目の離党者になる……九人探してくれれば十人目は俺が名前を書くから九人探してくれ」（河野オーラル：57）と窘《たしな》めた。河野に対して慎重な対応を求める田川ではあったが、実際、脱党までの道のりは決して一直線なものではなかった。

一九七六（昭和五一）年四月一六日の田川の日記には以下のようなやりとりが記録されている（オーラル下：20）。

河野「ロ事件は一党独裁の構造的なもの、もう党に残っていても改革は不可能」

田川「十人そろえば異存ない。しかし、ここにいる諸君の気持を聞きたい」
塩谷「地元に基本的了解を得ている。しかし党改革をしようという三木に改革をやらせ、その結果を見てからでも遅くない」
山口「党内にとどまって一体何ができるか、何もできなかったことは私達の過去が証明している」
西岡「脱党は革命だ。それには前提がある。もっと党内で闘ってからやるべきだ」

若手グループが世論・世間の声に敏感に反応しまた脱党をほのめかしつつ、ふみ切れないでいたころ、当時一期目だった参議院議員・有田一壽《かずひさ》が迷っている議員に「諸君、愚直に行きましょう」とはっぱをかけて脱党を促した。それでも「党改革にどの方法が良いか、もう少し詰めたい」（藤波）、「出ることを急ぐべきではない」（塩谷）、「単独行動でなく皆さんと一緒に出る」（田川）、「賛成、自分の気持を述べるべきだ」（山口）、「愚直に行きましょう。新党で闘いましょう。小手先はダメです」（有田）、西岡は慎重論、小林は強行論と結論は出なかった（一九七六年五月一二日の田川の日記。同：22）。

自民脱党に関する「宣言文」（離党声明）は五月末には出来上がっていた。呼びかけ人は、河野、山口、小林、有田、西岡、田川らの六人に加え、最上進、菅波茂、藤本孝雄、藤波孝生、竹内黎一、大石千八などの名前も連なっていた（同：23）。

だが宣言文に名前があった議員ですら、実際に脱党することには消極的な者もいた。例えば藤波孝生は河野から「脱党、どうしてもやらねばならん。いろいろ考えもあるだろうけれども、藤波さん、買わない宝くじは当たらない」と説得されたが、「当たり券が二～三本でもあるのならともかく、一本もないんじゃあ、その宝くじを買うわけにはいかないよ」と消極的な姿勢を示していた。ほかにも選挙に自信がない者、選挙区の後援会の影響力が強い者は、個人の意思だけで脱党を決めることも難しかったという（河野オーラル：57）。

田川も依然として慎重な姿勢をとり続けていたが、地元後援会の会合に出た際に「もう自民党にはいられない。次の選挙は無所属で出るかもしれないが、どうかね」と講演を終えたところ、会場から賛同の声が上がったことで自民党への反発の世論を確信する。田川は秘書と有田に脱党計画を打ち明け、河野洋平と小林にその意思を確認した。年配の河野謙三や大石千八から脱党を思いとどまるよう電話があったが、それでも河野洋平の決意は固かったという（オーラル下：22f）。

当時の田川の日記（四月一三日）には「脱党の時期については意見が分かれていたものの、七人（塩谷、山口、藤波、西岡、秦野、河野、田川の七人）の意見は固いと見られた」と書かれている（同：20f）。しかし結局、田川の予想は外れ、塩谷、藤波、秦野は脱党しなかった。これについては河野洋平も後年「彼（藤波）だけは最後まで来ると思っていた。……彼が来ないのが僕にとっては最大の読み違い」「みんなも藤波さんは来ると思って数に入れていたから落ち込んだね」（河野オーラル：57）と振り返っているように、脱党の掛け声を実行に移すまでのハードルは高かったのである。離党声明の原案を書いた岩見隆夫も「河野に即座に同調したのが山口、渋りながらも参加したのが西岡、迷ったすえに踏みとどまったのがやはり同期の藤波孝生。もし藤波が旗揚げに参画しておれば別の運命をたどっただろう」（岩見：290）と言っている。

ついに自民党を集団脱党

脱党に向けた動きは各新聞社の政治記者にも徐々に伝わっていき、特オチを恐れる記者たちを抑えるのに田川は苦労した。その様子が以下のようにまとめられている。

一九七六年六月七日　田川の日記（オーラル下：25f）
河野：朝日が、どうも書きそう。
田川：政治部に電話してデスクか部長に話したらどうか。会う場は私が作る。
朝日新聞・政治部長：読売との競争に負けられない。しかしあなた（＝河野）の考えは、よく理解できる。なるべく協力しよう。

脱党計画は六月一四日朝刊で報道されるだろうと田川は予想していた。前日の段階で毎日、東京、共同、朝日は取材活動に入っていたことをすでに田川は把握していたが、読売とサンケイの動向は不明だった。夜、田川の弟で読売新聞記者の田川五郎から電話があり、田川の近所に住んでいるサンケイの山本元記者が自宅を訪ねて来た。自分たちの脱党計画が各新聞に伝わっている、これで一斉に報道されるだろうと田川は安堵した（同：27f）。

翌六月一四日、主要紙は一斉に朝刊一面で河野らの脱党計画を伝えた。

「自民六氏、「保守新党」へ動く　河野洋平氏ら若手中心　内部での改革見限る　新党へ参加二十人目標　今月中にも離党」（『朝日新聞』一九七六年六月一四日）
「河野洋平氏ら六人近く離党　〞保守新党〞へ動く　きょう決意表明　総選挙への思惑　自民体質

に危機感」（『読売新聞』一九七六年六月一四日）
「自民の河野洋平グループ六人　離党し新党結成へ　月内に正式届け出　混迷の政局に新たな衝撃改革怠る〝長老支配〟に絶望「新しい保守」模索　河野氏に決意を聞く」（『毎日新聞』一九七六年六月一四日）
河野らの脱党の意思表明は新聞でも、そして世間でも大きく注目された。
「新党結成の活字がおどる新聞の朝刊は、駅の売店で飛ぶように売れたという。既成政党による政局運営、とりわけ自民党の現況にあき足らない国民の気持ちは、多くの世論調査が一致して指摘してきたことだ。政治の現状打破は国民の声である。
われわれは、そのような新しい政治への模索を歓迎し、その将来を見守りたい」（「新しい政治への待望」『朝日新聞』一九七六年六月一五日社説）
他紙の社説でも「いずれは到来すると見られた保革伯仲、保守単独政権の終焉《しゅうえん》に〝加速度〟がついたといってもよい」（「保守近代化と新党結成の動き」『読売新聞』一九七六年六月一五日）、「河野氏らの行動は自民党と政界との双方の沈滞を打ち破るものとして、積極的に評価したいと思う。国民の間には、政治の現状に対する不満は強く、その変化を望む気持は根強い」（「「河野新党」への期待と注文」『毎日新聞』一九七六年六月一五日）と河野派の脱党意思に理解を示している。
脱党メンバー（年齢・当選回数）は、河野洋平（三九歳・当選三回）、山口敏夫（三五歳・当選三回）、西岡武夫（四〇歳・当選四回）、小林正巳（四七歳・当選一回）、有田一壽（六〇歳・当選一回）、田川誠一（五八

歳・当選五回）（一九七六年六月一四日時点・同日の『毎日新聞』より）。田川は最古参の議員だった。

朝日新聞のインタビューには「三木退陣に影響は懸念」（西岡）、「公認候補者五〇人が目標」（山口）、「時代に対応国民に密着」（小林）、「新しい目で倫理回復」（有田）、田川は「河野氏らし認識は一致」と河野以外の五人の決意も語られている。ただ田川はこうも答えている。

「河野洋平氏ら若い人たちとはこれまでも政治行動をともにしてきているし、現状認識も一致している。「時期は慎重に」といってあるが、みんなが踏み切るならバックアップしていきたい。今後のことを考えると、大変しんどいけれど、ぼくはいまでも一匹オオカミみたいなものだから……」（「自民〝離党グループ〟「保守新党」への決意」『朝日新聞』一九七六年六月一四日朝刊二面）

田川の発言は他のメンバーに比べて慎重さと覚悟、そして悲壮観も漂っていた。確かに『朝日新聞』はともかく、他紙では「その前途は厳しい。……口では簡単だが、実際に新党の組織作りと近代化、資金的基盤や財界とのつながり、あるいは綱領・政策にどれだけの新鮮味を出し得るかなどが、これから直面する最大の課題になるだろう」（『読売新聞』六月一五日社説）、「その前途はきわめて多難で、きびしいものが予想される。……保守再生というのは容易ならぬ事業である。この〝新しい芽〟を大きく育てていくには、これまで党内にいた時とは比べものにならぬほど真剣で汗みどろの努力が必要であり、甘い幻想を抱いてはならない」（『毎日新聞』六月一五日社説）と、河野らが今後直面するだろう困難に言及している。

この脱党劇を一〇年後、毎日新聞社の牧太郎は脱党した六人のうち五人（河野、田川、西岡、山口、小林）が「世襲議員」だったことをもって「日本で最初の『二世議員政党』であった」（牧 1986b：153）と評している。そして「選挙の苦労を知らない二世軍団だからできた蛮勇だったような気もする。だからこそ、世間からは、新鮮な期待で迎えられ、一時は新自クブームにわいた」（同：154）と振り返っている（河野も同インタビューで「二代目だからできた。……本当に爪に血をにじませて、山登って、やっと当選ラインにたどり着いた人には、なかなか離党劇はできない。」（同：158）と述べている）。

こうして人々からの、そしてメディアからの不安と期待を背負いながら「保守の再生」という困難に挑戦する若手グループの自民脱党劇と新党結成劇が始まった。だが、メディアの注目が集まっていたのはリーダーの河野、そして西岡、山口といった若き政治家だった。そうした挑戦する彼らを陰で見守っていたのが田川だったのである。

第五章

政界の「キャスティング・ボート」

——野党・新自由クラブ時代（一九七六年〜一九八三年）

自民党脱党の決意を表明する河野洋平を後ろから見守る田川（1976年6月25日）
前列：河野洋平、後列：左から、山口敏夫、小林正巳、有田一壽、西岡武夫、田川
写真提供：時事通信社

「社会が究極的に「汚れなき人民」対「腐敗したエリート」という敵対する二つの同質的な陣営に分かれると考え、政治とは人民の一般意志（ヴォロンテ・ジェネラール）の表現であるべきだと論じる、中心の薄弱なイデオロギーである」（カス・ミュデ、クリストバル・ロビラ・カルトワッセル『ポピュリズム　デモクラシーの友と敵』白水社・二〇一八年：14）

1　「コーヒー一杯運動」——経済界からの孤立、マスコミの助力、大衆の論理

「ポピュリズム」の一つの源流

戦後日本政治をポピュリズム、もしくは「メディア政治」という点から考えると、その嚆矢は新自由クラブにあると考えられる。ポピュリズム政治について政治学者の大嶽《おおたけ》秀夫は、こう述べる。

「一九九〇年代以降現在に至るまで、日本における政治不信には、一定のリズムがある。それは、通奏低音としての政治不信（政党とくに与党と官僚への不信）を背景に、ときおり現れる特定政治家への期待の高まりと、その退潮とが、何度か繰り返されていることである」（大嶽 2003：i、カッコ内原文）

ここで期待が高まった特定政治家として挙げられているのが、細川護熙、菅直人《かんなおと》、橋本龍太郎、加藤紘一、小泉純一郎、田中眞紀子、小沢一郎、梶山静六《せいろく》ら、地方首長としては石原慎太郎、青島幸男、美濃部亮吉、横山ノック、田中康夫、堂本暁子《あきこ》らである。そしてその「先駆的存在」として挙げられているのが「新自由クラブを結成した当時の」河野洋平であり、「おたかさんブーム」をおこした社会党委員長就任当時の土井たか子とも並べられている（同：i-ii）。

また大嶽はポピュリズム政治の物語・ストーリーの構成要素として機能するものとして「特権」、「既得権益」、そして「金権」を挙げている。

「政治を利害対立の調整の場としてではなく、善悪の対立というモラリズムの観点から、しかもドラマとしてみるという特徴を共有する。そして、そこには常に、人民の道義性を体現・象徴し、「悪」「敵」に対する「道徳的戦い」、聖戦のリーダーとなるヒーローが登場する（ただ、このヒーローは、大衆の中からというより、エリートの一部、エリート内部の改革派、カウンター・エリートの中から登場することが多い）。このドラマではしばしば、「戦争」のメタファー、比喩が用いられることが一つの特徴である。その聖戦は、不当な汚い手段で得られた「特権」「既得権益」、そして国民の目に隠された「金権（money power）」への民衆の挑戦である」（同：112f、カッコ内原文）

こう掲げられる「道徳的戦い」、「エリート内部の改革派」、「金権への挑戦」といった要素は新自由クラブそのものであり、大嶽の言うポピュリズム政治家・政党に該当するだろう。以下の説明はまさに新自由クラブのことであろう。

「極めて一般的な、プロに対するアマチュア、政府に対する「市民」といった対立の構造が存在し、従来の保革のイメージとは独立の次元が存在している。すなわち、革新や中道というポジションでは表現できない、より純化された政治文化的特質としての既成政党への反発、反感が認められるのである」（大嶽 1999：5）

実際、当時の河野は新自由クラブ結成について語る自著の結末を「日本の政治に信頼を回復するには、学者の論文や評論家の評論、また評論家的政治家の演説は必要ありません。国民の皆様方一人ひとりの明確な議会制民主主義に対する自覚によって、「おれが政治をやっているんだ」という意識によって、日本の政治は新しくなり、そして信頼に値する政治ができるのだと、強く確信するのです」（河野：202）と締めくくっている。また西岡武夫も一九七九年二月に出版した自著の中で、「ポピュリスト」と呼ばれたアメリカ人民党と新自由クラブとの共通点（①既存政党からの脱党者で構成、②脱党元の政党との協力、③若い指導者、④柔軟な姿勢、⑤既存政治の変革を目指す。そして世間から受けた期待感の複雑さ）を挙げている（西岡・田中：22-26）。こうして見ると新自由クラブとは、その後現在まで続く現代日本の「メディア政治」「ポピュリズム政治」の一つの元祖であると考えられる。

戦後政党史の中の新自由クラブ

新自由クラブに関しては後年、「（一九七六年の総選挙で一七人当選したとき）五五年体制の崩壊はここから始まったといっていい」「彼らがまなじりを決して五五年体制崩壊への先兵となった事実は歴史にしっかりと記憶されることになるだろう」（『DECIDE』1999, August, 22-23）と振り返る声もないわけではない。だが、日本の政党史を語る中で新自由クラブの存在感は決して高くない。

同時代的な論評を除けば、新自由クラブに関する充実した記述があるのは、浅川博忠『「新党」盛衰記　新自由クラブから国民新党まで』（講談社・二〇〇五年）と前述した大嶽秀夫の論文（大嶽 1999）である。浅川は、新自由クラブ、日本新党、新党さきがけ、新生党・新進党といった「新党」の盛衰を描いているが、「保守政治において、つねに希望と幻滅を与えつづけてきた「新党」の興亡」を「新自由クラブ以降」の出来事であると位置づけてはいる（同：29。ただしこの本の全体的な分量は日本新党の政党史に充てられている)。

また憲政以降の日本の政党史を概説した季武嘉也《すえたけよしや》・武田知己《ともき》編著『日本政党史』(吉川弘文館・二〇一一年)でも、新自由クラブに関する記述はわずかである。八〇頁にわたる「「五五年体制」の変貌と危機(一九五五―八六年)」と題する箇所でも、新自由クラブについての言及は合計一頁である。しかもその多くは「自民党は……一九八三年の新自由クラブとの連立をのぞき、単独与党でありつづけた」(季武・武田:212)、「後に自民党を割る新自由クラブ」(同:263)、「新自由クラブも四から八へと議席を伸ばして復調した」(同:275)などと簡単な記述にとどまっている。一番長くまとまった記述でも以下の通りである。

「自民党から分裂してできた新自由クラブが一七人の当選者を出したことは、世論における自民党批判の強さを印象づけた。新自由クラブは、同年六月二十五日に党内の政策集団・政治工学研究所が「新自由クラブ」として史上初めて自民党を割って出たもので、河野洋平・西岡武夫・田川誠一《たがわせいいち》など衆議院五人・参議院一人の六人が離党し、結成したものである」(同:270、ふりがなは原文)。

武田は「五五年体制」について、「保守」陣営としての自由民主党、「革新」陣営としての日本社会党の自社「保革二大政党」が誕生したのが一九五五年であり、それが日本政党史上の重要な出来事であることから「五五年体制」と呼ばれてきた経緯を説明しつつも、この言葉が「普及してゆく過程で意味が拡散していった感が否めない」としている。「当初、自社の二大政党制を指す言葉として用いられていた「五五年体制」は一九七〇年代以降は自民党政権を指す言葉として用いられるようになっており、

「自民党政権」や「（自民党の）一党優位政党制」として用いられていた」という（同：210-213）。

そうした自民党（政権）を指す言葉である「五五年体制」を論じた箇所であっても、自民党から初めて分裂して結成された新自由クラブに対する記述は少ない。

新自由クラブに関する最も充実した説明の一つは『戦後保守党史』（岩波書店・二〇〇六年）のもので、著者の冨森叡児《とみのもりえいじ》（政治評論家）は以下のように説明する。

「ロッキード事件の究明で自民党内が騒然としていた七六年六月、河野洋平ら六人の自民党議員が離党し、新自由クラブを結成した。わずか六人の離党であり、保守の分裂とは到底言えないものだが、保守合同後初めての集団離党であり、新保守党の結成であった。この新自由クラブは明らかに都市保守党的体質をもつものであった。金権腐敗との訣別を強調して清潔イメージを売りこみ、特定階層を偏重する政治の排撃を唱え社会的公正の確保に力点をおくあたりは、大都市とその周辺に住む中産階級を意識したものだった。「大胆な教育改革」や「土地、環境その他の特定の分野での私的権利の一定規制」などを提案している点でも都市住民向きの発想といえた。現に七六年十二月の総選挙に立候補、当選した同党の候補者の大部分は大都市とその周辺の選挙区を地盤としていた。

新自由クラブが七六年十二月の総選挙で予想外の進出を遂げたことは、同クラブの都市保守型体質が都市中間層に好感をもってむかえられたことを示した。しかし、自民党と新自由クラブの差はいわば政治姿勢の違いだけで、その路線に大差はなかった。すでにこの段階でいずれ両党が再統一するとの予想もあったほどだ。

七六年の総選挙で、十七人を当選させた新自由クラブだったが、七九年には四人に急減。以降、八〇年の十二人、八三年の八人、八六年の六人と低迷した。八三年の総選挙後は自民党と連立政権を組み、八六年のダブル選挙後は自民党と国会で統一会派を結成したあげく、やがて吸収されてしまう。

河野洋平らの第二保守党結成の夢は、もろくも崩れさるが、新自由クラブが復党に際して、都市部の保守支持層をごっそり自民党に「お土産」として持ちかえったことは、八〇年代以降の自民党の復調の一つの原因ともなった」(冨森：310f)

冨森の記述を要約すれば、新自由クラブの特徴とは①自民党からの初の集団離党、②反金権・反利権(を内包する反自民)、③不明確な路線、④伸び悩んで消滅、である。

最盛期でも衆院五位の議席数(一七議席)、一〇年で消滅した小政党が政治史・政党史の中で存在感がないのは仕方ないかもしれない。だが一時とはいえ、政治的ブームとなった新自由クラブをめぐるメディア表象を考察することは、メディア政治の史的研究として意味があるだろう。

自民脱党と新自由クラブ

脱党を表明したとき、河野洋平はインタビューにこう答えた。

「実力者と呼ばれる方々の中にも、出直し論とか解党論とかみそぎ論とかいろんなお話が出てきてそれなりの党改革、あるいは党を立て直すための知恵と言いますか、意欲はよくわかるんですけれども、言葉だけで話だけでそれが一向に実行に移されない。私はこういう場面はもっと愚直に行動したほうがいいのではないか、という気持ちを固めたんです。」（中日映画社「政局、夏の陣」No.1171_1 You Tube より）

この「愚直」という言葉は河野やその周辺の議員の口からしばしば発せられ、かれらの行動を表す言葉の一つとなった。しかし、河野らの脱党の呼びかけは多くの自民党議員には響かなかった。自民党タカ派の若手グループで党改革を訴えていた青嵐会も、河野らに一定の理解は示しつつも「われわれは党内に踏みとどまって党の体質改善を進める」とし、「新党といっても時流に甘えた中での行動は実を結ぶのか」と疑問を呈している（「理解はするが党からは出ぬ　青嵐会表明」『朝日新聞』一九七六年六月一四日）。

結局六人の呼びかけ人以外、自民党を脱党する者はなかった。与党自民党を抜け出すハードルは高かった。こうして一九七六年六月二五日、新党・新自由クラブは六人でスタートすることになった。構成メンバーは、代表：河野、幹事長：西岡、国対委員長：山口、総務委員長：田川、政策委員長：小林、そして参議院議員の有田だった（オーラル下：31）。

新自由クラブの旗揚げから一週間ほどたった新聞記事はさっそく、新党の直面する困難について触れている（「生後一週間　新自由クラブ「違う」政策に懸命　人集め資金調達も難問」『朝日新聞』一九七六年七月三日）。要約すると以下の通りだが、この時点で新自由クラブの行く末がかなり言い当てられている。

①政策づくり。政策面で自民党との「違い」を示しにくいことである。そもそも自民党の政策が曖昧なもので、改憲・対外強硬路線をとるタカ派から護憲・穏健協調路線のハト派まで幅広い。自民党の金

権体質に対する批判ならば明快でも、政策面では新自由クラブの特色は示しにくい。②新党・新人問題。政策面で自民党との違いを明確に出来ないと、ふさわしい候補者の選定も難しくなる。一定の人数（二〇人以上）を揃えられない可能性もある。③資金集めの問題。党本部を置き専任職員を雇用するとなると億単位の経費が必要となる。自民党時代とは異なって、資金の確保に相当の困難が予想される。

財界とのつながりもあった有田は財界人から資金を調達、河野も自身で資金を調達していた（オーラル下：32）。田川はどちらかと言えば裏方で表立って資金集めはしなかったものの、党の後見人として新しい保守党の範を示そうとした。それが「コーヒー一杯運動」である。

「コーヒー一杯運動」

田川は政治が変わるためには有権者も変わる必要があると考えていた。ときにそれは有権者批判・選挙区批判という形でも表出していた。特に『ドキュメント自民脱党』のあとがきは厳しいもので、師・松村謙三の選挙区富山県と政敵・田中角栄の選挙区新潟県の政治風土をこう比較した。

「私は、……松村氏を偲んだ。偲びながら、いまの政治を考えた。政治風土を考えた。この富山県と隣接した新潟県。松村謙三という政治家の清廉と、田中角栄という政治家の金権。清廉を忘れぬ人々と、金権を悪としない人々の風土の違い。なんという違いだろう」（脱党：253）

自民党から離れた以上、財界からの支援に多くは期待できない。田川は大衆からの政治資金いわゆる

「零細資金」（企業からではなく個人からの寄付で賄《まかな》う政治資金）を当てにした（オーラル下：33）。

こうした理念をより具現化したのが「コーヒー一杯運動」である。田川は有権者に「コーヒー一杯分を月一回節約して」ほしいと訴え、月額二五〇円、年間三〇〇〇円の献金を求めた（二〇〇〇円以上寄付した者も多数いる）。いわゆる「浄財政治（寄付政治）」運動である。一年目には四二〇〇人から二九〇〇万円の寄付があったが、その後も平均二六〇〇人が最低三〇〇〇円を支払い、一年平均で一七〇〇万円、一〇年間で一億七〇〇〇万円集めることができたという。田川は寄付をしてくれた全員に添え書き付きの礼状を送り、支援者との個人的な「心のつながり」を大事にした（「新自ク決算書 挑戦と挫折と（11）」『朝日新聞』一九八六年一〇月二八日、オーラル下：33）。

田川の「コーヒー一杯運動」はマス・メディアでも好意的に報道された。『読売新聞』は一九七六年七月二九日から特集「断ち切れ 腐敗政治」を連載していて、七月三〇日の第二回連載（一面）でも資金集めパーティで一〇〇万円単位の金が行き交う田中金権政治が批判されている。金銭感覚がマヒした「世間からみれば、全く別世界に映る政界」で展開する田中政治と比較されたのが同紙面の下段の「編集手帳」で言及されている田川の「コーヒー一杯運動」であり、それは反金権を標榜《ひょうぼう》するメディア政治の一つの象徴でもあった。

「◆新自由クラブの一人の田川誠一氏は選挙区で、一杯のコーヒー代を節約する運動を計画しているそうだ。支持者がコーヒー一杯の代金に過ぎない二百五十円を毎月カンパしてくれれば、年間三千円。仮に一万人が応じてくれれば三千万円となり、企業に頼らなくても、通信費などの政治活動費をまかなうことができるという。◆政治を不正の金から解放するための試みとして注目したいが、国民に浄財をと訴える同クラブの姿勢を「辻乞《つじごい》クラブ」「日本募金党」とあざける自民党中堅議員もいるというから恐れ入る。こんな考え方が続く限り、次の総選挙大地震で自民党大陥没は必至だと、断言できる」（『読売新聞』一九七六年七月三〇日）

田川は選挙区各地で離党を報告した際、会場に募金箱を試しに設置してみたことがある。小規模な会場にもかかわらず、毎回、数万円単位の寄付があったという。このエピソードを紹介した社説（「小さな『募金箱』の提起した問題」『読売新聞』一九七六年七月一六日）では「私は、自信がついた。今度は、私を支持してくれそうな選挙区の皆さんに、年間三千円寄付の依頼状を出すつもりだ。月に換算すれば、わずか二百五十円の寄付だが、大衆の力はバカにならない」という田川の発言が「T氏」という形で紹介されている。社説は「われわれは、T氏個人を支援するわけではない」と強調しつつも「この試みだけは是非とも成功させてもらいたいと思う」と全面的に肯定している。

新自由クラブも年三〇〇〇円の会費制とし、支援者からの「浄財」による政治を目指した。こうした動きに対しても、新聞は「月二百五十円の個人献金を土台に新自クが政治活動を展開できるとしたら、これにまさる自民党への衝撃はあるまい。反対に、河野氏らの訴えが実を結ばないとすれば、それは財界にどっぷりつかった自民党政治の現在のありようを、保守支持層が容認していることを意味するだろう」（「来るところまできた金権体質」『朝日新聞』一九七六年八月一二日社説）と援護射撃していた。

ただ田川以外の「浄財運動」の試みが上手《うま》く行っていたとは言い難かった。河野らも「千円献金運動」の中込書を一万枚ほど配ったが、返って来たのは約六〇枚にすぎなかった。これについては「政治資金をめぐる改革論の前途が、決して楽観できないものであることを示しているようだ」という厳しい見方も報道されている（『朝日新聞』一九七六年八月一一日）。また、その後一九七九年の週刊誌（山口朝雄『河野』『西岡』の暗闘」『宝石』七巻七号）の記事でも田川のコーヒー一杯運動が続いていることにわざわざ触れ「これだけは、新自クが撒《ま》いた浄財政治という一粒種」（同：130）と評価されているのだが、裏を返せばこの運動が新自由クラブの中で一般化していないことの表れでもあった。

こうした浄財運動には議員の側にも相応の覚悟が必要だった。田川の場合、寄付の礼状は（基本部分は印刷であっても）手書きで一筆加えており、その内容も寄付者一人一人の事情に沿ったものを書くように心がけていた。病気の家族を抱えた支援者にはその見舞いを書いたりといった感じである。その秘訣は支援者の名簿と情報の管理の徹底だった。そうやって得られた政治資金を効率的に利用すること、例えば高額な電報よりも手紙やはがきを多用して経費を圧縮し、年度末には会計報告書を送り、資金の行方を明らかにしていた（オーラル下：33-35）。

しかしこうした田川のような覚悟を行動規範として実践し続けることは他の議員には困難な道でもあった。

ブームとしての新自由クラブ

自民党からの集団離党は一九五五年の保守合同以降二〇年余りなかったこともあり、新自由クラブに対する世間の期待は大きかった。政権与党という大船から出て、小船で大洋に漕ぎ出す勇気と挑戦を世間は好意的に出迎えた（オーラル下：36）。

この背景にはマス・メディアの力も大きかったと田川は振り返る。それは「反金権主義」という価値観がマス・メディアと一致していただけではなく、個々の記者が田川らの行動に共鳴して、激励したこと、さらに田川と小林が朝日新聞、毎日新聞出身であったことが重要だった。田川らが公表する以前に田川らの脱党の兆候をつかんでいた記者もいたのだが、田川や小林は「抜け駆け」「すっぱ抜き」を事前にやらせなかった。一社だけが先にスクープとして報じると、他紙はむしろ特オチにしないために扱わなくなる。「横並び」と言えばそうだが、一部の社の「特ダネ」としないことで他の社の「特オチ」を防ぎ、一九七六年六月一四日に横並びで一斉に報道するように調整した。田川・小林といった記者出身の議員がそうしたマス・メディアの習性を知っていたことも功を奏したという（同：37）。

またマス・メディアの中にも、田川らの脱党行動を成功させようという意識が存在したのではないかと田川は推測する。脱党の兆候をつかんでいたのにもかかわらず、早急には公表せずに機を見計らっていた記者も多かった（同）。当時の朝日新聞の若宮啓文記者も脱党情報を把握して記事を書こうして、そのことが朝日新聞社の中でも伝わりつつあった。田川は当時の政治部長に連絡をとり、記事化を抑えるように頼んで、政治部長も了解したということがあった（同）。

こうした記者との共同作業もあって、新自由クラブに対するブームは本格化した。結党直後の世論調査（「ロッキード事件で本社世論調査」『朝日新聞』一九七六年八月一〇日・東京地区）でも、新自由クラブの支持率は六％で、既存政党の民社党（四％）を抜き、公明党（六％）と並んでいる。この背景にあるのがロッキード事件で、この日の世論調査の主要テーマになっているのだが、興味深いのが一緒に掲載されている記者座談会（「（記者座談会）「田中はクロ」直感　政財官ゆ着見抜く世論」）である。

「A記者：田中前首相逮捕を「予想通り」と答えた人が多いのはちょっと意外だ。

B記者：捜査当局を取材していても、あの逮捕は衝撃的だった……

C記者：いや、今度の事件では、一般国民のカンというか直感というか、そんなものが先行しているところがある……」

「一般国民の直感・カン」としてロッキード事件に対する嫌悪感が盛り上がっていることが調査結果からも分かるのだが、むしろ記者たちは「カンによる一種の世論の先行は、おそろしいような気もする」（B記者）といったように高揚する世論に戸惑っている様子もうかがえる。

選挙以前にも、田川は新自由クラブに好意的な世論の高まりを感じていたが、一一月末に選挙活動が始まると雰囲気が大きく変わったのを感じ取れるようになったという。宣伝カーで回ると、人が家から飛び出てきて手を振ってくれるようになってきたり、選挙事務をボランティアでやってくれる人が出てきたり、「政治生活のなかで、新自由クラブの……第一回の選挙がやはり華」であり「政治家冥利につきる勝負」だったという（オーラル下・42）。

もっともブームの新自由クラブには、自民党にも社会党にも相手にされないような筋の悪い候補者の売り込みも多かった（同：38）。そのため、候補者の絞り込みを公認二五名、推薦四名が立候補することになった。この候補者選びに関しては、二五人は出すべきだとする山口と、厳選するべきだとする田川や有田らの間で意見の食い違いがあったとされている（河野オーラル：60）。

総選挙一七議席獲得で大躍進

一九七六年一二月五日の第三四回衆議院総選挙で新自由クラブは現有五議席の三倍以上の一七議席を獲得、大きな注目を集めた。神奈川県に至っては立候補した五人（河野洋平、工藤晃、川合武、甘利正、田川）がトップ当選だった。一方、自民党は二四九議席にとどまり、五五年体制下で初の過半数割れとなった（その後、追加公認で過半数は超えている）。こうした中で「（与野党）伯仲政治」が政治を語るキーワードになり始める。

『朝日新聞』は一二月六日付で「号外」も発行していて、新自由クラブが「キャスチングボートを握ることは確実」な存在として位置づけられている。

「「連合時代の幕開け　浮上した中道勢力　カギ握る新自ク」国民は戦後政治をになってきた保守単独政権に見切りをつけ、連合政権時代へのトビラを開いた。……差し当たり新自由クラブが政局運営のキャスチングボートを握ることは確実で、「保・保提携」の模索が始まろう。来年の参院選では与野党の勢力が逆転する見通しが強く、連合時代の主導権をめぐり、各政党の攻防は激化しよう。……自民離れの保守支持層の期待を集めて波に乗ったのが新自由ク。河野洋平代表ら現役議員ばかりでなく、新顔も相次いで当選し、目標の二ケタを実現しそう。自民党の急落で政局運営のカギを握ることになりそうだが、半面、候補者が二世や首長選挙などに登場した既成候補の寄せ集めであること、ムード票は離反も早いなど〝弱点〟も抱えており、自民党からの〝呼びかけ〟にどう対応していくか、試練にさらされよう。……自由社会の大ワクをくずさぬまま現状改革を求める中道志向が予想通り結果として現れた」

開票が進んできた六日、『朝日新聞』夕刊一〇面「変動生んだ浮動層の〝力〟東京でもハッキリ　背を向けずに意思表示　共産離れ〝新勢力〟押し上げ」という記事では、扱いが朝刊よりも大きくなっている。新勢力・新自由クラブが「押し上げ」られ、予想以上の存在感を放っていたことがうかがえる。

「選挙戦に入るころ、他陣営から「候補の体《てい》をなしていない」などと評された……二人の新自由クラブ公認候補も、予想をはるかに上回る得票で次々に議席を獲得していった。……「ロッキード」に象徴される政治の現状への、ハッキリとした批判といえるのではないか。従来、政治にいや気がさすと棄権に回りがちだった東京の有権者が、今回は背を向けたりせずひとつの意思表示に動いたといえよう。予想外に高かった東京の投票率は、その間の有権者の胸の中を物語っている。……政治の状況を何とか変えたい。だが、どうすればいいか――。有権者は迷ったであろう。そして、結局、既成政党を避け、保守系とはわかっているにせよ、とにかく無所属の候補、そして、現在の政治を批判して行動を起こした新自由クラブへ、と動いた。……前回総選挙で共産党を押し上げた浮動層の「共産離れ」がきわ立った」

ほかにも「戦後構造に大きな風穴　政局のカギ握る新自ク　現実対応迫られる各党」、「中道進出、連

合時代の幕あけ　自民支配に「ノー」　変革の民意くっきり」、「新自由ク　快進撃、喜びにわく　河野代表「これがスタート」」、などの記事（すべて『朝日新聞』一二月六日夕刊）でも、新自由クラブは他の野党と同等以上の扱いで報道された。

さらに翌七日の朝刊でも新自由クラブ躍進は報じられ、三面では大きめの解説記事が執筆されている。そこでは新自由クラブは「（予想を上回る）ブーム」と表現されている。

「田川誠一氏が二十万票を超え、得票数全国一位。東京、神奈川、埼玉では全員がトップでゴールイン―新自由クラブの躍進ぶりは、目をみはらせるものがあった。事前の世論調査や、同クラブ自体の予想をも大幅に上回る勝利。新党結成後はじめての総選挙への挑戦で、これほど有権者の支持を受けた例はない。ブームを起した原因は何か。「ジャガー――古い政治に吼《ほ》える」の一風変わったスローガンに、共感を寄せたのはどんな層だったのか」（「政治改革（※データベース上では「革新」）に熱い支持　新自由ク躍進の背景　ムード革新層呼ぶ「河野人気」ブームに拍車」『朝日新聞』一九七六年一二月七日）

他の新聞も新自由クラブの躍進を伝えていた。例えば一二月六日の『読売新聞』は「自民、過半数割る恐れ　公明が躍進、野党第二党へ　ロッキード総選挙、新旧大幅な交代　社足踏み、共不振　民社、新自クは伸びる」（朝刊一面）、三面では「新政局の目　中道革新」「保守独占次々と崩壊　新自クの躍進響く」と躍進する新政党として新自由クラブを報じている。

後に語られる政党史の論議の中では言及されることの少ない新自由クラブであるが、当時の新聞報道を振り返ってみると、「自民党の敗北」（五五年体制の動揺・崩壊）、「連立（連合）政権への期待」といった争点と関連付けられ、政治報道において一定の存在感を有していたことがうかがえる。

蒲島郁夫によればこのとき新自由クラブには自民党支持者から四％、野党支持者から一％、票が流れたとされている（蒲島：18-20）。ただし後に政権交代が実現する一九九三年の総選挙と比べるとその規模は小さかったことも付け加えている（新生党、さきがけ、日本新党の三新党に対して自民党から二二％、野党から一四％流れている）。一方、スティーブン・リードは「自社五五年体制は①「新自ク」、②「土井」、③「新党」（※一九九二年の日本新党結成をはじめとする新党ブームのこと）の三度のブームで崩壊した」（リード：61）と新自由クラブを五五年体制崩壊への最初のステップと位置付けている。その上で、新自由クラブブームが「日本政治に余り影響を及ぼさなかったことは有権者の反応が足りなかったことではなく、新自由クラブの候補が足りなかったからである」（同：66）とし、ブーム自体については「この規模のブームは誰も見逃せないであろう」（同：64f）とその大きさを認めている。

自民党VS新自由クラブ

選対委員長の山口敏夫が「埼玉県のいくつかの市議選でも、新自由クを名乗っただけで当選が続出している……（参院選で）ふたけたには絶対に乗りますよ」（『週刊朝日』一九七七年四月二九日号：29）とまで語った新自由クラブブームのさなか、地方政治の場でも自民党から新自由クラブに脱党する者が現れ始める。その一人が東京都議会・自民党幹事長の小杉隆だった。最年少で都議に当選した小杉は美濃部都政を厳しく追及する自民党のホープで、河野、西岡、山口の三人が説得して新自由クラブに引き入れた。

このころの新自由クラブは、来る参院選（一九七七年七月）と都議選（同じく一九七七年七月）で弾みをつけ、その次の総選挙（実施は一九七九年）で勢力拡大を狙う「三位一体」の作戦をとっていた。都議選では二〇人の擁立、参院選でも一〇人、そして総選挙では八〇人を目指す作戦だった。参院選では大蔵省出身の柿沢弘治《こうじ》も擁立し、勢いに乗っていた（同：26, 29）。

一方自民党は選挙に先立ち、党見解「新自由クラブについてのわが党の見解」を発表し党全体に徹底させた。（以下は『読売新聞』一九七七年六月一四日朝刊二面に掲載された「要旨」で一部省略している）

・自民党は、これまで、新自クに冷静に対処してきた。それは、保守二党論をとなえる彼らを見極めるためだった。しかし……反自民の旗色を鮮明にし……自民に挑戦の姿勢を強めてきた。今や保守第二党として、保守連立の道をとる政党とは認めがたく、新自クの行動を評価した人を裏切るものだ。
・彼らの行動は一時的なマスコミ受けをねらうだけで、本質的な性格はヌエ的存在であるにすぎず、政局を不安に陥《おとしい》れ、左翼全体主義者を利する〝利敵行為〟と断ぜざるを得ない。
・わが党が永久政権化した状態の中で、党改革を怠ってきたのは否定できない。しかし、自民という船は、国民の生命と財産を守りつつ、党改革の目的地に着かねばならぬ。必死の改革作業をしり目に、六人が暗夜ひそかにボートで本船から脱走したのが、新自クだ。体制内改革もせず、しばしば党議に反抗し、党が苦しい時に脱走した〝敵前逃亡者〟である。
・新自クとは一体どんな政党か。党資金も「企業献金は月十万円を限度とする」と公言したが、早くもそのわくを無制限にしている。総選挙では入学試験法の制定を公約しながら、いまだに立法化はおろか、最近では口にしない。
・三月末に綱領と会則を発表し、「党首と幹事長の五十五歳定年制」を打ち出したが、驚くべき時代錯誤だ。一般社会では、六十歳定年制に向かっているのに、古い感覚である。彼らは、幼稚で危険な考えで、かっこよさだけを気にしている烏合（うごう）の衆にすぎない。
・確かに、わが国では、一党政治にあき、連合政権を夢見る風潮が一部にあり、それが彼らを甘やかす結果になっている。

こうした「絶縁状」ともとれる見解に対しては、これを取り上げた『読売新聞』も「政権政党として他党には比較的〝寛容〟だった自民党にしては、これだけむき出しの敵意を示すのも珍しい」と疑問を呈している。河野はこの見解に対して「党内で改革をやれ、その方が勇気あるとの声は、昨年六月の離党の際もあった。しかし、自民に対しては、あれから一年何をやったか問いたい」と反論した。また西岡も「公党として品位に欠ける表現等はさておいてもですよ、企業献金のワクを撤廃したとか、明らかに事実に反する部分が三つもある。これについては、公式の謝罪を強く求めました」（『週刊朝日』一九七七年七月一日号：154）と大平幹事長に抗議するなど、自民党との全面対決の様相を呈していた。自民との対決劇を演出したい新自由クラブにとって絶縁状はかえって好都合でもあった。

選挙を前にして、新自由クラブの支持率は一〇％を超え、若手男性に限定すれば二〇％強、自民党や社会党を上回ることもあった。(『週刊朝日』一九七七年三月一一日号：25)。河野らも「最低五人、うまくいけば九人」「衆院の十八議席に見合う七〜八議席獲得は十分可能」と楽観的な予想をしていた(『時事解説』時事通信社・一九七七年七月五日：7)。

2 揺れる新自由クラブ

参院惨敗三議席・早くも陰る新自クブーム

だが一九七七年七月の第一一回参議院通常選挙の結果は、新自由クラブのブームに早くも陰りがさし始めたことを露呈させた。獲得議席は地方区・全国区併せて三(地方区二、全国区一)と苦戦し、「最低五人」という予想すら下回った。結果については『読売新聞』七月一一日夕刊「よみうり寸評」でも、

「注目の新自クは、都市開票に期待していたが、全体として不振で、昨年の衆院選で十八議席を取った勢いはなかった。全国区でも、組織を持ったものが強く、いわゆるタレント候補の苦戦が目立った。新政治グループは、乱立の印象を有権者に与えた。これも、組織と実績を持つ既成政党に有利に働いたと思う」

と論評されている。同時に行われた都議会選挙で躍進（一〇議席獲得）したのとは対照的であった。全国区でも「割合にいいのを立てたんだけど……候補者が多過ぎて共食い」（オーラル下：43）になったと田川は反省点を振り返る。

一方この選挙では自民党が追加公認も合わせて六六議席を獲得し、非改選議席と合わせて過半数を維持した。そのため、当初予想されていた「衆参ねじれ国会」の実現には至らなかった。その要因は、前回の衆院選で当選議席で過半数を割った自民党が危機感を持って選挙に臨んだこと、また社会市民連合（代表：江田三郎）、革新自由連合（世話役：矢崎泰久《やすひさ》）、日本女性党（代表：榎《えのき》美佐子）、連動の会（代表：小沢遼子）といった「新しい無党派党」が続々と誕生し、参院選が混戦となったことも挙げられる（渡辺 1977：214, 220）。新自由クラブ誕生後に続々と生まれた新党もまた一種のブームとなっていた。特に日本社会党を離党した江田三郎が結成した社会市民連合は、新自由クラブの革新派版的な性格もあり、相対的には新自由クラブの存在感を脅《おびや》かすものだった。また永六輔や田原総一朗など革新派の文化人らが結成した「革新自由連合」もメディア映えする新党だった。こうした新党には議席の獲得を目指すものと、選挙活動を通じて自己の組織のPRと強化を指向するものの双方があったが、こうした活動の背景にあったのは一九七六年総選挙での新自由クラブの台頭であったとされる（同：221）。新自由クラブは自身が生み出した新党ブームによって誕生した新党と「共食い」が生じ、その中に埋没した。

新自由クラブは脱党六人の〝グループ〟といった性質が強く、組織的には依然として未完成だった。そこで「長い政治経験がある」田川が全国組織委員長となって地方の組織づくりを本格化した。「札幌・

新自由クラブ」のような名称で地域の独自性を生かした組織づくりを行った。通常、政党支部とは代議士の候補者の地域につくることが多いが（オーラル下：49）、新自由クラブでは候補者の有無にかかわりなく支部をつくり、より国民に近い組織づくりを目指したという。

とはいえ、このころの田川はまだ裏方で、若手グループを陰で支え、要所要所で口を出す程度だったという（オーラル下：51）。それは新自由クラブの機関誌の様子からもうかがえる。

写真１　ポスター　A1 サイズ

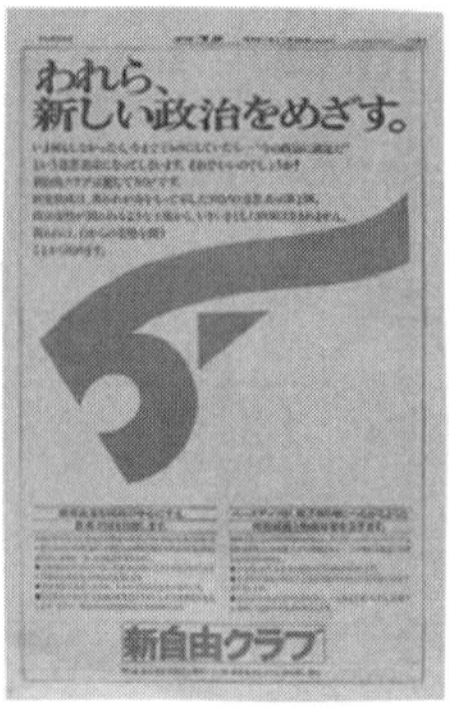

写真２　夕刊新聞広告 タブロイド版

図 5-1　新自由クラブのポスターと CI（コーポレート・アイデンティティ）（鈴木 2008）

『マンスリージャガー』と『月刊新自由クラブ』

新自由クラブは広報戦略として「シンボルマーク、つまりメディア・マークの活用を含めて一種、イメージ戦略やコーポレート・アイデンティティ（ＣＩ）戦略」を行っていた（鈴木 2008：3）。（動物の）ジャガーをもとにしたマークは「旧政党に吠《ほ》える」新自由クラブの象徴でもあった。

そして新自由クラブは一九七七年三月から一九八六年八月まで党機関紙『月刊新自由クラブ』を発行していた。……というのは実は正確ではない。確かに国立国会図書館や国立情報学研究所の論文・雑誌のデータベースでは「月刊新自由クラブ」という名称で表示されているのだが、一九七七年九月号までは『月刊新自由クラブ』は『マンスリージャガー』という誌名で発行されていたのである。

その体裁も若者向け情報誌と見紛うものだった。例えば創刊号は「巻頭対談　洋平と語る　青春とは結局、燃えてるか燃えてないかということなんだ」「いま、若者たちはナニを考えているのか？」「政治にもパラダイム思考を」といった記事タイトルで構成されている。一つ目の記事は代表・河野洋平と女優で当時の人気番組『夜のヒットスタジオ』の司会でも知られた芳村真理《まり》との対談で、「思い切ってバットを振らない今の若者」「生き残るためにはシラケてはいられない」「未知のものだからこそぶっつかってみた」と今でも聞くような若者論が展開されていて、対談の最後はこう締めくくられている。

「洋平：……僕だって芳村さんだって、意識の上ではまだヤングですヨ。まだ青春時代の延長線上にいるんだから……。

芳村：そう、まだまだ燃えているのヨ。

洋平：青春とは何か、若者とは何かっていうと、結局は燃えてるか燃えてないかってことですよネ」（『マンスリージャガー（月刊新自由クラブ）』創刊号：3）

『マンスリージャガー』時代には巻頭対談として「洋平と語る」が連載されていた。その対談相手が森田公一（歌手）、今井通子（医師・登山家）、坂井三郎（元海軍パイロット）、宮城まり子（女優・慈善事業活動家）などだったことからも、一般読者を想定していたことがうかがえる。

もう一つの特集記事「いま、若者たちは〜」は、新自由クラブが企画するティーチイン（討論集会）

図 5-2 『マンスリージャガー』創刊号と刷新された『月刊新自由クラブ』
国立国会図書館デジタルコレクションより

の収録記事である。建築家・評論家の望月照彦が司会となって基調発言をした上で、集まった参加者（若者が中心）に呼びかけて参加者がそれに発言するという流れである。第二回の企画は新自由クラブの趣旨に賛同する若者らで構成される研究会「新自由主義研究会」のメンバーらによるティーチインであるのだが、この企画は以降掲載されていない（なおこの研究会のメンバーに野田佳彦元総理の名がある。一九七七年五月号：13）。雑誌の方向性が模索されていたことがうかがえる。

田川は改名後の『月刊新自由クラブ』には頻繁に登壇・執筆しているのだが、『マンスリージャガー』時代にはほとんど登場しない。当初の新自由クラブは、河野、山口、西岡といった若手、特にイメージリーダーとしての河野の存在感が強かった。

西岡幹事長離党・衆院選での敗北

一九七九年七月、幹事長・西岡武夫の離党で新自由クラブは大きく揺らぐ。もともし西岡は自民党から脱党するときにも消極的な方ではあった。一九七六年六月に自民党からの離党を表明した後にも自民党の長老議員からせめてロッキード事件が一段落したあとに離党してほしいと慰留された際に、離党時期の先延ばしに傾くこともあったくらいである（オーラル下：55f）。

新自由クラブを結成した後でも、党の活動方針をめぐって河野と西岡は対立していた。自民党の腐敗に対する問題意識は共通していたものの、自民党に戻ることも選択肢の一つとして考えていた西岡（西岡・田中：101）と、自民党を「時代的役割は終えた」ものとして考えていた河野とでは脱党に関する認識に大きな違いがあった。また、河野が民社党や公明党といった中道政党と組んで政権をとることも想定していた一方、西岡はそうした中道政党とは価値観的に相容れず中道連立はありえないものと考えていた（オーラル下：66f、西岡・田中：117-119）。それに加え党運営の資金調達をめぐって、企業献金をどこまで認めるのかで対立していた。特に資金面から脱党に慎重な姿勢をとっていた西岡からすれば、それを突っぱねて新党を作っておきながら資金不足にあえいでいる河野らの姿は無責任に映ったのだと、河野自身も述べている（河野オーラル：71）。

その後、新自由クラブの活動方針をめぐって、二人の違いは決定的なものとなった。そして一九七九年七月、西岡は以下の声明を出して新自由クラブを離党する。

「河野代表は私の懸命な反対を振り切って、いわゆる中道三党との国政における選挙協力を決断し、その意思をすでに公言した。河野氏の意図がどうであれこの決断は、いや応なく中道連合新党への具体的な一歩を踏み出したものとならざるを得ない。

自ら保守刷新の使命を放棄し、財政破たんを助長する性格を持つ中道政党に身を寄せる行動を私は到底承服することができない。しかも、それは明らかに、五十四年度党大会において、満場一致で採択された新自由クラブの旗、すなわち「財政再建」「保守刷新」の基本路線に反するものだ。

河野氏が、もはや抗しがたい流れに身をゆだねてしまった以上、私は、新自由クラブの役割と将来について同志、支持者、国民の皆さんに対し責任を持つことが不可能となった。

私は、熟慮に熟慮を重ねた結果、あえて新自由クラブを離れることを決意した。幹事長として満三年、精魂を傾けて維持してきた新自由クラブから、こうして志を果たさずして離れる無念さは誠に筆舌に尽くしがたい。

折しも、一段と厳しい時代に臨み、私は財政再建、保守刷新の志を完遂すべく、新しい政治的境地を切り開く決意だ。河野氏には、いつの日にか保守刷新を誓い合ったあの初心に帰り、再びかつての連帯を回復できることを心から期待する」（『朝日新聞』一九七九年七月一七日朝刊二面）

『朝日新聞』は社説では代表の河野に「党内をまとめ切れなかった」ことに対する反省をもとめつつも、以下のように西岡の行動を批判した。

「……（河野と西岡の路線対立）これが、いますぐに離党、分裂事態へと進まざるを得ないほどの問題だったとは到底思えない。

……河野代表の主張する中道寄りの行動は、自民党を反省させるに足る政治力の構築という点で、新自由クの有力な手段といえるものだと思う。それを否定する西岡氏らは、それでは一体どういう方法で、日本の保守を変える「初心」を貫こうというのだろうか。

……総選挙を前にしたいま、有権者の判断を抜きに解党的行動に出るのは、スジを間違えた話だ。自民党を利する「敵前逃亡」のようなものであろう」（「不可解な新白クの分裂騒ぎ」『朝日新聞』一九七九年七月一八日）

このとき西岡の行動と前後して、新自由クラブの結成メンバーの一人、有田一壽も八月一〇日に離党した（『朝日新聞』一九七九年八月一一日朝刊二面）。党役職のこうした対立は新自由クラブの組織としての脆《もろ》さを露呈させるものだった。

西岡離党後、幹事長に据える人材は山口か田川くらいしかいなかった。ただ田川は自身で「金だけはダメだから、俺はやらない。金（集めは）やらないよ」（オーラル下：63）というほど、消極的だった。そのため正式な幹事長でなく代行扱いになった。代表・河野、幹事長代行・田川となった新自由クラブは河野の身内で固めた集団という色彩が強くなり、将来を不安視されるようになった。

そうした不安は現実のものとなる。西岡離脱後間もない一九七九年一〇月の第三五回衆議院総選挙では、獲得四議席（強固な地盤を持つ現職の河野、田川、山口敏夫、そして新人の田島衛《まもる》のみ）と新自由クラブは惨敗した。前回の総選挙で当選した新人議員も軒並み落選、創設メンバーの小林正巳も落選した。

実はこの選挙では自民党も社会党も議席を減らしていた。公明、民社、社民連、新自由クラブの四つの中道政党の「四党中道協力体制」（無所属候補を中道四党が揃って推薦する仕組み。『朝日新聞』一九七九年一〇月八日朝刊二面の記事解説より）が形成されたものの、議席を伸ばしたのは民社党と公明党だった。中道政党への期待はあったのだが、新自由クラブはそうした期待に応えることはできなかった。例えば選挙後三日間（一〇月八日から一〇日）の新自由クラブに関する『朝日新聞』の報道は以下の通りである（記事タイトルに新自由クラブ、もしくは略称が含まれているもの）。

一〇月八日：「新自ク苦戦　断面」「幹部の口に苦しい本音」「新自クは三人だけ　神奈川・埼玉」「深刻な衝撃　大敗の新自ク」「反自民変えぬ　河野代表語る」

一〇月一〇日：「道険し〝ミニ政党〟アピールの場所激減　新自ク　破れた一本立ちの夢　社民連」「中道四党の院内会派　民社、結成を検討　カギ握る新自クの姿勢　民社党」

新自由クラブを扱った記事が少ないのが特徴的である（一九七六年と一九七九年の総選挙後三日間の記事を比較しても件数は一六件から七件に半減している）。内容的にも新自由クラブの存在感は低かった。この総選挙では、「中道協力体制」は「まずまずの成果」と評価され、前回選挙で大敗北した共産党が「健闘」したことが報道されているものの、新自由クラブは「この間の内紛のイメージが影響しており、無党派層の支持が頼りの同党にとって深刻な影を落とすことになった」（「新自ク苦戦　断面」一〇月八日）とその苦境が伝えられている。

「深刻な衝撃　大敗の新自ク」という記事では「新自由クラブは八日の翌日開票でも振るわず前職が続々落選。党勢として立党以来の危機を迎え、党幹部は深刻な衝撃を受けている。……河野代表は①古い保守との違いが明確に理解されなかった②候補者数が党の能力を超えた③他党の物量選挙に圧倒された、と分析している。いずれにせよ、今後は議席をとれなかった地方組織が崩れる危険もあるとみられ、党再建の道は極めて厳しいものになりそうだ」と、早くも党の将来が危険視されている。

自民党が過半数割れした点では前回の総選挙と同様であり、与野党の勢力が拮抗する「伯仲政治」であることには変わりがなかった。だが、自民党と「伯仲」することが期待されているのは、低落傾向にあるとはいえ野党第一党の社会党であり、議席を増やした共産党、主要中道政党の公明党と民社党であった。自民の過半数割れを論評する以下の社説の中でも、新自由クラブに関する言及はない。

「伯仲政治を続けてみようという国民の選択は、野党各党に対して一段と重い責任を負わせる。なかでもそれを最も問われるのが、社会党である。社会党がなお長期低落の道をたどっていることは、否定しようがない。議席の新分野からみると、有権者は「自社両党離れ」の傾向をみせている。その意味を真剣に考えなければ、低落傾向は遠からず構造的な地盤崩壊につながろう。……野党内部は、不振の社会党を間にはさんで、それぞれ力を増した公民両党と共産党との対抗関係がますます複雑になりそうだ。だが、政策競争ならともかく、主導権争いの野党内部の対立は、伯仲政治の負託にこたえるものではない。求められているのは、力を合わせて自民長期政権に対する、ということのはずである」（「自民「安定多数」を拒んだ総意」『朝日新聞』一九七九年一〇月九日）

新自由クラブのブームはすでに終わっていた。「自民党ではない何か」を暗に求めて「伯仲政治」を論じる報道の中に新自由クラブの存在感はほとんどなかったのである。

選挙での惨敗と西岡離党の責任をとり、河野は一九七九年一一月、代表を辞任する。国会開催までの間、田川が代表代行になり、山口敏夫が幹事長となった。

自民党四〇日抗争と新自由クラブ・幻の田川文部大臣

毎日新聞記者・牧太郎が執筆した『小説 新自由クラブ』（角川文庫・一九八六年）という小説がある。一九七〇〜八〇年代の転換期の政治潮流に翻弄された新自由クラブの軌跡を描いた政治小説であるが、この物語の主人公は河野洋平、西岡武夫、そして山口敏夫の三人である。そして興味深いことに、この小説は山口目線で展開する。異なる信念と想いを抱く三人の若き政治家にスポットを当てた方が小説になるからだろうか、田川の影は薄いものとなっている。全一一章からなるこの小説の中で、田川が表に出てくるのは第八章「大平と組め」からである。

一九八三年末に自民党と連立することになる新自由クラブではあるが、実はその四年前の一九七九年にも一度、連立構想が持ち上がっていた。この年の第三五回総選挙（一〇月七日）では新自由クラブの獲得議席は四と激減した。また議席数増を狙ったはずの自民党も議席数二四八と過半数を六議席も下回る惨敗だったのである。

選挙惨敗という結果に対して、元首相の三木は「ケジメをつけなければならない」、前首相の福田も

「国民の納得いく方法で、責任を明確に」と首相の大平に辞任を迫った。大平は「予想以上に厳しい審判だった……至らぬところがあった」としつつも「この結果を踏まえたうえで、国民の意思がどういうところで表れているかをよく把握し、これからの施政の上で生かしていく」として辞任を否定した（『朝日新聞』一九七九年一〇月九日、福永：250）。西村英一副総裁が三者の間に入って調整を図るも、自民党内若手の党内タカ派・中川一郎らの自由革新同友会をはじめとして、福田派、三木派、中曾根派といった大平政権下での反主流派から退陣要求が出される事態となる（福永：251）。

こうした退陣要求を大平は拒否する。中道野党との連立を模索する大平派と、自民離党・新党結成も想定する反主流派との間の溝は決定的になった。結局、特別国会までに首相候補を一本化できない異常事態になる。特別国会でも首相指名ができず、両院協議会でも調整は難航し、一一月六日に行われた首相指名選挙では、自民党から大平正芳と福田赳夫の二人が候補となる異例の事態となった。野党がのきなみ棄権した決選投票で最終的には大平が指名された。総選挙（一〇月七日）から第二次大平内閣発足（一一月九日）までの四〇日間は自民党史上最大の危機（四〇日抗争）とされる（同：251-255）。

この抗争の裏で「コマネズミ」（牧 1986a：189）のように駆け回ったのが新自由クラブの山口敏夫だった。山口は公明党、民社党、社民連の中道三党と連立して中道四党の院内会派結成を画策した。この案は公明党が反対してつぶれたが、今度は自民党から首相候補者が二人も出るとの情報を得た山口は田川にその話を持っていく。

ここで田川が動き出す。官房長官・田中六助は元日本経済新聞政治部記者で田川とは顔なじみである。

切れ者・田中の手練手管には山口でも敵《かな》わないと踏んだ田川は、代わりに交渉に向かう。田中は統一会派を提案するが、田川はこれを断った。議員二四〇名以上の自民党とわずか四名の新自由クラブが統一会派を作っても、新自由クラブが飲み込まれるのは目に見えていたからである。もし統一会派をやりたいのなら、連立政権を作って新自由クラブに閣僚ポストを渡すよう田川は田中に要求した(同:189-191)。

この要求を田中は受け入れた。しかしそれだけでは信用できない田川は鈴木善幸《ぜんこう》との面談を要求する。鈴木、田中、田川、山口の四人で集まった際、鈴木は現在の自民党の方針では連立するのは難しいと伝えたが、田川も連立でないかぎり統一会派は無理だと譲らなかった。

だが、自民党内の抗争は収まらなかった。首相候補として福田も立つことが明らかになってくると、大平周辺の態度も変わった。とうとう新自由クラブと連立を組んでもよいと連絡が入る。大平側からは河野もしくは田川の入閣を確約し、新自由クラブ側は大平に投票することを約束した。その際、河野と大平は、政治腐敗防止と政治倫理の確立、国庫補助金や政府関連機関の整理をはじめとする行政改革、教育制度の見直し、そしてこれらの事柄に大平が最善の努力を払うことと引き換えに大平を首相に推すことを定めた覚え書きを交わした。

第一回首相指名投票では大平は一三五票、福田が一二五票を獲得し、決選投票でも大平が福田を上回り、大平が首相になった。新自由クラブからの票込みで首相の座に着くことができた大平は、一九七九年一一月一〇日の記者会見で新自由クラブと連立を組み、田川を文部大臣に据えることを発表した。

しかし、これに対して自民党内から反発が続出する。孤立した大平は、官房長官の伊東正義《まさよし》を通じて山口に田川入閣が困難だと伝える。田川入閣にこだわる山口に対して大平側が出した妥協案は、連立はしないが田川は新自由クラブ籍のまま文部大臣に就くというものだった。山口は実質的には連立だと考えたが、河野は名実ともに連立でないと意味がないとしてこれを拒否した。その結果、文相には大平派の谷垣専一が就任し、田川入閣は幻となった。こうした一連の交渉劇が「太平と組め」では克明に描かれている（同：179-202、オーラル下：71-76）。

この時期の新聞報道を見ると、情勢が目まぐるしく変わっているのが分かる。「文相に田川氏想定首相　自民への復党含みに」（『朝日新聞』一一月九日）、「自民神奈川県連正副会長に　田川入閣で意見き く」（一一月一〇日）、「まだ連立の申し入れない　新自ク幹事長語る」（一一月一〇日）、「「田川文相」は困難　首相判断　三福中と会談へ」（一一月一三日）、「田川氏入閣は困難　新自クに官房長官伝達」（一一月一四日）、「一七日、トップ会談で決着　自民、田川文相断念を通告」（一一月一五日）といった記事からも分かるように、わずか一週間の間に連立政権と田川文相誕生の可能性が生まれ、そして消えていった。

河野と田川らが首相指名選挙で大平を支持したことに関しては、新自由クラブの中からも批判が巻き起こった。特に激しかったのが参議院議員団で、先の参院選で全国区ただ一人の当選者だったタレント弁護士の円山雅也は「私は党の組織、遊説委員長として、声を大にして大平政治の増税政策や政治家としての大平さんを非難、攻撃した。その舌の根も乾かぬとき、寝耳に水の大平政権支持という与党以上の積極的支持。これを百六十万支持者が裏切りと考えてもむりはないし、反論の余地もない。党首脳が、大平首相からどんな好条件の約束を取りつけても、筋道に反した取引に変わりはない」(「円山議員が新自ク離党　首相指名で反発」『読売新聞』一九七九年一一月一九日夕刊)との声明を発表して離党している(なおその後、円山は田川が結成した進歩党から二回出馬して落選した)。

河野の辞任・二代目代表へ

河野代表は、一九七九年一一月二六日の全国幹事会での挨拶で、選挙での敗北と大平支持の責任をとって代表辞任を表明した。党の指導体制を一新することが必要だという判断だった。ただ、「われわれの行動によって今日の政治状況が明らかに連合の時代へと一歩を踏み入れた」「一党支配体制をとり続けようとしている自民党に対し、たえずきびしい批判を加え続けていくべき」と自分たちの行動には正当性があったことを強調していた。また「自民党政治を金権体質、汚職の構造と非難しているだけでは、日本の政治は少しも変わらない。むしろ批判を覚悟で一歩踏み込んだ行動を起す価値のある状況であったと私が判断した」「何もせずに傍観していた他の野党は、国民に対していかなる責任をもつ政党といえるのか」と行動する野党の重要性を説いた(「代表の職を辞するに当たって」『月刊新自由クラブ』一九七九年一一月・一二月合併号：18–20)。

こうした姿勢は同号の政治評論家・宮崎吉政との対談「「行動」こそ立党の原点」の中でも確認できる。「連立とか連合時代というのは、これまで政治学者の論文の中には登場しましたが、具体的に政治家の口に上ったことは余りないわけですね。しかも、それが与党の総裁であり総理大臣の口から出たということは、明らかに一党支配体制の終えんと言っていいのじゃないでしょうか」（同：29f）と、自らの行動が連合時代の実現可能性を高めたことを訴え、野党であっても傍観したり棄権したりするのではなく、そして相手を非難・攻撃するための議論ではなく自分の主張を実現するための議論をする努力が必要であり、新自由クラブはそのために活動してきたことも伝えている（同：31）。

大平を支持したことに関して、田川は「自民党の一党支配を突きくずそうとした行動で立党の精神に反するものではない」とし、同号の論評（「首班指名投票をめぐる経緯」）で以下のように説明した。

五五年体制以前の一九五四年の首相指名選挙では、吉田自由党の推す緒方竹虎と鳩山民主党の鳩山一郎が争ったが、左派社会党と右派社会党は思想的・イデオロギー的にも異なる鳩山一郎に投票して、鳩山一郎内閣が誕生した。田川はこの出来事を「「吉田」の〝亜流〟となる緒方竹虎首班の実現を阻止するために、それより、いくらかマシな鳩山氏に左、右社会党が一票を投じたのであって、左、右、社会党が鳩山氏の民主党を支持したのではありません。もし、白票を投じてスジだけ通そうとすれば、左右社会党にとっては〝より悪い〟内閣ができると判断した結果、自分たちだけの勢力では政権をとり得ない状況の中で、現実的な対応をした」（同：58）と評価し、自分たちも同様に「「大平」の方が「まだマシだ」」と判断し、福田政権阻止のために大平に投票したのだと主張した（同：59）。

また、田川は大平派と福田派の双方が新自由クラブに接近して協力を要請してきたことにも言及した。新自由クラブがキャスティング・ボートを握る存在だったということである。そして大平は新自由クラブの政策綱領を実現すると約束してきたので、大平支持に回ったのだと田川は説明した。

ここで興味深いのが、この論評の中で田川が何度か「スジ」という言葉を使っていることである。「新自由クラブが、他の野党と同じように、首班指名をめぐる分裂状態にもかかわらず、そのまま黙っていて、スジを通すだけにとどまることが良いのか」（同）「スジ論だけで行くとするならば、衆議院では議席は四名でありますから国会での発言の場は、ほとんどなくなります」（同：60）

田川は、「（スジを通そうとする）態度の方が説明もいりませんし、わかり易く、私たちにとっては〃楽〃な選択」（同）と言った。そして「スジを通す」ことを目的にするのではなく、新自由クラブの主張を少しでも実現させ、自民党の一党支配にクサビを打ち込み、連合の時代への一石を投じる行動を優先させたのだとも主張した。こうした論理は、かつて田川が朝日新聞労組委員長だったときに組合員に向けて語った「無理するな」と同様である。

そして労組委員長のときと同じく、田川の態度に対して厳しい批判も巻き起こった。前述した円山の離党もそうだが、当時サンケイ新聞記者だった河村譲も「（田川は）人一倍権力的で、権威に弱い」から大平から提示された閣僚ポストに動揺したと推測し批判した（河村：24）。そして立花隆も新自由クラブが田中の影響力の強い大平支持を表明したことに「野党の中で、大角主流派と手を結んでもよいなどと考える党派はもはや一つもないだろうと思っていたら、それはとんでもない誤りであることが分かった」（立花：上巻122）と失望している。

河野の辞任後、代表に就任した田川は第三回全国代議員大会（一九八〇年二月二九日）の挨拶の中で、この日を新自由クラブ結成に続く「第二の出発点」として位置づけた。そして、これまでの新自由クラブの問題、すなわち内部の路線統一に時間と労力をかけすぎて、自民党一党支配を終わらせるという当初の目的が曖昧なものになったこと、そして新しい保守政治像を明確化できなかったことを問題点として挙げた。その上で、連合時代に向けて、ブームに安易に依存せず、一人ひとりが新自由クラブの土台を強固にしていくことを党員に対して呼びかけている（一九八〇年一・二月合併号「決意あらたに再建への道を」：4-11）。当時の新聞（例えば「保守二党方針決定へ　新自クあす代議院大会　田川氏、代表に」『読売新聞』一九八〇年二月二八日）も、新自由クラブが「保守一党（西岡）」か「保守二党（河野）」のどちらの路線を採用するかに注目していたが、田川は当初の路線（保守二党）を継続していくことを伝えている。

一九七九年に続いて一九八〇年にも衆議院総選挙が行われた。一年も空けずに総選挙が行われるようになったのはいわゆる「ハプニング解散」があったからである。再スタートをきった第二次大平内閣ではあるが、法務大臣の倉石忠雄が就任会見で田中のことを「懇意な人たちであり、公明正大で青天白日になられることを友人として念願する」と発言して物議となったり（『朝日新聞』一九七九年一一月一〇日朝刊一面）、ＫＤＤ（国際電信電話会社）をはじめとする乱脈経理の問題化、自衛官がソ連の諜報員と接触していた自衛隊スパイ事件（宮永スパイ事件・コズロフ事件）、さらに太平に近い浜田幸一議員のラスベガス賭博事件など、自民党内の反大平派を勢いづかせる出来事が多発した（福永 2008：256f, 260f）。

五月一六日、社会党は内閣不信任案を提出したが、これに公明党、民社党も同調し、さらに自民党反主流派も呼応し、浜田の証人喚問とＫＤＤ問題のための綱紀粛正委員会の設置を要求した。自民党内の調整も難航し、本会議には自民党の反主流派七〇名以上が欠席する事態になった。さらに自民党反主流派が不信任案に賛成し、賛成二四三、反対一八七で大平内閣の不信任案は可決した。大平はただちに衆議院を解散し、史上初の衆参同一選挙が行われることになった（同：263f）。

忘却された新自由クラブの「復調」

この第三六回総選挙で新自由クラブは議席数一二に回復する。実は四議席に激減した前回総選挙も次点で惜敗した落選者が多かった。そして前回の総選挙後、新自由クラブの苦戦が「消滅するのでは」という文脈で報道されたこともあり、「新自由クラブをつぶしてはならない」という判官びいきの有権者感情も新自由クラブの復調につながったのではないかと田川は振り返る（オーラル下：76）。

そして自民党もこの選挙で党勢を二八四議席と回復した。各野党が自民党を過半数割れに追い込もうと訴えたことが、かえって自民党とそして有権者に一種の危機感をもたらし、自民党や保守系の新自由クラブの復調につながったと田川は見ている（同：83）。

ただこの選挙戦に際して、田川は「今こそ変革の先駆者をめざそう」として「〝五五年体制〟は自民党の自壊作用によって完全に崩れ、選挙後の首班指名を頂点として、政界再編成の機運は急速に高まり、おそらく向う十年間ぐらいは激動の状況が続くのではないか」と反自民党の姿勢を明確にしていた。当時の与野党が伯仲している状況で、新自由クラブの勢力が拡大すれば自民党の支配体制を終わらせることができるのだと有権者に訴えていたことを考えれば（『月刊新自由クラブ』一九八〇年六月号：12, 16）、自民の復調は新自由クラブにとっては必ずしも好ましい状況とは言えなかったはずである。

なおこの選挙で新自由クラブは議席を三倍増させたにもかかわらず、報道記事は前回総選挙からさほど増えていないし、『朝日新聞』では解説記事も書かれていない（選挙後三日で新自由クラブに関する記事は一〇件にすぎない。『読売新聞』六月二二四日は五議席獲得した東京都について都民版で伝えているが、自民の復調とセットで論じられている）。一方、社会党などの敗北について解説した特集「出直し迫られる野党　足並み乱した連合構想　当面、自民独走に歯止め」（『朝日新聞』六月二四日）という記事でも、「野党」として挙げられているのは社会党、公明党、民社党、共産党であり、そこに新自由クラブの名前はない。記者の座談会記事（「（記者座談会）ダブル選挙の残したもの　なぜ自民圧勝か　低迷野党の反省　首相後継の思惑」『朝日新聞』六月二四日）では「低迷野党の反省」が語られているのだが、話題の中心になっているのは前述の四党で、新自由クラブに関しては一人の記者が「新自クは二ケタに議席をふやし、しゅうびを開いた。ただ自民批判を展開し、これを減らすことをねらいとしてきたわけで、自民大勝のもとで今後独自性をどこまで発揮できるか、という戸惑いがある」と言及しているのみである。新自由クラブの「復調」は忘却されていたのである。

新自由クラブの「重要期」

「メディア政治」という点から考えた場合、新自由クラブの最盛期は一九七六年の結成から同年第三四回総選挙で大勝、そして不振に終わった一九七七年七月の参院選あたりまでの約一年間、『月刊新自由

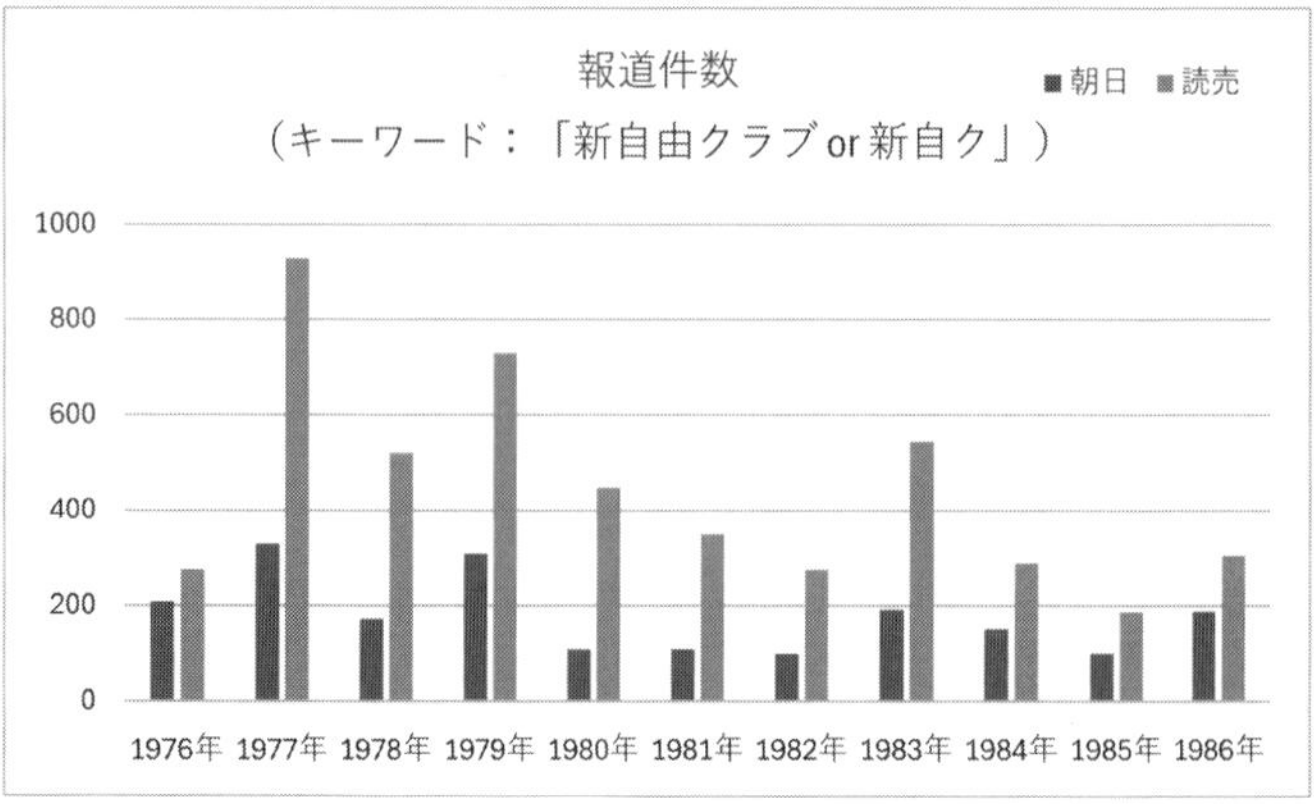

図 5-3 「新自由クラブ」報道件数（『朝日新聞』『読売新聞』）
新自由クラブに関する全国紙報道（キーワード：新自由クラブ or 新自ク）。「朝日新聞クロスサーチ（『朝日新聞』）」「ヨミダス（『読売新聞』）」で「東京本社版、全国紙、朝夕刊＋号外」の条件で検索した。データベースは2024年6月時点のもの。

クラブ』がまだ『マンスリージャガー』と呼ばれていたころである。

新聞報道でもそれは確認できる。例えば新自由クラブに関する報道件数の推移を見ると、選挙の年には報道件数が増える傾向があるものの、やはり結党直後の一九七六年から一九七七年あたりの報道件数が多いことが分かる。メディア露出という点から考えると、とある書籍の「選挙のたびに議席を減らすと」（野村：107）といった明らかに事実と異なる記述も、新自由クラブの「イメージ」として考えればそこまで間違ったものでもないのかもしれない。

また「権力政治」という点からは、一九八三年一二月から一九八六年にかけて自民党と連立して政権に加わっていたときが新自由クラブの最盛期であろう。

一方、一九八〇年の総選挙で議席を四から一二までに戻してから自民党と政権を組むまでの間の三年、田川が代表を務めていた時ともほぼ重なるこの時代をどう考えるべきだろうか。田川は、前回の総選挙と比較して今回の二大選挙をこう総括している。

「五十一年総選挙では、新自由クラブの存在意義が国民の皆さんに理解されて多くの支持を得たというよりは、河野洋平氏をはじめ六人の国会議員が、強大な権力を持っている与党の自民党を離れ、あえて少数の野党を立党した、その勇気と決断を必要とする、行動に対する共感のブームでした。今回の選挙の場合は、そのような単なる行動に対する評価ではなく、……本当の意味での新自由クラブの理解者が投票行動に出たところに、多くの当選者を得た理由があると思います」（『月刊新自由クラブ』一九八〇年七月号：15f）。

そして新自由クラブの方針として、①政治腐敗を厳しく監視し、徹底的に糾弾する、②安易な増税を回避して財政再建を行う、③過大な軍備増強論を批判する、の三点を挙げている（同：17-18）。

また同号には、新自由クラブに比較的好意的な外部有識者の論考がいくつか掲載されているが、新自由クラブには政権をとったときのための政策の明確化が必要であると揃って指摘している。例えば、政治評論家・森田実の「政治路線の明確化を急ぐことが必要」（森田：27）、同じく政治評論家・山口朝雄の「できることなら、次の衆院選挙くらいまでには、長期ビジョンをとりまとめ、新自由クラブが政権を握った場合の〝青写真〟を提示してもらいたいものである。」（山口 1980：42）、「新自由クラブの政策主導能力が問われることになる」（同：44）といったものである。

また、政治学者・篠原一は河野洋平との対談で「〔（野党も含め批判の政党ではなく）統治の党〕にこれからなれるかどうかという瀬戸際に来ている」（篠原：30）、「統治の党になりかけてせっかく努力してきた野党の人たちがまたもとに戻って、それだったらただ批判しているのが一番いいんだということになる可能性が多い。……そうするとこれはもう前と同じなんです」（同：39）とも言っている。彼らが口を揃えて言っていることは批判勢力としての野党にとどまらず、政権を担える与党としての資質が新自由クラブには必要だということであった。

こうした指摘は以前から言われていたこととほぼ同じで、例えば朝日新聞の若宮啓文は『新自由クラブ：保守野党の課題と展望』の中で「それなりの提言を出してはいるが、国民を強く引きつけるには、いずれも、もう一つ迫力不足」と「政策に目玉商品となるものがない」ことを課題としていた（若宮：136f）。つまり新自由クラブが自民党や他の野党とどのように異なるのか、その方向性を固めるべきといった結党以来の課題にどう向かっていくか問われる「第二のスタート」の時期だった。

この時期を田川はどう振り返るのか。『オーラルヒストリー』の中で田川が語っているのは、「金大中事件、台湾元日本兵の補償問題、田中角栄批判、教科書問題、中曾根弾劾、社民連統一解消」といった事柄であり、新自由クラブ代表としての活動に関する言及は少なめである（オーラル下：83-132）。確かに代表・田川が長期ビジョンを事細かくとりまとめる必要はないのかもしれない。だが、党の長期ビジョンに関しての言及が少ないのが特徴的である。

一方、反金権政治の倫理の追及はより強いものになっていった。ロッキード（全日空ルート）裁判の一審判決が出された一九八二年の八月、田川は自ら政治倫理キャンペーン用の機関誌『政治倫理の研究』の発行人となった。この機関誌の世話人には、河野洋平ら新自由クラブのメンバーだけではなく、横路孝弘、秦豊、楢崎弥之助、田英夫《でん》、菅直人といった社会党や社会市民連合の議員、さらに篠原一や白鳥令といった政治学者、そして岩見隆夫や桜井良子といったジャーナリストも名を連ねていた。一九八三年一一月まで季刊で計六号発行された『政治倫理の研究』には、政界浄化に向けた様々な記事や座談会が掲載されており、評論雑誌のような体裁をとっていた。

国会でも中曾根首相との対決姿勢を明確にしていくなど、田川本人もメディアも新自由クラブを「反自民党」としての位置づけで扱っていくようになった。特に、中曾根が施政方針演説の中で松村謙三の名を出した際には、田川は代表質問で厳しくそれを問いただしたが、報道もその対決姿勢を大きく取り上げた（『朝日新聞』一九八二年一二月一〇日）。

「「いまほど永田町と国民の感覚がずれている時はない」「真実を語らずに、国民の信頼は得られない」と、新自クの田川誠一代表。かつて中曾根派に属していた同志から追いつめられた中曾根首相は、ヒナ壇でむっつり—九日開かれた衆院の代表質問は、大詰めで「因縁の対決」となった。……大所高所の一般論が多い本会議の論戦は一気に盛り上がり、演壇を降りる田川代表に、野党席からは党派を超えた拍手がわいた」

田川は『月刊新自由クラブ』第二八号（一九七九年八月号）から「日中国交回復前夜」を連載していた。ただこの連載は自民党時代の話であり新自由クラブの政策のビジョンを語るものではない。代表になってからは挨拶記事が多くなるが、やはりここでも政治倫理の確立、田中金権政治の批判を中心とする論考が多かった。特にその傾向が強いのは、総選挙直前の一九八三年一一月号（一一月五日印刷、一一月一五日発行）で、一〇〇頁に渡り「田中角栄の実刑判決特集」が組まれていたことである。「統治の党」としての素質が求められている時期ではあったものの、田川自身がそうではあったように、新自由クラブも依然として反田中・反金権政治以上の特徴を出せずにいた。このことが次章でも論じるように、のちに自民党と連立する新自由クラブに影を落とすことになったのである。

3　手紙でつなぐ市民との輪——『ジャンプ』読者との交流

『週刊少年ジャンプ』に登場する田川

ただ、田川自身の反田中・反金権の姿勢は「（ジャーナリズムの理念を標榜する）メディア政治」という点では十分に機能した。特にその典型がマンガ・メディアとのつながりである。

河野代表時代の「新自由クラブブーム」は政党側から仕掛けたという要素もあるが、その反対が人気漫画雑誌『週刊少年ジャンプ』に田川が登場した出来事である。

序章で言及したが、田川が登場したマンガは『週刊少年ジャンプ』連載の本宮ひろ志作「やぶれかぶれ」である。本宮は『男一匹ガキ大将』『俺の空』などの人気作を執筆した漫画家だったが、一九八〇（昭和五五）年四月、「このままでは、漫画はいつまでも消耗品。勉強して出直したい」と突然〝休筆宣言〟をする（『朝日新聞』一九八〇年四月三〇日夕刊一四面）。失業の身だった本宮がこの漫画を執筆するきっかけはある日、何気なく聞いた不良学生の声だった。「（教師は）新聞をよみなさい……だってよォ」「冗談じゃねえよあんなもんみただけで頭イタくなるぜ……」「せめて新聞の内容を漫画にでもしてくれりゃあな……」「ちったあ読む気になるってもんだ」と話す不良学生の声を聞く（『やぶれかぶれ』第一巻：20–22）。確かに本宮自身も政治のことがよく分からない。そこで「わからねえのをわかるようにする一番てっとり早い方法」「それは……それになっちまうのが一番だろうがぁ」と、「まったく白紙から出発して参議院議員になれるまでの実況政治中継漫画をかく」ことを決意する（同：3ff）。

この漫画が描かれた一九八二年当時、参議院には全国区があり、本宮はそこから出馬を考えていた。こうした本宮の行動は「読者は、本宮氏がウソか、本気か、アタマがどうかしたのかと迷ったらしい」と物議を醸すことになる（「劇画界の雄　本宮ひろ志の逆説的《参議院立候補宣言》」『週刊プレイボーイ』一九八二年四月一三号：58）。

さらに本宮はこの漫画を掲載する出版社を入札で募集した。興味深いのは入札案内に書かれた「テレビには歌番組もあればドラマもある」「しかしニュースもあればノンフィクションドキュメンタリーもあるのだ」「漫画雑誌にだって」「ドキュメンタリーやニュース解説があってもいいんじゃないかとおれは思う」という一節である（第一巻：73）。のちに小林よしのり『ゴーマニズム宣言』（一九九二年～、原型となる作品・一九八九年～）がヒットすることを考えるとこうした本宮の主張は決して的を外したものではないのだが、このときは「病気だな」「ンなものマンガにできるわけねえべさ」「ゲテモノ漫画」「今いるジャンプの読者が拒否の反応を示す可能性が　かなりあると思います」と登場人物に言わせて

図5-4　田川から来た手紙を受け取る本宮（手紙の輪：16）と返事の手紙を書く田川（『月刊新自由クラブ』1983年5月号：93）

いる（第一巻：72, 107）。

とはいえ「これまでのタレント議員で、そんな政治レポートをやった人はいないんじゃないか」（プレイボーイ：60）と新しい漫画の型をつくりたいという本宮の熱意に編集者、出版社上層部も理解を示して政治実況漫画「やぶれかぶれ」がスタートする。だが、家族からの反対、公職選挙法違反で逮捕される可能性をほのめかす刑事、さらに選挙制度の改正により参議院で全国区制が廃止されることが決まり、本宮は路線変更を余儀なくされた（第二巻：27f）。

当初の方向性が無理になった本宮は各政党の党首に面会を希望する手紙を出した。もともとこの漫画は「ああ、田中角栄に会いてぇナァ！」（同：61）という本宮の気持ちで始まったので、政治家に会おうとすること自体は当初の目的に近い。そしてこの手紙に一番に返信したのが新自由クラブ代表・田川だった。なお『週刊少年ジャンプ』一九八二年四二号には「おしらせ」として「この漫画では、新自由クラブ、社民連、公明党、自民党、社会党（返事をくれた順）に六つの政党の党首及び広報担当者にすべてコンタクトが、とれました」と告知されている（同：113、カッコ内原文）。当時、田川は『少年ジャンプ』も本宮ひろ志のことも知らなかったが（オーラル下：119）、「相手が自分でかいた手紙には自分で返事をかきますよ」という考えのもと返信する。

そして漫画の中で田川が言った「まじめに手紙をよこした人には全部かく」という発言にジャンプ読者が反応した。少年たちが田川に充てた手紙は一年間で五〇〇を越した。そして田川も少年たちに返事を返した。そうしたやり取りは漫画連載が終った後も、田川が政治家を引退した後まで続いた（同：120）。

こうしたやりとりの一部を単行本化した『やったね！ボクたち、手紙の輪』には、田川が返した手紙の内容も掲載されている。これは田川が自分の手紙のコピーをとって保管しておいたからなのだが、その内容は単なる返礼にとどまらないものだった。送り主ひとりひとりに沿った内容であり、時には少年の手紙の誤字脱字を指摘したり、礼儀に欠ける場合にはそれを注意したり（「回答を求める場合、返信用の切手を貼るように」）といったように年長者として子どもたちを指導することもあった。

こうした手紙のやり取りに関して田川はその巻末でこう語っている。

「私がヤングたちからの手紙に、ひとつひとつ返事を書いたことを「奇妙」に感ずる人も多いという。私にいわせれば、そういう人たちのほうがよほど「奇妙」だと思う。手紙をもらったら返事を出すのは当たり前ではないか。子供だから、ヤングだから、返事を書く必要がないなどというのは

図 5-5 「この装丁が嫌でしようがなかった」(オーラル下：119) という『やったね！ボクたち、手紙の輪』(集英社・1983年) の表紙

おかしい。印刷した宣伝文や広告の類、あるいはいやがらせとか脅迫文などでない限り、私はどんなに忙しくとも、返事を出す。自筆と思われる手紙には自分で返事を書いて出す。これは私の生活信条だ。秘書などに代筆させることは、まずない。だから『少年ジャンプ』の読者から手紙が来るようになっても、私にすれば、ごく普通の気持ちで返事を書いて出していたわけである」(手紙の輪：196f)

田川は後にこの出来事を「いい勉強になった事件」であり、「近頃の子どもはろくなことをしない、手紙もろくに書けないなんていうのが常識だったけど、私はそうした見方を変えた。やはりちゃんとした人もかなりいるという再認識を得た」(オーラル下：119f) と振り返る。この本の出版までの経緯について田川が語るところによれば、ちょうど田中有罪判決が出そうな時期だったこと、田川と子どもたちのやりとりが「子供の目「反角」厳しく　田川誠一氏へ手紙が続々　少年漫画誌が仲立ち」(『朝日新聞』一九八三年一月三一日) という記事になったことをあげている。その後、集英社から「それを是非本にしたい」と申し入れがあり、出版社の社員たちが子どもたちの手紙と田川の手紙を集めて本にまとめたのだという (オーラル下：120)。

新自由クラブの議員の中には、この本を国会議員に配ろう、PRのために使おうという者もいたが、

田川はそれほど前向きでもなかった（同：121）。田川は手紙離れ、文字離れ、そして電話の濫用を「害」として問題視しており、子どもたちとの手紙のやり取りも「若い人たちとの文通で、少しでもこの人たちが書くことになじんで、手紙で心を伝えられるようになってほしい」（手紙の輪：1991）という教育的な思いが強かったことを語っている。

往復書簡と「メディア化する政治」

「メディア化」「メディアの論理」という概念は、メディアに適合し、メディアに良く描かれるように政治家の行動原理が変わっていくことである。ちょうどこのころ、劇画・漫画が政治を取り上げるようになり始めていて、新聞でもしばしば言及されるようになった。

「「最もなまぐさい人間のドラマ」と表現されるのが政治の世界。だからこそ、「小説吉田学校」など小説や映画の絶好の対象となってきたのだろうが、劇画では、これまでほとんどなかった。……劇的ではなく、ゆっくりとした変化ではあるが、政治の世界に劇画の筆が入り始めたのである」（「政治の世界へ新風の「劇画」」『読売新聞』一九八三年四月一日）

この記事で取り上げられているのが社会党の浅沼稲次郎を題材にした『劇画・ヌマさん物語』の作者・森哲郎と本宮ひろ志であり、『やぶれかぶれ』に対する反応も紹介されている。『やぶれかぶれ』に登場した公明党・竹入委員長は「かなりの反響があった。政治に無関心な人や、とくに若い世代の人びとに政治がわかりやすく伝えられた点では、大きな意味があったと思う」と答え、田川も「『やぶれかぶれ』の画は、あまり評価できないなあ」としつつも、少年たちからの手紙がたくさん来たことで劇画の影響力に驚いたと語っている。また田中判決の直前の一〇月五日の『読売新聞』では「ヤングも激論一〇・一二判決へ　きっかけは少年マンガ」として、田川と少年たちが手紙で田中問題について議論している様子を報道している。

こうした報道の取り上げ方からも分かるように、子どもたち・若者たちが政治に関心を持つことを称揚する傾向は昔も今も根強い。この本もそうしたものの一環として位置づけようとする流れはあったのだろう。

ただ、この企画は本宮ひろ志の周りを巻き込んだ思い付きで始まったもので、新自由クラブが仕掛けたものでもない。本宮と最初に面談することになったのも、「相手が自分でかいた手紙には自分で返事をかきますよ」「その日にきた手紙にはその日にかきます」「便所の中でもかくし電車のなかでかく事もある」という田川の習慣がそうさせたものだし、読者からの手紙が来たのもその発言が漫画に載ったからである（『やぶれかぶれ』第二巻：98）。

田川の手紙の文章は現代的な視点から見れば厳しく、子どもたちに阿《おもね》る様子もないものだった。例えば、追伸としてわざわざ「手紙の返事を求める時は返信用の切手を入れるのがマナーです。……私たちは相手が大ぜいですから返事を出す切手代だけでも、毎月数十万円もかかります」（手紙の輪：41）と付け加えたり、手紙の誤字に対しても「まず、政治に『関心』を持つ、という言葉は『感心』ではありません。あなたの手紙の『感心』という文字は、たとえば『立派な行為に感心しました』という時に使う言葉です。興味があるという時のカンシンは『関心』です。中学生ならこの程度の言葉や文字を間違えてはいけません」（同：83）とかなり口うるさい。

また子どもからの意見であっても、田中角栄を擁護するものに対しては丁寧に反論していた。さらに「差し出し人の住所に郵便番号が書いてありません。返事を求める場合はこの配慮が必要と思います」（同：51）という追伸つきである（こうした指摘は大人（例えば市議）からの手紙への返信にもあった：憲政13-18）。この反論の手紙に対して、差出人の中学三年生はのちに単行本化にあたってインタビューにこう答えている。

「うれしくなってはしゃぎまわった。ずいぶん長い手紙だった。かなりきびしい内容だった。あとになってこそ、自分が一面的な見方しかしてなかった事を恥ずかしいと思ったけど、その時はただカッときた。ぼくはふん然と家族の前に手紙を投げ出した。手紙を読んだ父は「お前にとっては一通書くだけの手紙だが、田川さんは一日に何十通何百通という手紙を読み返事を書くんだ。そのへんの配慮がお前には欠けている。それにある人の考えだけを絶対としないで、いろいろな人の考えを総合してあらゆる面から考える努力が必要じゃないだろうか」

父の手きびしい意見に反論できなかった。右も左もわからないくせに、偉ぶって背伸びしていたことに気づいたからだ。

おとなにはとても勝てないと思った。ぼくもおとなになるわけだが、同じなるなら、田川さんのように強く、そしてきびしいけれどやさしいおとなになりたい。

ぼくは田川さんの手紙をふたつ持っている。ひとつは机の中だが、もうひとつは心の中に」（手紙の輪：51f）

田川は子どもが政治に過度に関心を持つことには懐疑的だった。中学生に対して「関心を持ってもらうことは良いことですが、成人になるまでは実際活動は慎重にすべきでしょう。では一生けんめい勉強して社会の役に立つ人になって下さい」（同：76）や「いま、あなたに必要なことは、中学生として必要な基礎を勉強することです。歯の十分生えていない赤ん坊が米のごはんを食べたら消化不良を起こします。それと同じように、あんまり、むずかしいことを考える必要はありません」（同：85）というように、まずは学校の勉強をするように勧めている。子どもたちとの文通は「社会教育の一環」（同：112）として位置づけていたのである。

こうした一連の出来事は『月刊新自由クラブ』一九八三年五月号で「田川誠一と子供たちの往復書簡」として取り上げられてもいて、新自由クラブ側にこの出来事を利用しようという意図がないわけではなかった。だが元々は本宮の「思いつき」にまき込まれた田川がそれに真摯に対応し、また殺到した子どもたちからの手紙に対して田川がいつも通りに返事を書いたことがきっかけである。始まりは受け身だったが、それに真摯に対応することでこの典型的な「メディア政治」は生まれた。田川にはそのための習慣と素養が備わっていた。「メディア政治」は付け焼刃では達成できないし続かないのである。

漫画の中で田川が熱く語っていた田中金権問題は、当時の一大論点であった。新自由クラブはこの問題を追及しながら、第三七回総選挙（一九八三年一二月）を戦っていくことになるのである。

第六章

自民党単独政権の終焉と連合内閣——与党・新自由クラブ時代

（一九八三年〜一九八六年）

第二次中曾根内閣で閣僚となった田川（1983年 12月 27 日）
写真提供：共同通信社

「メディアを使いこなすためのより専門的なスキルを政治行為者が身につけるようになったために、彼／彼女らは時としてジャーナリストの戦いに勝利することもある。しかしそれでも、政治行為者はさまざまな形態の新しいメディアを政治の内部機能へと組み込まねばならないがゆえに、メディアやメディアに関する専門知識により依存するようになっている。たとえば、多様なソーシャルメディアのプラットフォーム上で政党のメンバーや選挙民とのコミュニケーションを行ったり、さまざまな新しいメディアを駆使して資金集めを行ったりすることがそれにあたる」（スティ・ヤーヴァード『メディア化理論入門』勁草書房・二〇一三年：121f）

1　自民一党支配の終焉——八三年政治決戦

田中角栄と反角・反金権世論

田川は反金権政治の急先鋒として知られてきた。田川に関する言及の多くも「反金権の鬼」というイメージの上に構成されている。その田川が最も対決姿勢を顕わにしたのが、金権政治の象徴とされた田中角栄である。

田中角栄は一九七二（昭和四七）年六月、自身の政策構想をまとめた著書『日本列島改造論』を発表した。この本は高度経済成長によって生じた都市の過密と地方の過疎を同時に解消し、産業と文化と自然とが融和した地域社会を日本各地に創出するために、工業の全国的な再配置と知識集約化、全国的な鉄道網と道路網の整備、情報通信ネットワークを形成し、日本列島の改造を訴えるものであった（田中角栄：「序にかえて」）。『日本列島改造論』はこの年のベストセラーの一つになる。

首相就任当時、田中は五四歳、初の大正生まれの首相であった。角栄は農民出身の太閤・豊臣秀吉になぞられて「今太閤」とも呼ばれた。当初は内閣支持率も六割を超えていた（『朝日新聞』一九七二年九月一八日）。

だが一九七四年一〇月、『文藝春秋』（一一月特別号）が田中に関する特集、「田中角栄研究―その金脈と人脈」（立花隆）と「淋しき越山会の女王」（児玉隆也）を発表すると、他のメディアも追随してこの問題を取り上げ始めた。

もっとも『文藝春秋』発売直後は、この問題は現在から想像するほどには大きな扱いにはなっていなかった。例えば一〇月二四日の『朝日新聞』の社説「田中首相に問う」でも、環太平洋諸国への外遊、フォード大統領の来日、党・内閣の人事を優先して政治・経済の問題について沈黙していることが主な批判の対象である。ここで「問題」として挙げられているのは、直近の参議院選挙で露呈した党内対立、朴大統領の狙撃問題をはじめとする日韓関係の緊張、核持ち込みに関するラロック証言、インド核実験、原子力船「むつ」、公共料金の引き上げといった話題であった。金脈問題については社説の中盤で「政治家としての全存在を問われたものとして、首相は潔白を立証する努力をつくさねばなるまい」とされているものの、「さしあたって政治の最大課題は、インフレから国民を守ることにある」とし、「田中政権の命運を左右するものは、派閥所属議員の多少より、田中首相が日本経営の明確な方策と、政治家としての清潔さを国民に訴え、その支持を回復できるかどうかにかかっている」と結んでいる。金脈問題は他の問題のかげに隠れていたのである。

ただ一一月になるとこの事件が連日のように報道されていく。一度は内閣改造でこの難局を乗り越えようとした田中角栄であったが、一九七四年一二月、退陣を表明し、内閣総辞職する。しかし首相退陣後、田中は党や政府の要職には就くことなく党内に影響力を持ち続けた。

その後一九七六年二月、アメリカ連邦議会上院で米国航空機会社・ロッキード社が日本をはじめ世界各地に賄賂を贈っていたことが暴露された。野党から追及される中、首相の三木も徹底究明を公約した。

捜査が進む中で田中の容疑が固まり、同年七月二七日に逮捕され、八月一六日に起訴された（藤本：169）。田中に対する公判は一九七七（昭和五二）年一月二七日に東京地方裁判所で開始された。一九八三（昭和五八）年一〇月一二日、田中に懲役四年、追徴金五億円の実刑判決が下された。この第一審判決を受けて国会は空転し、衆議院解散のきっかけとなった（同：204-217）。

もっともこの逮捕・起訴・公判の間、田中は三回の総選挙（一九七六、一九七九、一九八〇年）に出馬していずれもトップ当選し、議員であり続けた。ロッキード事件で逮捕された後は自民党を離党したものの、無所属のまま自民党に対して影響を与え続けた。その力は一九八二年一一月に誕生した第一次中曾根内閣にも及んでおり、官房長官に田中派の後藤田正晴、法務大臣にはロッキード裁判に批判的な田中派の秦野章を充てるなどしたため「田中曾根内閣」と揶揄された（服部：192f）。

新聞社説もこうした田中・中曾根の姿勢に対しては概ね批判的だった。「政治刷新を求める国民への公然たる挑戦である。政権発足の第一歩を踏み違えたというほかない」（『朝日新聞』一九八二年一一月二七日）、「常識の線を大きく踏みはずした異常なものを感じざるをえない」「もはや『田中支配』は党だけでなく、内閣にも及んだとみるほかなく、異様な事態である」（『毎日新聞』一九八二年一一月二七日）、「（要職が）いずれも田中派で占められたことも、〝異常〟というほかはない」「政治倫理の確立、行革、財政再建で、新内閣がどう努力するか、われわれは厳しい目で監視する」（『読売新聞』一九八二年一一月二七日）など、田中の影響力が見え隠れする自民党・内閣のことを「踏みはずした」「異常」と批判していた。

ロッキード裁判の判決

一九八三年一〇月一二日、東京地裁は田中に懲役四年追徴金五億円の実刑判決を言い渡した。この判決は大きく報道され、実刑判決が出たにもかかわらず議員辞職を拒否する田中に対して新聞は全面的な批判を展開した。

当日の『朝日新聞』は夕刊で異例の一面社説を展開した。「田中引退なしに刷新はない」と題したこの社説は、政治には「法を敬うこと」と「廉恥の心を失わないこと」が何よりも大切なことであるとし、田中元首相に議員辞職、政治活動から引くこと、そして引退を求めた。さらに議会、政党、議員が田中に引退を迫ることが責務であるとした（『朝日新聞』一九八三年一〇月一二日）。他紙も「田中元首相、引退がスジ　いま、浄化に行動の時」（『毎日新聞』一九八三年一〇月一三日）、「田中元首相は潔く辞職せよ」（『読売新聞』一九八三年一〇月一三日）に至っては「万死に値する「五億円授受」」とまで言い切っている。

田中はこの判決に対して、自身の無罪の主張を貫くために控訴したこと、生ある限り、国民の支持と理解のある限り国会議員の職務遂行するとの「所感」を発表し、議員辞職の考えはないことを表明した。新聞各紙、野党議員、そして自民党内反主流派議員はこの「所感」を批判した。

国会も野党が提出した田中の辞職勧告決議案をめぐって空転する。そのため中曾根内閣は重要法案の議決後に解散することを約束し、一一月二八日に衆議院を解散した。

こうした状況下、新自由クラブは『月刊新自由クラブ』（一九八三年一二月号）で田中実刑判決特集を組んだ。田川も巻頭で「いま、政治に問われるもの」と題して政治倫理の必要性を述べている。その内

容は明快なものであった（19）

「私たちはそれほどむずかしいことを求めているのではありません。政治家が聖人君子になれというのではなくて、一般社会に比べて責任の重い立場にある政治家の倫理感を、最低限一般社会で通用するところまで取り戻していくべきだということなのです。

……

私たちが政治の浄化を訴え続けている最大の理由は、このような政界の異常、あるいは一般社会の価値観と政治の世界における価値観の、あまりに大きな隔りが、やがてはわが国の議会制民主政治を危機に陥れることを、なによりも心配するからであります。同時に、このような政界の金権と力でごり押しする風潮が、社会のさまざまな分野に悪影響を及ぼしつつあることを恐れずにはいられません」

政治倫理、田中問題に関する田川の主張はたとえ子どもが相手でも変わらなかった。評論家の「賄賂を取って悪いというのは小市民的道徳であり、一国の政治をおさめる総理大臣が五億円くらい取ってなぜ悪い」という発言を引用して田中を擁護する内容の手紙を書いてきた学生（手紙の輪：46）に対しては、田川は「もし、あなたのお父さんが同じ容疑で罪に問われたらどうなりますか。会社員なら会社をやめさせられます。役人ならば起訴されただけで無給の停職、有罪になれば懲戒免職となり退職金や恩給までもらえなくなることを知っていますか」「功績があったから悪いことをしてもよいということは許されないことは、中学三年生たるあなたにはおわかりでしょう」と反論した（同：49f）。

さらに『やぶれかぶれ』の中で田中角栄や田中の秘書のインタビューをかなりの分量で取り上げた本宮に対しても、手紙を送り「（田中角栄の）主張や意見を掲載するのは、民主主義の国ですから自由であります。しかし、対象となる読者は未成熟の人が多いのですから、その点は解説や注釈が欲しかったと思いました。……しかるべき注釈をつけるべきで、これがありませんと政治的な関心が、とんでもない方向へ行ってしまいます」と苦言を呈している（『やぶれかぶれ』第三巻：203）。

このように田川は終始一貫して田中金権体制を批判し続けていた。

自民大敗、そして連立へ

第三七回衆議院議員総選挙（一九八三年一二月）は、ロッキード判決を理由とする解散・総選挙ということもあり、政治倫理・政治浄化が主要な争点になった。

金脈事件で退陣した田中の後に総理を務めた三木武夫もクリーン・イメージにこたえる形で、一九七五年に政治資金規正法を改正し寄付金の上限（個人献金二〇〇〇万、団体献金は七五〇〇万～一億、政治家個人への寄付は年間一五〇〇万）を設定した（清水ほか：6）。ただ、抜け穴の多い法律であったため、その後の様々なスキャンダルが続発することになる（広瀬：149-162）。

なお中曾根は国会（参議院・行政改革特別委員会、一九八三年一一月二一日）で政府の政治倫理に関する見解を問われた際、「国会議員や政治家には政治家固有の領域における能力やら実績やら奉仕、その部分の大きなまたわれわれの責任というものもあるわけであります」「もちろん田中判決処理という問題も大事でありますけれども、減税法案を通過させて国民に約束した減税を実行するとか、行革法案を成立さして国民に約束した行革を断行するとか、それも大事な政治倫理であります。この方がむしろまさるとも劣らないぐらいの大事な政治倫理の問題である。私は、そういう信念に基づいて、政治家のあり方というものは非常に多方面であり、包括的な存在が政治家のあり方であります。もちろん大事な問題は大事な問題としてやらなきゃなりませんが、それぱかりにとらわれてほかの仕事をしないということは、政治倫理に反すると私は考えております」と述べ、政治倫理を重視する傾向を批判していた。

また国会の外でも、中曾根は選挙演説で「野党はただ倫理、倫理とスズムシのように鳴いているだけで、代案を出さない」と発言をしたことで野党から批判されたり（『朝日新聞』一九八三年一二月六日）、秦野法務大臣も『文藝春秋』（一九八三年一二月号）のインタビュー記事で田中擁護ともとれる発言「金を集めるのは格好が悪いという古典的道徳観がある……政治家に古典道徳の正直や清潔などという徳目を求めるのは、八百屋で魚をくれというのに等しい」(125)をして擁護したりと、盛り上がる政治倫理問題に挑戦的な姿勢をとっていた。

選挙戦途中には、自民党は過半数を確保できるのではないかという予測もしばしばなされた（「苦戦、やっと過半数」自民の議席数　首相が見通し」『朝日新聞』一九八三年一二月一二日など）。また中曾根も記者会見で過半数が勝敗ラインであることを強調していた（「勝敗ライン過半数」『朝日新聞』一九八三年一二月六日）。しかし、自民党は公示前二八六議席から大きく減らす二五〇議席と過半数（二五六）を割る大敗となった。社会党や公明党が議席を伸ばす一方、中曾根を批判し反金権の理念を掲げて勢力を取り戻そうとしていた新自由クラブは二議席減の八議席となった。

こうした中、自民党政調会長の田中六助が河野らに復党を打診する。これを河野は断るが、今度は統一会派を提案してきた。河野から相談をうけた田川は「これだけ自民党と中曾根を批判して、これで自民党と会派を組めるかよ」と断って、自民党有力議員で反田中派の河本敏夫の首班に動いた（オーラル下：128）。野党の社会党（一一二議席）、公明党（五八議席）、民社党（三八議席）、新自由クラブ（八議席）に自民党・河本派と自民党造反議員を合わせて、河本を推す算段だったという（オーラル下：128f）。

こうした動きに対して中曾根は「総裁声明」を出すことによって事態の打開を試みた。声明は、①総選挙の自民党敗北に対するお詫び（「厳粛な気持ちで責任を痛感」）、②政治倫理確立のために党内、両院に委員会・協議会を設置し、申し合わせ・立法化をして効果的で具体的な方法をとる。③田中問題のけじめとして党運営に関して田中元首相の政治的影響を一切の排除する。④党体質の抜本的な刷新と改革、⑤全党的態勢の確立し、公正な人事・党運営を行う、といったものだった（『朝日新聞』一九八三年一二月二四日）。

この声明は、自民党内の反中曾根派による中曾根おろしや自民造反を収めるためのもので、反田中角栄の色彩が強いものだった。中曾根は当初、この内容に難色を示したとされているが（オーラル下：129）、声明は功を奏し、三木や河本ら自民党反主流派の勢いは削がれることになった。

第一の策である河本首班がとん挫したことで、田川が他の策として考えていたのは、自民党と連立を組んで、政治倫理を旗印に法務大臣のポストを新自由クラブが担当するという道だった。それ以外の方法（例えば政策協定）は考えられないとしていた（同：129f）。

当時の報道について田川が疑問視しているのは、新自由クラブがノーマークだったことである。若干の楽観ムードがあったとはいえ、自民党が過半数を割る可能性は十分にあった。そうなった場合、統一会派や連立政権も視野に入ってくるわけだが、当時の報道はキャスティングボートを握る存在としての新自由クラブに対して報道あまり注目していなかった、と田川は言う（同：130f）。

「伯仲政治」報道から排除されていた新自由クラブ

前章でも取り上げたように新自由クラブブームは結成後一年ほどで終わっており、メディアがいう「伯仲国会」とは「革新」派野党への期待として語られていた。メディアその他が用いる保守・革新のカテゴリーで保守側に入れられていた新自由クラブへの注目が集まることはあまりなかった。

総選挙後、ふたたび「伯仲時代」になったことには報道でも注目された。一二月一九日『朝日新聞』朝刊一面は「自民大幅減、伯仲再現へ　中曾根政治へ厳しい審判　公明躍進、社民共躍進　「田中」批判くっきり」であり、二面「野党上げ潮、相次ぐ奪還」や三面「倫理の重み、自民しぼむ」社会面「「けじめ」求めた審判」のように自民党の大敗を伝えている。議席数が確定した一九日夕刊一面でも「自民敗退、政局激動へ　単独過半数を割る　社会・民社前回超す　共産伸びず自ク一ケタ　公明は過去最高」「首相指名も波乱含み　非主流、責任追及の構え」と同様である。

一方で同紙では「再編にらみ野党に動き」「自民との連携に意欲　民社「政策の一致条件に」」「師走

騒然　流れ一変　自民沈痛広がる衝撃」（いずれも同日の『朝日新聞』二面）のように、野党にも注目が集まっていた。ここで自民党の連携先として注目されていたのは民社党と公明党だった。各党の党勢を伝える三面「伯仲再現　はずむ社公民」でも、新自由クラブは一応取り上げられてはいるが、分量はベタ記事レベルである。なおこの日は、号外（「自民敗北、政局混迷へ」「自民、単独過半数割る」）も発行されているが、見出しからも分かる通り、主題は自民党の敗北である。

こうして再び「伯仲（時代・政治）」について関心が高まった。ただし、与野党の「伯仲」において、注目が集まるのは自民党内の非主流派、野党でも議席を大きく伸ばした社会党、公明党、民社党であって、新自由クラブの存在感は第三五回、三六回総選挙後と同様に低いままだった。

新自由クラブの誕生と与野党拮抗の「伯仲時代」はほぼ同時期（一九七六年以降）の出来事ではある。だが、これらはともに自民党政権に対する国民の失望から生じたものであって、新自由クラブが主体的に「伯仲時代」という政治状況をつくり出したわけではない。「伯仲時代」、そこからの連合構想は新自由クラブから若干離れたところで語られていたのである。

第二次中曾根連合内閣・自治大臣兼国家公安委員長・田川

中曾根を批判していた田川にとって自民党との連立は最善の策ではなかった。ただ、新自由クラブの中には自民党との連携を意識する者や連立や統一会派を求める者もいたため、あまりに田川が強固になりすぎると新自由クラブ分裂の危険性もあった（オーラル下：132）。田川自身、単なる統一会派・閣外協力では自民党の数の力に取り込まれる可能性を認識しており、少数政党にとっては閣内に入った方が良いとも考えていた。しかしそれは次善の策であり、第一目標は野党連合による河本首班で、自民党を割ることであった。

しかし河本首班は果たせず次善の策である連立に承諾したのだが、自民党が用意したポストは新自由クラブ側が当初要求していた法務大臣ではなく警察トップの国家公安委員長兼自治大臣という次善の次の「三善」だった。自民党側が河野ではなく田川を閣僚に推したのは、田川の当選回数が最も多かったことも要因だが、自民党に対して最も批判的だった田川を閣内に取り込み抑えようという意図もあったと言われる（同）。

自民党が新自由クラブと連立したことに対して、新聞の評価は分かれた。確かに「自民党一党支配の終焉」という画期的な出来事ではあるのだが、「伯仲時代」における中道〜革新政党の影響力増加に対する期待を暗に語っていた報道からすれば、こうした新自由クラブの動きは「裏切り」や「背信」と映った。特に『朝日新聞』はその批判の急先鋒であり、二七日の社説「『保保連合』への大きな疑問」の中でも大いに統一会派・連立を論難している。

「今度の統一会派結成によって……自民党としては昭和三十年の結党以来初めて、形の上では単独政権の座をおりたことになる。その意味で、連立時代への幕を開けたという評価もあるだろう。

……新自由クは二十六日の党声明で「わが党の主体性を堅持する」と述べている。だが、両党の議席比は二百五十九対八。あまりにも、その隔たりは大きい。新自由クは組織的にも、財政的にも基盤は弱いといわれるだけに、自民党にのみ込まれる危険をはらんだ選択だといわざるを得ない。第二の疑問は、田中問題を批判して与野党伯仲をえらんだ多くの有権者に、今回の行動をどう説明するのか、ということだ。……新自由クとしては、政策協定に倫理確立を盛り込んだことでスジを通したと強調するだろう。しかし、与党への変身まで有権者に説明してはいなかった。われわれは、伯仲下の野党に対する注文として「自民党政治のどこを否定していくのか、明確にしてほしい」と求めたが、新自由クの選択は、有権者の意思に反した形で自民党を助ける結果に終わりかねない。今後、閣内での行動を厳しく見つめたい。ロッキード事件の徹底究明が進む中、六人の自民党衆参両院議員が「自民党はすでにその時代的役割を果たし終えたとの認識に立ち、新たな保守政治を創造する」との声明を掲げて離党したのは七年半前だった。今回の行動は、その初志が貫かれるかどうかの決定的分岐点だと思う」（「保保連合への大きな疑問」『朝日新聞』一九八三年一二月二七日）

連立入りした新自由クラブに対する失望は他の記事（一二月二六日夕刊二面「野党『背信行為』と猛反発」、一二月二七日朝刊一九面「「なぜ自民と手組む」新自クに電話続く」）でも散見される。

さらに一九八三年一二月二九日の投書欄では、特集「新自ク転身と中曾根新内閣」が組まれたが、その内容は新内閣に対する批判一色であった（投書の様子は、一二月三〇日朝刊五面「自民敗北・新自ク連立に批判　今月の投書から」の中でも解説されている）。

「第一、この弁は結党時の高邁《こうまい》な志を思うに、余りにも言いわけがましく聞こえてならない。事実上は、自民党への吸収合併ではないか。「鶏口となるも牛後となるなかれ」――新自クにはこの精神

を貫いてほしかったのだが」（「一票を裏切る無節操な行為」二一歳学生）

「田川自治大臣におたずねする。自民と連立、入閣という重要な政治行動について、なぜ選挙期間中に有権者にはっきり説明しなかったのか、お答えねがいたい。有権者に対する裏切りである。」（「連立の可能性選挙中聞かず」五〇歳会社員）

「新自由クラブ全員が自民党と統一会派を作るということを知り、心からお慶《よろこ》び申し上げます。中曾根さんとの握手の感触はいかがでしたか、さだめしゾクゾクされたことでしょう。一選挙民として、あざやかな政治屋ぶりに感嘆致しております」（「ああ巧言令色　寄らば大樹か」六一歳無職、傍点は原文）

『毎日新聞』の社説「なぜ、いま保・保連合か――納得できぬ中曾根新体制」は、新自由クラブに対して一層厳しい批判を投げかけ「背信」と酷評している。

「新自クの行動は、とうてい支持する有権者などの納得を得られるものではなく、極言すれば背信に近いというほかない。……同党のとるべき道は、少なくとも衆院予算委員会での与野党逆転だけは避けたいという自民党の本心を正しく見抜き、連合についてもう一度、考え直すことである。いったん公党間で約束したのでできないというのであれば、連合の基礎となった協定が、確実に実行されるように絶えず求め、努力するほかない。自民党がそれを少しでもないがしろにしそうなら、断固として連合を破棄するように求めたい」（「なぜいま保・保連合か　納得できぬ中曾根新体制」『毎日新聞』一九八三年一二月二七日）

一方で『読売新聞』の二七日の社説「「連合」生かした強力な政治を」は、『朝日新聞』や『毎日新聞』と比べて新政権に対して好意的な論評が目立った。

「政策に共通項のある政党が、政策協定を結んで、その政策を推進するのは当然のことである。戦後、衆参両院を通じる絶対多数党単独政権は、保守合同（三〇年）まで一度も存在しなかった。……単独政権による「一党政治」は、政策を強力に実行していくうえでメリットがあるが、その反面、腐敗しやすい。新自由クラブの連合参加は、そうした欠陥を補い、政治倫理の確立、教育改革、行財政改革、平和外交など、重要課題を推進するうえで、大きな力となることを期待したい。野党の中に反発も強いが、政策の相違を無視して伯仲だけを追い求めた今回の選挙協力の方が〝異常〟ではないか。田川自治相（国家公安委員長）は、政治腐敗へのお目付け役としての役割を発揮する場を与えられた。今後は、自民党と合意した政治倫理確立、行財政改革、議員定数是正などの合意事項の実行について、閣内で推進力となるべきだ。……連合時代の政治には妥協がつきまとう。「政治は妥協」といわれるが、謙虚な態度で歩み寄る、ということ自体、非難するにはあたらない」

（「『連合』生かした強力な政治を」『読売新聞』一九八三年一二月二七日）

『朝日新聞』『毎日新聞』と『読売新聞』とでは、自民党・新自由クラブの連立政権に対する評価が対称的である。「初志」（朝日新聞）、「徳目」（毎日新聞）といわば「野党的な精神」の貫徹を重視する立場と、政治における「妥協」（読売新聞）の重要性を説く立場の違いでもあった。こうした報道状況をまとめて論評し、田川らを擁護したのが『サンケイ新聞』だった。

「新内閣の誕生というとなんでもかんでも悪口をいい、ケチをつけるのがこの国の世論の〝ご祝儀〟らしい。新自由クラブ・田川誠一氏の連立・入閣も、恒例に従って集中砲火を浴びた。

文化人、評論家、大学教授といった人びとが動員されて、「変節」だ「裏切り」だ「背信」だと口をそろえた一斉批判も壮観だったが、テレビに映った一般人の発言まで口移しのようにパターン化する有様。オウム返しの光景は〝オーウェル的世界〟を思わせた。

島国という地理的特性のせいか、われわれは「合従連衡《がっしょうれんこう》」や「遠交近攻」といった戦略思考や国際感覚に慣れておらず、現実的な選択や妥協をはかることもいさぎよしとしない。外交・内政を問わず白か黒か、オール・オア・ナッシングでないと気がすまぬ。

今度の田川入閣への短兵急な批判もそうなのだろうが、政治倫理の確立や行政・教育改革の点では双方が政策合意をした。それらの課題の実行には一日の遅滞も許されず、しかも政治の安定が必要である以上、〝すぐやる連立内閣〟は不思議ではないだろう。

新内閣に厳しい注文や要求を出すのは当然すぎるほど当然のことだが、そのことと新大臣が仕事をする前からケチをつけ、足を引っ張る度量の小ささとは違う。そうした悪口や批判が知的ポーズだと錯覚している人が多いから始末に負えない。

それやこれや日本的美学になじまぬ部分もあることゆえに、新自クの進路はたぶん苦難に満ちたものになるだろう。金権批判をしてきた田川さんが閣内でどう腕を振るうか、これからが正念場だ」（「サンケイ抄」『サンケイ新聞』一九八三年一二月二八日）

図 6-1　左：第二次中曾根内閣（最前列右から 2 番目が田川）最前列左から竹下、河本、中曾根、田川、安倍（首相官邸ホームページから）。右：入閣した田川の風刺画。「選挙の惨敗で目の前が真っ暗になった中曾根政権」「一筋の光明をもたらしたのが、新自クとの連立」「自民に取り込まれてぐにゃぐにゃになってしまうか」とある（「山田紳の毒舌快画⑳」『文藝春秋』1984 年 3 月号：巻頭）

政治評論家の屋山太郎のように「万年野党の地位に甘んじて犬の遠吠えに終るよりも、連立に参加した方が余程その影響力を行使できる」「自民党の田中支配に国民は「ノー」という答えを出した。その田中を最も強く攻撃してきたのは田川誠一である。その田川が自治相として入閣し、お目付役を果たすことになった。田川には連立解消という切り札もある。総選挙で示された国民世論の動向を洞察すれば、新自クの連立参加は正しい現実的選択といえるだろう」（屋山：235）（「中曾根再選の可能性を占う」『諸君！』一九八四年四月）のように擁護的な記事もあったが、それまで新自由クラブに好意的だった媒体ほど今回の連立については批判的だった。また新自由クラブから出馬し東京都議に就いたこともある政治評論家の増田卓二のように「〝信念の政治家〟とみられた田川の入閣は、そのイメージを著しく傷つける結果となった」（増田：35f）とかつての同志からも批判された。

このときの出来事を田川は一二月二八日の日記に「新自由クラブと自民党の連立は、マスコミが、何れも痛烈な批判を浴びせているので、インタビューの内容は所管事項よりも、こうした政治問題の方が多い。その中で比較的、好意的だったのは、西日本新聞、中日新聞、北海道新聞、読売新聞、サンケイ新聞、日本経済新聞などであった。朝日と毎日は、極めて批判的であった」と書き記している（憲政69：22）。田川は自身に届いた手紙について「批判や非難が多いのではないかと思って封を切るのを急がなかった。しかし批判らしい手紙は十通程度で、大部分は、祝辞と激励であり、胸をなでおろした」（同：31）と日記に書いている。

大臣になって取材を受けることが多くなったこともあり、大臣時代の日記には取材に対する感想がしばしば書かれている。以下はテレビを主体に活動しているフリージャーナリストから取材をされた際の感想である。

「連立などについて意地悪な質問をする。それはよいとして、あらかじめ自分で出した結論に、なんとか持っていきたいあまり、独善的議論を吹っかけてきたのにはいささかムッとした。フリージャーナリストとはいっても、所詮、モラルのない〝きわもの屋〟にすぎない」（一月七日、憲政69：52f）

論評の対象になりやすい与党・閣僚になった上、田川がそれまで批判していた自民との連立政権であったために、マス・メディアからは批判の論評の対象になっていった。

2 非・自民党の閣僚——自治大臣兼国家公安委員長として

閣内から田中批判・メディアからの批判

第二次中曾根内閣における一つの変化が閣僚の資産公開制度である。資産公開制度は、前年に大阪・堺市で制定された政治倫理条例によって始まっていたが、新自由クラブも自民党と連立するにあたって閣僚の資産公開を公約の中に入れていた。そして一九八四年一月、閣僚申し合わせに基づき、閣僚の資産公開が行われた（清水ほか：7）。もっとも新自由クラブは配偶者や家族名義の資産も含めた公開を求めていたのだが、このときは閣僚個人の資産公開にとどまるなど当初の目的が十分に達成されたわけではない。その後、リクルート事件後の一九八九年に資産公開の範囲は、閣僚に加えて政務次官にまで、また本人だけではなく配偶者・扶養者にまで拡大されている（「閣僚の資産公開に統一基準　家族名義は除外　政務次官は見送り」『朝日新聞』一九八四年一月一〇日、「閣僚資産、妻子含め公開　家族名義の株式一億円宇野内閣」『朝日新聞』一九八九年七月五日、その後一九九二年に「資産公開法（政治倫理の確立のための国会議員の資産等の公開等に関する法律）」が制定され、国会議員の資産公開が制度化している）。

また、新自由クラブは連立を組む際、防衛費の「一％枠」をめぐり自民党と対立した。自民党は「一％枠」の撤廃を視野に入れていたのだが、新自由クラブはこれに反対した。結果、政策協定の項目から外すということがあった。枠の撤廃に関しては自民党内にも反対意見はあったものの、新自由クラブとの連立で自民党側が譲歩する形となった（毎日新聞政治部：53-57）。

田川は田中派によって選挙区に落下傘候補として河野謙三の長男・鉄雄を立てられるなど、自民党田中派から圧力をかけられることがたびたびあったが（オーラル下・141、北門：126-127）、田川は閣内に入ってからも田中批判を緩めることはなかった。

それでも田川が閣内に入ったことは「変節」と受け取られた。本会議や予算委員会でも新自由クラブから唯一閣僚に入った田川を批判する質問がたびたびなされた。例えば、一九八四（昭和五九）年二月八日の本会議で日本社会党・井上普方《ひろのり》はこう問いただしている。

「日本社会党は、他の野党と協力し、昨年新自由クラブも一緒になって提案いたしました田中角栄君辞職勧告決議案を再び提案いたします。そのときには、新自由クラブの党首としていかなる態度をおとりになろうとするのか……」

そして、新自由クラブが連立政権を組んだことを「国民を愚弄」と厳しく追及する。

「政党がその生命とも言える理念をなくしてまで連立をすることが、果たして連立と言えるでありましょうか。理念を捨て去り、政党の利害で動くがごとき連立は、国民を愚弄し、国民に政治不信を助長させる以外の何物でもないと私は思うのであります」

これに対して、田川は以下のように答える。

「田中辞任勧告決議案に対する賛否は党議などで拘束をすべきものではございませんで、議員個人の良識に従って態度を決めるべき問題であると思います。しかしながら、新自由クラブといったしましては、この決議案がもし国会に出されたならば、議員全員はこぞってこれに賛成をすることになっております」

そして連立に対する批判には、欧州の事例を取り上げながら以下のように反論した。

「私どもは、政党が存立している以上他党を批判するのは当然でございまして、政党の存立意義を鮮明にするには、自民党ならずとも社会党も批判して今日までやってまいりました。

また、選挙が終わって過半数をとらない政党があれば、複数の政党で政権を担当するということはヨーロッパなどでは日常茶飯事に行われているのでございまして、ヨーロッパなどの例も見まして、お互いに選挙のときに意見を闘わしても、選挙が終わって重要な政策合意ができれば、複数で政権を担当するということは民主主義議会政治で当然行われている問題でございます。しかも今回は、新自由クラブが立党以来重要政策として、また基本政策として掲げてきました政治倫理の確立あるいは行政改革、教育改革、平和外交の推進、こういうような問題について自由民主党との間に政策合意が立派にできているのでございます。(拍手) ですから、ただ単に結び合っただけではなく、重要な政策で合意をしているのでございます。

また、ただいまこの席で総理大臣がおっしゃられたように、総選挙について反省もせられておりますし、政治倫理に対する取り組み方も大変従来よりは積極的になっていらっしゃるのでございまして、そういうことを考えますと、私どもは十分自由民主党と一緒に政権を担当できる確信を持ったのでございます。従来の政治がとかく批判や対立だけでやっている、そういうようなパターンを繰り返しただけでは政治の流れというものは変わらないのです。一〇〇%主張が通らなくても、五〇%、六〇%でも、少しでも我々の政策が実現できるように努力をするのが政治家の務めであると考えております」

なお田川の日記によれば「社会党の井上君は昨夜、質問事項について連立問題には、なんにもふれず、むしろ、それをかくしていたようにも思えたので、私も遠慮なく反論した」と書いていて（憲政70：165）、野党にはとにかく田川を批判したい意図があったのではないかと推測している。

この反論の内容は連立直後に田川が用意したパンフレット「いまなぜ連立か」（憲政175）の内容（項目は「外国では連立政権は珍らしくない」「批判していた政党と連立を組むのもおかしくない」「長期一党支配に風穴」「無政策合意が前提」「連立で政治倫理の確立を推進」）とほぼ同様である。その際に展開した「少しでも我々の政策が実現できるように努力をする」という行動原理は、大平首班のときに新自由クラブが主張した、そして田川が以前から大切にしていた論理でもあった。そして連立の結果として、連立は政治の不安定をもたらすという通説が否定されたこと、野党の中にも政権参加の意欲が高まったことを挙げている（『月刊新自由クラブ』一九八四年五月：19）。

田川は閣僚になった後でも政治倫理問題に関して田中批判を緩めることはなかった。三月には坂本三十次、三木武夫、櫻内義雄、藤尾正行といった自民党有力者の元を「入閣の挨拶にかこつけて」訪問し、福田赳夫との会談では「「田中問題」へのけじめが必要」との認識を確認し、政治倫理確立への協力を取り付けた。それまでも「（政治倫理の面で連立の成果が出なければ）腹を切る」「（田中に対する辞職勧告決議案が出れば）新自ク全員が賛成する」と田中派を刺激しており、福田との会談は「反角包囲網」を強化するものとして田中派議員を警戒させた。田川は「政治倫理確立のために必要とあれば、野党首脳とも会う」「予算案が衆院を通過すれば、閣議などでいろいろ言いたいことを言う」「万一、ボクが辞めるような事態になっても、辞めるのはボク一人じゃないよ」と政権内から揺さぶりをかけていた（「政治倫理確立へ協力で一致　田川・福田会談」『読売新聞』一九八四年三月一〇日、「田川氏の実力者歴訪　自民主流派ピリピリ　「反角包囲網作りだ」」（『読売新聞』一九八四年三月一一日）。

そしてロッキード裁判の一審で有罪となった議員への辞職勧告についても「当たり前のことであり、それを各党合意で慣例化すればよい」と支持する。これは議員辞職勧告の慣例化を進めていた自民党政調会長の藤尾に歩調を合わせるものだった（「「一審有罪」の辞職勧告を支持　田川自治相」『読売新聞』一九八四年五月三〇日）。

この間、新自由クラブ三代目代表に河野洋平が就いたことで田川は代表を退任することになるのだが、その挨拶でも「野党体験を今後の政治に活かそう」として「政治倫理の解決は、田中問題に対してけじめをつけることであります。これをウヤムヤにしておいて国会に対して信頼感を維持していくことは困難であります」（『月刊新自由クラブ』一九八四年八月号：24f）と繰り返している。

また、四月に田中の影響力が強い二階堂進が自民党副総裁になったことについても機関誌の中で「（他党の人事のこととはいえ）残念なこと」とし、「もしも田中氏の政治に対する影響力が目に見えてくるようになった場合は、……連立の際の約束に違反することのないよう、厳しく注意を喚起するなど、重大な決意をせざるを得ません」とけん制するなど（『新自由クラブ』一九八四年六月号：8f）、閣内にあって政治倫理を重視し、反・田中の姿勢は崩していなかった。

政治倫理審査会の設置に向けて活動していた田川は、「政治倫理とは田中問題であり、田中問題が置き去りにされたことは大変残念だ」「田中元首相には最近、かつて約束した自重自戒を逸脱した行動が目立っている。また、田中元首相の影響力の排除をうたった昨年末の中曾根自民党総裁声明が厳然としてあるのかどうか、疑わざるを得ない」と田中の行動と中曾根の姿勢を批判しつづけた（『朝日新聞』一九八四年八月九日）。さらに、刑事被告人で控訴中、しかも自粛自重を約束したはずの田中がゴルフに出かけるときに数十人の警察官を派遣して警備が行われたことを、国家公安委員長としても問題化している（痩せ我慢：143）。

こうした田川の厳しい言動に対しては、自民党・田中派の小沢一郎が田川が大臣をしていた自治省官房長を呼び出して「閣僚の発言としておかしい」と抗議してきたことがあった。その趣旨は①政治倫理についての国会論議は政治家に求められる倫理を幅広い次元で取り上げており、田中問題に置きかえている自治相発言は、国会で論議している政治倫理の意味を取り違えている、②各党が政治倫理について協議を重ねており、その問題について閣僚として発言することは国会対内閣の問題である、③自治相の釈明がない限り官房長官に申し入れざるを得ない、と田川に釈明を要求するものだった。これに対して田川は「発言が問題なら私や新自クに言ってくるべきであって、役所を呼ぶのは（田中問題への発言を封じ込めようとする）脅しだ」と強く反発した（『朝日新聞』一九八四年八月一〇日、カッコ内は原文）。

このことについて田川は日記（一九八四年八月九日）にこう記している。

「鈴木恒夫秘書官から報告を受け、小沢君の不見識な態度と増長ぶりをみて怒り心頭に発した。田中六助自民党幹事長が河野君に、「小沢議運委員長は若造のくせに背後の田中派が強力と思ってツケ上がっているのか」と言ったそうだ。それとも角栄に怒られて仕方なしに難癖をつけようとしたのかわからない。呼ばれた二人の報告を受けたが、小沢君が「なにを言っているのか、よく理解できない」と言っていた。

自分が国会を代表しているとでも錯覚しているのだろうか。それとも私が総理や官房長官の指示することをなんでも「ハイハイ」と従うとでも思っているのだろうか。

この国会が曲りなりにも、どうにか乗り切ることができたのは、新自由クラブや私たち幹部の協力があったからではないか。そんなことをタナにあげて私の発言に、当の本人になにも言わず関係のない役人を呼び付けて、とやかく難癖をつけようとするのは、少しピントがずれているとしか言いようがない」（痩せ我慢：145f）

五五年体制下、初の連立政権内で外様の閣僚だった田川が反田中・反金権を訴えていくことは、野党の一代表として外から、もしくは自民党内少数派の一議員として自民党を批判していた時より困難が伴うものだった。

VS『朝日新聞』

連立政権に対して特に厳しかった新聞が『朝日新聞』だが、例えば社説「田中問題と田川発言」（一九八四年九月一九日）は、田川が閣内に入ってから田中批判を減らしたという批判が展開されていた。

「この九カ月近くの間、閣内でどれほど田中問題で発言し、行動したというのだろう。国会閉幕という時になってから、いうだけはいっておくではすまぬ立場に、田川氏はいたはずだ。「総選挙中、政治倫理の急先鋒《せんぽう》と目された先生も閣僚のいすに座った今は、評論家のような姿」（本紙声欄）という批判、反発は、多くの人が持っていよう。そこには、新自クの存在が具体的な改革に結びつかないいらだちと、情勢を一変させた責任を問う気持ちがこもっている。田川氏はもちろん、新自ク全体が考えなければならない問題である」

当時、田川はこの記事をスクラップしていたものの内容までは把握していなかった。後年、オーラルヒストリーのヒアリングの際に見直したところ、その内容に疑問を持った（オーラル下：145）。田川が言うには閣内に入ってからも田中批判は続けており、それは前述のように小沢から田川に対して大臣を務める自治省への圧力となって返ってくることもあった。しかし『朝日新聞』の社説では田川は田中批判をしなくなったと批判している。田川はこの認識のズレについて「徹底的に筆者を調べたい」とインタビューで語った。

別の日のインタビュー（同：171-174）によると、田川は二〇〇〇（平成一二）年になってからこの社説の著者を突き止め、以下のような手紙を出して確認したという。

「……いま政策研究大学院大学の要請で、昨年秋から月一回二時間ぐらいのインタビューを受けています。たまたまそこで社説の終わりごろに意味のよくわからないところがあり、説明がつきかねたため筆者に意味を確かめたいと考えたからお尋ねします。十六年前のことですから背景の詳しい様子は忘れられていると思いまして、当時の新聞切り抜きの一部を添付しておきました。教えていただければ幸いです。

まず第一点として、「田中問題など初期の目的が達成できず残念と田川氏は言う。しかしこの九ヵ月の間、閣内でどれほど田中問題で発言し行動したというのだろう。国会閉幕という時期になって、言うだけは言っておくですまぬ立場に田川氏はいたはずだ」という文言です。

一、閣内で発言行動というのは閣議でということでしょうか。

二、閣議を含めて閣僚として国会内外など含めてという意味なのでしょうか。

第二点は、そのあと朝日『声』欄を例に挙げられ、私が評論家のようになってしまったと批判されているようですが、少数党が院内で政府与党を批判行動しても実効が上がらない場合も、同じように評論家扱いにされるのでしょうか。」(同：174)

細かい指摘と質問である。田川のこの手紙に対して社説の筆者は「二の閣僚として国会内外などを含めてという意味で使っております」「『閣内で』という言葉は『閣僚として』と書くべきでした。用語の選択が不適切と言われたら一言もありません……」「当時どのような記事を参照しながら執筆したか全く思い起こせませんので、半年前の歴訪の事実を失念していたのだろうと申し上げるほかはありません」という返信をしてきたという（同）。

田川の書籍や書簡を見る限り、マス・メディアに対しては厳しい視線を向けていた。特に事実の誤認や記者の取材態度に対してはしばしば不満を書き残していた。

マスコミ優遇税制の撤廃

こうしたマス・メディアに対する田川の厳しい姿勢は、事業税に関する「マスコミ優遇制度」の撤廃に向けた動きにも表れている。

新聞事業は、明治四三年の営業税法の施行以降、公共性・公益性を理由として非課税の適用を受けてきたが、一九八五（昭和六〇）年度の税制改正で新聞発行・新聞送達事業にも事業税が課されることが決定した。その後、新聞以外の「マスコミ関連七業種」に適用されてきた事業税の軽減措置も、一九九四（平成六）年の地方税法改正により段階的に縮小され、法人は一九九八（平成一〇）年度、個人も一九九九（平成一一）年に終了している（日本新聞協会ホームページより）。

田川は「隗《かい》より始めよ」という言葉を引用しながら、「社会の木鐸《ぼくたく》」を自負するマス・メディアであれば、不平等税制を正すことが求められる時代であればまず自らの優遇措置をなくすべきであると主張した。「「公益性」をタテに「非課税」という特権にしがみついていたので、税制にかかわる人々の間ではひんしゅくを買っていた。私はこうしたことが国民の納税意欲を削ぐばかりでなく、新聞への信頼感を著しく損ねることを恐れ……新聞などマスコミ企業への事業税免除の特典を撤廃する道を拓いた」

（瘦せ我慢：148f）と振り返っている。

田川は元読売新聞社で当時の自民党政調会長だった藤尾正行とともに、この問題に取り組んだ。その理由として田川は「新聞の権威を」守るため（同：149）と言っている。こうした考えの背後にあるのは、田川がたびたび用いる「世間の常識」という論理である。マス・メディア業界に「特権」が存在すること、もしそれが公になったら、世間からの新聞への風当たりが強くなるだろうことを予期したからである。特に田川は「（新聞は）言ってることとやってることがまるで違う」ことを改めなければ、「新聞はますますバカにされるばかりですよ」（『月刊官界』一九八五年一月号：80）と、現在のマス・メディア批判でもしばしば見られる発言をしている。

こうした田川らの動きに対して日本新聞協会は業界誌の『新聞経営』の中で反論した。その要旨は①新聞業の収益性は高くない。②民主社会における自由な言論機関である新聞の機能と役割に関する認識が欠如している。③新聞業の公益性は他業種の公益性とは異なる、といったものである（「新聞業等の事業税非課税措置に関する〝自治省小冊子〟への反論」『新聞経営』一九八四年一二月号：82-84）。特に新聞業がエネルギー事業などの他の公益事業と同列に扱われていることに関しては、「電気・ガス供給事業は、物理的環境を形成するエネルギー供給をつかさどる事業であり、一方、新聞事業は、知性と文化レベルの向上ならびに民主社会の維持・発展に資する事業である。新聞事業は、いわば人間の精神活動に奉仕する公益事業といえるものであり、電気・ガス供給事業と同一次元で論じる筋合いのものではない」「電気・ガス供給事業についていえば、それが根幹産業として公益性をもつことは疑いを入れないが、その性格からして常時、巨大な保護政策の対象となっており、その経営は常に安定していることを承知すべきである。次元が異なるとはいえ、同じ公益事業として、新聞事業はわずかな優遇措置があるとはいえ、粒々辛苦の経営をつづけているのと同列に論じられない」「電気・ガス供給事業の収入は新聞事業の比ではない」と、分量を大きく割いて反論している（同：84-85）。

なお事業税優遇措置の撤廃は、自民党の中堅クラスの議員からは「もっともなことだ、やらなきゃならん」と好感をもって受け止められたが、逆に上層部や若手層は「（マス・メディアからの）あとのしっぺ返しが怖い」と気乗りではなかったという。また地方税である事業税を担当している自治省も不公平税制の問題を認識しつつもその対策には及び腰だったとされる（オーラル下：175）。

事業税優遇撤廃問題について、例えば朝日新聞では一応報道はされているがその扱いはそれほど大きくはない（動静を伝えるベタ記事、一九八四（昭和五九）年三月二日「「マスコミからも事業税を」（田川自治相）」はある）。その後も、事業税優遇措置の撤廃に関して日本新聞協会や日本民間放送連盟が反対しているといった記事（一九八四年一一月二二日「民放連、広告費課税など反対の決議採択」、一九八四年一二月二〇日夕刊「非課税措置の撤廃　マスコミ抑制を危惧　新聞協会が談話」など）もあるのだが、いずれも扱いは小さかった。また一九八四年一二月二〇日同紙社説「公平な税への努力を怠るな」でも田川発言に真っ向から反論をしているわけではなく、医師の社会保険診療報酬に対する優遇措置が残されマスコミの優遇措置が撤廃される見込みになったことが「課税の不公正」ではないかと問題視している程度であった。

日本新聞協会が発行する機関誌『新聞研究』では事業性優遇措置撤廃問題に関する新聞協会の動向に

ついて解説する記事はいくつかあったが（例えば『新聞研究』一九八四年七月号、一九八五年二月号、ほかに新聞協会の橋本直が一連の流れについて「新聞の有する公共性についての認識の希薄さがうかがえる」（橋本 1992：82）と指摘している）、大きな特集を組んで全面的に反論するということはなかったようである。

この問題がそれほど報道されないことへの対抗措置として、田川は予算委員会の生中継を活用した。知り合いの野党議員に「この問題を質問してよ。おもしろいよ」と質問させて、自身が答弁することで事業税問題を生中継の電波に乗せる方法をとった（オーラル下：176）。

これは国会議事録でも確認できる。第一〇一回特別国会・参議院予算委員会（一九八四年三月一四日）で、社会党の和田静夫が「新聞事業について事業税免除の見直しに触れられている向きが非常に多いわけですね。どういうふうにお考えになっていますか」と質問している。それに対して田川はこう持論を展開した。

「租税の、新聞事業それからテレビ、出版、その事業税についてはは税の不公平感をなくしていく意味から、これは事業税を課していかなければならないという強い気持ちを私自身は持っております。新聞、テレビ、その他出版の事業税につきまして、特に新聞やテレビ、これは今の不公平税制と言われる中で一番早くやらなければ、手をつけなければならない問題ではなかったかと思います。私はそういう意味で国会の御協力を得、各政党各会派の御支援を得てこの問題は実現に移していかなければならないと思うのです。新聞が公益性と言われますけれども、公益性のある事業が事業税を随分払っているわけですね。ガス供給事業であるとか電気供給事業であるとか、そういう中にただ新聞やテレビが聖域のように事業税を払わないでいいなんというようなことは許されないことじゃないかと私は思うんです。国民の皆さんが知らないのですね。一般に新聞やテレビは事業税を払ってないんですか知らないのです。新聞の第一線に働いている記者でさえも知らないのです。それはこういうことが報道されないのですよ。報道されないから知らないのです。私はこれほど不公平な税制はない。こういうことに手をつけないからほかの特別措置で免れているそういう税金に手をつけられない。ですから私は、今新聞やテレビは事業の傾向を調べてみると大変収入がよくなってきているんです。ですから、自発的に新聞やテレビが事業税を払っていただくようにこの席から特にお願いを申し上げる次第でございます」

田川はマスコミ事業税の軽減措置の撤廃を「長年手がつけられず、タブー視されたマスコミ事業税の問題を、自らの発意と指導でやり得たことに、満足している」（痩せ我慢：153）と振り返っている。

なお田川は政治家引退後もマス・メディアの「特権」に対する問題意識を持ち続けていた。以下は『新聞の秘密』（日本評論社・一九七八年）という本の著者・清水勝人（ペンネーム）に出した手紙である。

「手紙を書きました目的の第一番は、可能ならお会いして、新聞など著作物の再販見直しをめぐる新聞界の一部による『強権』とも言える反対の動きについて憂慮していることについて私の考えを申し上げ、再販見直しの法改正を実現する方法に関してご高見を頂きたい、ということでありますす」「今回、新聞などの再販見直し問題をめぐる一部、新聞社幹部の言動を見聞きしていますと賛否の議論よりも、新聞の権威主義と申しますか、謙虚に見直し論や新聞の構造的な古い体質を指摘する声に耳をかす度量がなく、逆に見直し論を封殺しようとする姿勢に対して言論フッ《ママ》ショにも似たような憂慮を覚えている次第であります」（憲政14-6、手紙は一九九七年六月一日時点）

こうした政策面だけではなく、報道内容に関してもマス・メディアに厳しかった。『月刊新自由クラブ』では主に二つのメディア批判の記事を書いている。そのうちの一つが一九八五年一〇月号の「現代マスコミ論」で「いまや「第四権力」といわれるほどの力を持つマスコミをチェックするためには、それに対抗し得る高い権威を付与した機関を創設する必要がある」（75）と、現代のインターネットで見られる「マスコミ批判」のような議論を展開している。もう一つ「マスコミの独断・偏見を叱る」（一九八五年一月号）でも「最近のマスコミは書き得、放映しっ放しで事後の検証に関心が薄い。これはマスコミの自殺行為につながる」（58）、「政党や政治家の発言、公約がどうなったか、ということも、もう少し真剣に検証してみる必要がある。私たち新自由クラブ自身も例外ではない」（62）と当時のマス・メディアに苦言を呈している。このほかにも、記事中の事実の間違いや曲解については各種媒体でことあるごとに批判している。

ジャーナリズム批判はメディア企業を退職した者によってなされることが多く、そうしたものはしばしば「自分たちのできなかったことを棚に上げて単なる理念や情念で後輩に意識や行動の改革を迫る」（鶴木：192）ものにすぎないという指摘もなされている。また特定のイデオロギー的な価値観に依拠して報道内容を断罪するようなジャーナリズム批判も少なくない。

田川のマス・メディア批判もその内容自体は常識的なもので、ジャーナリズム論的に別段深みがあるというわけではない。だが、田川は自分の記者時代に触れながら、自分が実践できていたことを現状のマス・メディアはできていないという形で批判するので、前述のようなジャーナリズム批判よりは有効なものになるし、逆にマス・メディアの側にとっては甘いものではなかった。

大臣辞任（新自由クラブ内で大臣ポストを回す）・自民党からの〝切り崩し〟

一九八四年一一月、自民党の総裁選で中曾根が再選、第二次中曾根内閣の改造が行われたことを機に、田川は閣僚を辞任する。改造があれば「河野君か山口君にバトンタッチさせなきゃと思っていた」（オーラル下：165）という。新自由クラブの中でもっとも古参が田川（当時当選九回）、次が河野（当選七回）と山口（当選七回）だったからである。

ただ、この閣僚交代の裏には自民党からの新自由クラブの切り崩しがあったのではないかとも言われている。総務庁発足に伴い自民党の中に田川を国家公安委員長から外そうという動きがあったのだが、田川には知らされていなかった。総務庁発足の直前の六月に、『日本経済新聞』がこの国家公安委員長の交替の計画をスクープしている（「首相意向　総務庁長官に後藤田氏　中西氏は国家公安委員長」『日本経済新聞』一九八四年六月一七日）。

田川にはこの記事が出る前、日経の記者から「御承知でしょう」と聞かれ、その場では田川は「そんなことはないはずだ」と否定したものの、それが中曾根らの意向だということが後に判明する（オーラル下：167f）。すぐに官房長官の藤波孝生に抗議し、最終的には藤波が折れて田川は国家公安委員長を継続することになった。

しかし、そうまでして守った「連立の条件」（法に関係する閣僚ポストを確保すること）も内閣改造時には事実上、機能しなくなった。新自由クラブの閣僚ポストは「自治相兼国家公安委員長」（田川）から「労働大臣」（山口）になった。さらにその後は「科学技術長官」（河野）である。当初は閣内三番目とも言われた新自由クラブのポストは軽いものになっていた。

田川に言わせれば「当初の意気込みというのはなくなっちゃいます。連立させてもらいたいということになっているんだから。お願いする形になって」いて、それはかつて連立を組んだころにあった「連立して閣僚一つも楯に取っておきたいと。それで、いざという時には閣内を壊してやるという気持」が新自由クラブから消えつつあったということの表れでもあった（同：170）。自治大臣の田川を警戒していた中曾根も、労働大臣・山口のことは気に入っていたという（河野オーラル：86）。こうして与党・自民党の監視役として期待された新自由クラブはその役割を失いつつあったのである。

3　新自由クラブの解体——ただ一人自民党に復党せず

自民復党に向けた動き

新自由クラブの議員に対しては自民党から「復党」の誘いが何度もあった。田川は一九八五年一一月、中曾根のブレーンだった演出家・浅利慶太と会談した。その際、田川は復党についてこう繰り返したという（オーラル下：196f）。

・新自由クラブは九年経って概ね使命を果たした。
・山口には黒い噂がある。表に出ないうちに大きな世帯（自民党）の中にみんな入ったほうが被害が少なく、責任も薄まる。
・新自由クラブの面倒を見続けていくのに疲れた。

このとき、田川は浅利を信頼して「復党のために積極的行動を取るが、私（田川）自身はぎりぎりで残る」「私一人は残念ながら復党できない。一緒に行動する格好は示すが、最後は残る。……しかし、これはあなたの胸の中に含めておいてもらいたい」（同：197）と伝えた。田川が復党を拒んだ理由の一つは、自民党に戻る気がしなかったというのもあるが、もう一つは自身がその設立にかかわった新自由クラブの地方組織の後処理問題もあったからである（同）。

浅利は一九八六年中には衆院が解散され、衆参同日選挙が実施されると予想していた。そして同日選に向けて衆院解散の風が吹くだろう三月よりも前に「電光石火一挙」に復党することが効果的であると考えていた（同：198）。一方、田川は衆院の解散はないものと考えており、復党はできるだけ遅い方が良い、少なくとも内閣改造（一九八六年三月を予定）からしばらくたった五月か六月が良いと考えて浅利に「あと一、二回選挙をやって引退する。できれば評論家活動に入りたいと思っている」と自分の気持ちを伝え、「新自クの方向を見定めることが私の締め括りでもある。浅利氏との会見を終わって肩の荷がおりたようにホッと解放感を覚えた」（同）と述懐している。

こうした復党話は当時の報道では以下のように伝えられた。

「中曾根首相は八日、国会内で記者団の質問に答え、連立与党の新自由クラブを自民党に復党・入党させる考えがあるかどうかについて、「年中、ある。私的には（復党呼びかけを）いっている。山口新自ク幹事長に会うときは「そろそろどうだ」といっている」と述べた。首相はそうした勧誘は「冗談めかしていう」と述べたあと、「まあ、（必ずしも）冗談ではないけれど」と付け加えた」（「新自クへの復党要請　公式の場ではせぬ　首相語る」『朝日新聞』一九八六年二月八日、カッコ内原文）。

『読売新聞』（一九八六年二月九日「新自ク復党要請「懐旧の情」から　首相、事実認める　自民に波紋」）では、「政治評論家を通じて復党→中曾根派への合流を打診」「首相欧州歴訪時には河野氏に同行を求め……二人だけの話し合いを持っている」「中曾根、金丸、河野、山口の四者会談で、公式に復党要請に踏み切った」とより詳細に伝えている。この背景には、新自由クラブの議員が自民党に復党すれば中曾根の手柄・成果となり、それを党内政治や政局転換のテコにしようという意図があったのではないかと推測する者もいたという（同記事）。

しかしこの中曾根発言は自民党内部に波紋を巻き起こした。そのため当初の復党計画は崩れ、結局七月の衆参同日選挙まで復党は行われず、そのまま自民・新自クの連立政権は維持されることになった。

一九八六年衆参同日選挙（自民過半数獲得・連立解消）

一九八六年七月六日に行われた衆参同日選挙で、自民党は史上最多の衆院三〇〇議席を獲得、野党は総じて議席を減らし、新自由クラブも二議席減の六議席となった。過半数を超えた自民党にとってもはや新自由クラブとの連立はもはや不要なものとなった。新自由クラブの中では自民党と共同会派をつくろうとする山口・甘利らと自主会派で行こうとする河野・田川らで分裂寸前になったが、結局、浅利を通じて河野・山口と中曾根の間で復党話がまとまる（オーラル下：202）。

無所属でやっていこうとする田川に対しても復党するように求める者もいた。その中には元・新自由クラブの者もいたという。だが必ずしも純粋な気持ちからではなく、田川が一人新自由クラブに残ることで「錦の御旗」を持つことになり、復党した者が「賊軍」になることを懸念していたからだという（同：204）。

新自由クラブを振り返って田川は「大した理由もなくポツポツ離党する奴が出てくることです。あれだけ選挙で一所懸命世話させておいて、舌の根も乾かないうちに自民党に行っちゃう奴が出てくるし、嫌がらせを受けたりする」（同）と語る。確かに結成当初から西岡離党の問題もあったように、新自由クラブは終始不安定な存在だった。

一九八六年八月一五日、新自由クラブは第一一回全国代議員大会を開いて、組織の解散を可決した。河野は挨拶の中で新自由クラブの一〇年間を「栄光と失意に彩られた戦いの歴史であった」とし、「自民党絶対多数の情勢下で、これまでの政治的スタンス、方法論を踏襲することで将来の青写真を提示することはできない。もう一度、より大きな保守の枠組みの中で、政治改革に精進するのが立党の理念を生かしていく道だ」と述べて、自民党への復党を提案した（『月刊新自由クラブ』一九八六年九月号・解散特別号：18）。

『月刊新自由クラブ』の解散特別号（最終号）では、先の同日選挙で当選した衆議院議員のうち甘利明を除く五名が記事（河野洋平「立党の理念は消えない」、山口敏夫「新自由主義の確立を目指して」、田川誠一「初一念貫き独自の道を進む」、小杉隆「時代を先取りして新たな挑戦を」、鈴木恒夫「私は初心を忘れません」）を書いている。

最終号では座談会も組まれ、政治評論家の萩原道彦は新自由クラブの成果として、一つ目に汚職事件で辞任しロッキード事件で一審有罪判決を受けた田中被告が政治に大きな影響力を持ち続けた「日本の議会政治史の上できわめて異常な時代」の中で政治倫理を問題にし続けたこと、二つ目は一定の歯止め政党として機能したこと、そして三つ目に市民の側に立ち手作りで政治をやり直そうとしたことは歴史的な出来事だったとしている（同：7f）。

また新自由クラブは最大でも衆院一七議席にすぎず、理念を実現しようとする政党としては影響力が弱く、そのため「ゲリラ的政界遊泳」（評者の岩見隆夫は、時と場合によって自民党、中道三党、社民連らと連携しようとしたことを指摘してそう言っている）せざるをえなかった。そうしたゲリラ戦法、すなわち議論の中身ではなく行動力で勝負しようとする戦法は、河野、西岡、田川といった「真っとうな政党政治家」には向かなかったのではないかとも指摘されている（同：10f）。

なお政界で影響力を持つにあたり数の力は重要であるが、座談会では新自由クラブが結成されたときの自民党からの脱党者が六人しかいなかったことも敗因の一つだったのではないかと指摘されている。その理由としてロッキード事件が露見したときの総理が反田中色の強い三木武夫だったことも挙げられている。もしより田中に近い人物が総理をやっていたら、自民党から脱党した人数ももっと多くなり、保守第二党としての新自由クラブはもう少し大きな勢力になったのではないか、もしくはロッキード判決直後の一九八三年衆院選後に野党連合で河本を擁立できていれば、新自由クラブの拡大も見込めたかもしれない。だがそれも中曾根が「総裁声明」を出して反田中の姿勢を明確し、それによって自民党内が統一されたことで新自由クラブが付け入るスキがなくなったという（同：9-12）。

この対談の中では新自由クラブの成果として「浄財政治」が挙げられているが、解党によってこの理念がとん挫することが懸念されている。「浄財政治」は反金権政治を掲げる新自由クラブのシンボルの一つであり、それは金権政治のシンボルであった田中角栄と対《つい》を成していた。対談でも「田中さんのもの凄い放射能を新自由クラブが鏡を持って反射」することで「非常に分かりやすい問題提起」が出来ていたと一定の評価はされている（同：16）。

ただその田中も一九八五年二月二七日に脳梗塞で倒れて入院し、言語障害や行動障害が残り、それ以降の政治活動が実質的に不可能になった（しかし一九八六年の総選挙も当選して一九九〇年まで議員を続けている）。政治の表舞台には姿を見せなくなり、田中の政治的影響力が弱まっていった（早野：388f）。田中という金権政治のシンボルが倒れたことで、逆に反金権をシンボルとする世論に依拠していた新自由クラブもその正当性が揺らいだ。政治評論家の萩原道彦が「田中さんがもうちょっと元気だったら、逆説的なんだけれど、やりやすい面があったと思うんです」(『月刊新自由クラブ』一九八六年九月号・解散特別号：17)と指摘するように、田中という明確な敵を失った新自由クラブは自身のアイデンティティも失ったのである。

田川は、『月刊新自由クラブ』最終号で「私の現在の感慨は、八月十二日の全国幹事会で全国幹事の質問に答えて述べた次の発言以外のなにものもない」として、以下の自身の発言を取り上げている。

「全国幹事会における決別の言葉

代表の提案には、残念なことだけれども賛成します。

この十年の新自由クラブの歴史は、厳しい試練に立たされたときの方が多かったような気がします。同志の皆さんは、この十年間をよく耐えて頑張ってきたものと、私は評価したいと思います。

そして、自民党へお入りになられる方がたに対し、私は温かい気持とねぎらいの言葉をもってお送りしたいのであります。

新自由クラブのなかで耐えぬいた貴重な経験は、きっと、今後の自民党における政治生活の中で、光彩を放つものと期待しています。

ただ、しかし私は、今後独自の道を歩んでまいります。自民党へ行かれる方がたと行動を共にすることはできません。

それは、私が年寄りだとか、先が短かいからということではありません。

私は、自民党が国会で絶対多数を占めているときこそ、その行き過ぎや暴走を、外から明確にチェックできる保守勢力が必要だといまでも考えています。

それは、一人でも、二人でもよい、そうした勢力が、まったく存在しないよりもあった方がよいと信じています。また院外で、そのように考えている志を同じくする国民の力というものを、まったく無視することが私にはできないのであります。

そうした意味で、わがままのようですが、私はこれから、新しい政治活動をとらせていただくことのお許しをお願いして、代表提案を承認することにいたします」（同：28f）

メディアからの失望、「枠」外の田川

新自由クラブの解党は、メディアからも失望をもって評された。各紙で「十年で消え去る新自ク」（『読売新聞』一九八六年八月一三日）、「新自ク解党の教訓は何か」（『毎日新聞』一九八六年八月一三日）、「新自ク十年の試みをムダにするな」（『日本経済新聞』一九八六年八月一三日）、「解党しても初心忘れるな」（『サンケイ新聞』一九八六年八月一三日）、「新自クの〝挫折〟とこれから」（『東京新聞』一九八六年八月一三日）などの社説が書かれている。その中でも『朝日新聞』のものは厳しい評価だった。

「公党としての信義、節操はどこへ行ったのであろうか。三月に決定した今年度の同党活動方針は「国民の要望の変化を的確に政治の場に反映させるためには、もはや一党による政治体制では対応し得ない」とうたっている。この言葉を信じて、新自クに投票した有権者も決して少なくなかった

だろう。理想の追求よりも、長い物に巻かれて保身をはかるといった風潮が最近はとくに目立ってきたが、新自クの変身もその象徴的なできごとのように思う。……今度の新自クの挫折によって、ここ当分、保守二党の可能性はなくなった。一党支配のひずみは、ここで改めて指摘するまでもない。河野代表らは保守二党の種をまきながら、自らその芽をつんでしまった。「連立・連合の政治」のイメージを傷つけたのと併せて、責任は重い。」(「長い物に巻かれる風潮の中で」『朝日新聞』一九八六年八月一三日)

新自由クラブ解散に関する各紙社説を要約すれば「金権政治から決別した新しい保守政治という初心とその理念を実現できなかった新自由クラブ」といったものであろう。

これらの社説のすべてに共通するのが、そこでの批判の程度の差はあるものの河野元代表や自民党復党組に対する視線である。新自由クラブ二代目代表だった田川に言及している全国紙は『毎日新聞』のみ、しかも「田川前代表は……復党せずに、政治倫理に取り組む、と述べている」「新自クの挫折は、田川、宇都宮両氏がいうように、政治倫理の確立、軍縮・平和という面からでも残念である」と引用しているのみで、田川に対する直接の論評ではない。

連立政権に対する評価も「政権の枠組みにとり込まれ」(『毎日新聞』)、「自民党との連立で、閣僚ポストを三つも占め、政権与党の〝うまみ〟を味わった」(『読売新聞』、※新自由クラブはそれぞれの内閣で一人ずつ(自治・国家公安委員長、労働、科学技術庁)合計三つのポストを得ていたのであり、「三つも占め」と書くと、それぞれの内閣で三人の閣僚を出していたと誤解されかねない表現ではある)、「連立によって、党の独自性が埋没」（『朝日新聞』）とかなり手厳しい。

こうした社説の中に、連立の中にあっても、また自民党からの圧力があっても田中批判を続けた田川に関する言及がないのは「フェア」ではないように思える。もっとも田川は「初心を忘れた新自由クラブの挫折」という論評のストーリーに合致しない要素であるし、なにより他の新自由クラブのメンバーと決別して自民党に復党しなかった点でこうした新自由クラブ評の枠外にあったのだろう。メンバーの中で一番「初心」を貫くことが出来た田川は、「初心を忘れた新自由クラブの挫折」という当時の論評の枠組みには収まらずにすんだのである。

皮肉なことではあるのだが、新自由クラブ解散・自民復党という出来事の中でもただ一人復党しなかった田川の象徴的な次元での正当性は相対的には維持されていた。それは田川がのちに結成する新党・進歩党に対するささやかではあるが追い風にもなったのである。

終章　進歩党結成、そして引退へ（一九八七年〜二〇〇九年）

進歩党選挙ポスター（1990年）
提供：毎日新聞社

「ドン・キホーテは、遍歴騎士道の終わりとともに天からの使命を失い、自らの精神的な死を追って肉体的な終焉の用意に取りかからなければならない。そのようにして彼は死んでいく。そのときの彼はもはやドン・キホーテ・デ・ラ・マンチャではなく、善人アロンソ・キハーノである。彼は、かつて空想的想像の領域に住まっていたために、無知という霧のかかった暗闇によって明晰な判断ができないよう覆われていたが、そのような暗闇からも解放され、今や自分自身は明晰な判断を取り戻していると考える。サンソン・カラスコは、ドン・キホーテの碑に、狂人として世を送りしが、正気に戻って身罷かれり、と刻んでいる。だが、正気と狂気の意味は、その範囲内でのみこうした尺度が妥当するにすぎない下位宇宙に依存してはいないだろうか。われわれの下位宇宙のすべてを総合している宇宙全体においては、いったい何が狂気で、何が正気なのであろうか。「もうわしらは万事ただ神さまにおすがり申すしかない。そしてこれからどうなるかは運の神まかせといたそう」とサンチョは言う。彼は、超越論的なもののあらゆる誘惑をいっさいものともせず、常識の遺産に深く根ざしたままで在り続けるのである」（「ドン・キホーテと現実の問題」『アルフレッド・シュッツ著作集　第3巻　社会理論の研究』マルジュ社・一九九一年：217f）

1 「自民党よ驕るなかれ」――一人政党進歩党

一九八七年一月二二日、田川は新党・進歩党を結成する。東京平河町全共連ビルで開催された結党大会で田川は「草の根自由主義で行こう」「声をあげるべき時にあげないならば、悔いを千載《せんざい》に残す」とし、「自民党の「数のおごり」にブレーキをかけること、チェック機能を果たすことに全力を傾けていく」と宣言した。そして「進み歩く、物事が少しづつ発達し、次第に良い方、望ましい方に進みゆく」ことが進歩党の身上であると呼びかけた（憲政179：2, 734）。

だがその一方、進歩党は新自由クラブの「清算事業団」という性格もあった。一九七九年総選挙で新自由クラブが惨敗した際、幹事長だった田川は各地の落選者のもとを訪れ激励し「相当活を入れて回った」（河野オーラル：75）という経緯があるという。他の新自由クラブの議員が自民党へ復党するときにも、田川は「全国に支部を作って活動をさせて、市会議員も何人かいるのに、それを全部置いて自分だけ帰るなんてことはできない」（同：92）と河野に語っていた。田川自身「大勢増やしてやるという自信（が無い）」「自分で引っ張って行って、徒党を組んでやる能力はありません」（オーラル下：209）とのちに語っているように、進歩党から国会議員を一人か二人出したあとには、代表を退くつもりだったという。

なお、「進歩党」という名前は妥協の産物だった。当初は「民主党」で行こうと考えていたのだが、

「自由民主党」と重なるので自治省から却下されたのだという（同：210、驕るなかれ：83ほか）。

後にこう振り返られる新党結成の状況だが、結党当時の田川は著書で「『新自由クラブの残党対策ではないか』という声も耳にしたが、私はそれだけでは、新党をつくる気はなかった。新自由クラブに関係があろうとなかろうと、自民党政治に危機感を抱いている人たちがあまりに多いということが私の心を動かした」（驕るなかれ：74）と進歩党が前向きなイメージを持てるようそれなりに腐心していた。そこには党代表としてのハッタリがいくぶん見え隠れもしていた。

保守・リベラルの再生に向けて全国行脚《あんぎゃ》

新自由クラブの失敗と教訓をもとに、田川は候補者の選定に注意を払った。政治家に求められる「三条件・党員規範」を以下のように規定し、新党参加者にそれを求めた（驕るなかれ：74）。

- わが党の党員は、自民党政治権力と明確に一線を画し、選挙を通じての立身出世や、一身の利害打算を優先することのない、強固な信念と節操が求められる。
- わが党の党員、とりわけ議員や立候補者は、一般国民よりも厳しい倫理観と責任感を身につける努力が求められる。
- わが党の党員は、党の方針を順守し、民主政治の創造に献身する覚悟が求められる。

新自由クラブでは「あまり審査もしないで入党させたために、他党からの公認もれや、いかがわしい者まで参加させてしまい、結局、それが命取りとなった」（同：75）ことの反省をもとに、進歩党では入党希望者の選別を重視した。

田川は、進歩党の目的とは議員を輩出することだけではなく、党の理念を国民に理解してもらい、政治改革の基盤を各選挙区につくることであるとしていた（同：77）。清廉な政治家は清廉な選挙区と有権者によって生まれると田川は考えていたからである。

自身の選挙区（神奈川二区）についても同様で、閣僚になったからといってさほど票が増えなかったこと、また支援者・後援会が地元への利益誘導を過度に求めることがなかったことなどに言及し（同：70f）、見返りを求めない支援者と選挙区に感謝もしている。また、かつて自治大臣の出身都道府県には交付税が多く配分される不文律があったと言われる。だが、自治相になった田川は省幹部に「私の選挙区や出身県のことは考えなくていいから、思い切った査定、公平な査定をしてほしい」と言い、田川の大臣就任で交付税の配分が増えることを見越して予算を組んでいた神奈川県は目論見が外れ困惑したという話があるように（伊藤 1995：116）、選挙区への露骨な見返りも行わなかった。

政治の改革に必要なことは有権者の意識改革であると考えた田川は、新党結成後、日本各地を回って講演をした（オーラル下：241f）。その中には鹿児島の沖永良部島《おきのえらぶ》もあった。沖永良部島は「奄美群島選挙区」に属し、保岡興治と徳田虎雄間の保徳《やすとく》戦争という選挙のたびに激しい選挙抗争が繰り広げられることで知られていた。

沖永良部島の青年から「(二人の候補) 双方に暴力団までかかわってくる始末。これが本当の自由主義、民主主義だろうか。自民党系がほとんどのこの島では、誰にも反省の色が見られません。しかし、私もこんどはもう我慢がならない。進歩党とともに、たった一人で決起をする。島の美しい自然と心を守るためにも、頑張るつもりです」(驕るなかれ：81) という手紙をもらった田川は、一九八七年二月二四日、沖永良部島を訪問する (同：82)。

島の青年数名が企画した講演会では予想を超える三五〇名が参加した。田川は集まった人々に対して、政治の現状や奄美群島のかかえる問題などについて語った。

「奄美の選挙は確かにひどい。しかし、選挙の時、皆さんが『カネをもってこないと言うことを聞かない』という態度をとる限りは駄目だ」と選挙民の意識改革を訴えた。政治に不満を持ちつつ泣き寝入りをさせられている人たちが自民党の数の驕りに対して、政治に対する傍観者であることをやめることを田川は求めた (『朝日新聞』一九八七年三月二日)。この訪問では「政治倫理なんて言ったら危ない」と地元の警察が田川の護衛にあたったが、「政治家の集会で飲み食いが出なかったのは初めて」と署長が語っていたというように型破りな訪問であった (『毎日新聞』一九九三年六月九日)。

「行動力は自分では抜群だと思ってましたから、全国を歩きました。それと私は世論を興さなきゃないかんと……世論を引き興して啓蒙していこうと考えました」(オーラル下：209) と語るように、田川は「世論」に合わせるのではなく政治家として「輿《よ》論」の指導をめざした。

メディアのご意見番・田川

進歩党結成からしばらくたった一九八七年四月、田川は講談社から『自民党よ驕るなかれ』を出版する。帯には「このままでは日本はダメになる!! 信念と良心を武器に、たった一人で三百余議席の驕りに挑み、いま初めて明らかにする政界秘話と日本再生への問題提起!! 身命を賭して打ち鳴らす警鐘、緊急書下ろし」とあるように、それまで田川が執筆してきたものと比べて時事的・評論的な色彩の強い本であった。実際、この本は約二〇万部売れ、印税も党の資金に充てることができたという（オーラル下：213）。現在でも最も（古本で）購入しやすい著書の一冊である。

内容は、新自由クラブ解党から進歩党結成までの内情を伝える「第一章　黙ってはいられない」、『政治家以前』以降の自伝とも言える「第二章　信念に生きるということ」、政治倫理問題を中心に日本の課題を語る「第三章　日本を救う新自由主義」で政治家・田川の主張が整理されている。

一方、進歩党それ自体は一九九三年に解党するまで国会議員は田川のみの一人政党であった。結成当初は田川新党ということもあり少しはマス・メディアの報道もあったのだが（「進歩党、旗揚げから七ヶ月ただ今五二〇〇人」『朝日新聞』一九八七年八月二四日、「党員五千人を突破　進歩党」『東京新聞』一九八七年八月一二日など）、その後は記事として取りあげられることも極度に少なくなった。進歩党に直接関係する社説は『朝日新聞』『読売新聞』『毎日新聞』ともに0である。

進歩党そのものの報道が僅少だった一方で、田川本人は「政界の御意見番」的な扱いで政治倫理問題が起きるたびにコメントを求められた。例えばロッキード控訴審の判決の直前には、関係者として報道に登場している。

「田川誠一・進歩党代表も「政界に及ぼす影響はどこにもない」と冷静に見る。しかし、「政治倫理が風化しつつある時に判決が出ることで、もう一度、この問題について国民の記憶を呼びもどさせるという影響はあるはずだ」と、「反金権」の立場から判決への期待をのぞかせている」（「ロ事件田中控訴審「7・29判決」前に関係者は……（時時刻刻）」『朝日新聞』一九八七年七月一日）

また一九八八年に発覚したリクルート事件（未公開株を政財官界関係者に譲渡した汚職事件）でも次のようなコメントを新聞に掲載している。

「私の見方（視点・リクルート問題10）　自民は反省を　田川誠一さん（七〇）」

「ロッキード事件の時、ぼくらは自民党を脱党して新自由クラブを作ったけれど、今の自民党は自浄能力がなさすぎる。政治家、まして権力の中枢にいる人は、その言動が株価に影響を与えかねない立場なのだから、株をやること自体が好ましくない。一般の人には手に入らない未公開株で一斉にもうけるなど、とんでもないことです。

……

それにしても、今の自民党は「物言えばくちびる寒し」で、批判の声がなさすぎる。ポストや資金の損得ばかり考えて、「反主流」すらないのだから……。世の中全体が現実主義になり、理想主義は受けなくなっているけれど、これ以上自民党が多数の上にあぐらをかいていれば、国民も怒るだろう。党内にも優秀な人はいるんだから、勇気を出してほしい」（『朝日新聞』一九八八年一〇月三

〇日：朝刊二面）

そして引退表明後の一九九三年三月にも元自民党副総裁・金丸信《かねまるしん》の脱税事件（一九九二年に報道で発覚）に関してインタビュー取材を受けている。

「金丸信・前自民党副総裁の脱税事件で感じるのは、政界の金銭感覚がここまで麻痺《まひ》してしまったのか、ということだ。政治に金がかかり過ぎる実態は実態として、今度のようなできごとが続けば、有権者の政治に対する不信は絶望に変わり、政治（家）はみずから立ち直る手掛かりさえ失うだろう。一九六〇年に政界入りして以来、新自由クラブ時代をはさみ、一貫して政治浄化を訴え続け、次の選挙を機に引退する進歩党代表、田川誠一代議士に聞いた」（『朝日新聞』一九九三年三月一六日朝刊「この政治腐敗　どうにかなりませんか　田川誠一氏（これが聞きたい）」）

インタビュアーの「今度の事件をどう受け止めていますか」との質問に対しては、「びっくりしたというより、あきれ果てたね。そういう人と国会で議席をともにしていたことが恥ずかしい。自民党は金丸個人の問題にしようとしているが、とんでもない」と答えている。こうした内容そのものは正当であるし、汚職を批判するジャーナリズムの内容とも適合的であった。

知識人としての田川誠一

田川は、「六十歳になったら政治家を辞めて、政治評論家になるのが夢だった」（驕るなかれ：66）と語っている。しかし五八歳のときに新自由クラブの結成に加わり、その後も新自由クラブ代表を務め、連立内閣で閣僚に就任、そして六八歳になっても再び進歩党の結成にかかわったことで、辞め時を失していた。だが「いつでも政治家を辞める覚悟ができているから、思い切ったことを言ったり、したりすることができる」（同：66f）と、政治家の地位にこだわらなかったことが自身が理念を貫くことにつながったと語っている。

田川を政治評論家、いわゆる知識人としてとらえた場合、求められる要素をかなりの程度兼ね備えている。教育社会学者の竹内洋は、戦後日本社会の論壇知識人の原動力となったのは「受難経験」であり、それが「知識人の箔《はく》」として機能したという。

「かれら（大内兵衛《ひょうえ》や丸山眞男）の言説の内容自体が戦後民主主義の時代にマッチしたことはある。また大内や丸山の文章のうまさも読者受けに貢献したことは言うまでもない。しかし、それだけで論壇の寵児《ちょうじ》になったのではない。かれらの受難経験こそが知識人としての勲章となって説得力を増したのである」（竹内：182）

田川の主張する内容は政治倫理の徹底をはじめとしてその時代その時代で「（実現可能性はともかく）良いことだとされているもの」である。例えば『驕るなかれ』第三章で展開されている項目は以下のようなものである。

（基本原則としての）護憲、軍縮、政治倫理確立、保守・革新にとらわれない政治、修正資本主義としての「秩序ある自由」、（当時まだ記憶に新しかった）田中金権問題への批判と反金権政治、（国鉄優待パス返上、コーヒー一杯運動をはじめとする）節約の思想、（受験戦争の解消として）五年制中学制度創設、手紙を通じた子どもたちとの交流の話、不合理な農業経営と農協改革、売上税の導入阻止と国家機密法の阻止、防衛費一％枠突破の阻止。

こうした主張、例えば護憲・軍縮・政治倫理確立については田川自身「どれをとっても、少なくとも国民の過半数以上がそれを望んでいることは、各種世論調査の結果からも明らか」（驕るなかれ：162）と言っているように、確かに当時の新聞の論調とそう遠いものではない。そういう点で竹内の言う「（戦後民主主義の）時代にマッチ」した主張を田川はしていた。

またマメに手紙を書き、元新聞記者で、多くの著作を出している田川には「文章のうまさ」「話のうまさ」もある。のちのオーラルヒストリーのヒアリングにも膨大なメモと詳細な年譜をもとに回答しており、インタビュアーの伊藤隆からも「おおむねクロノロジカル」「話がずっとつながって」と感心されるほどである（オーラル下：244, 247）。

そして与党・自民党を出て野党の経験をし、他の議員が与党に戻る中、再度野党の道を歩んだ田川の一連の「受難経験」は、竹内が言うところの「知識人としての勲章」となり田川の発言の説得力となったのだとも考えられる。

逆に、社会学者のコンラッドらは知識人の持つ権力性について「いつの時代の知識人も、彼ら自身の特殊利害に従って自身をイデオロギー的に叙述してきた」「知識人はつねに彼らの社会的な役割に結びついた特殊利害にもっとも都合のよいような知識、すなわち彼らの社会的な役割の独占を維持するために役立つような知識であればどのようなものでも、それを普遍至高の知識と定義するのである」（コンラッド、セニレイ：26）と自己言及的に批判している。こうした知識人の定義行為を竹内は「自己利害を「普遍」的に理念に「密輸」させる」ことであるとし、そこに「知識人や知識人集団にいかがわしさがともなう（い）」「人々の無意識の反撥」を生み出す要因であるとしている（竹内：183）。

田川の金権政治批判は単に観念的な発言にとどまるものではなかった。自身の政治資金は「浄財政治」である「コーヒー一杯運動」によって集め、そうした運動の収支報告もこと細かく公開していた。そのため、田川の言動はこうした「自己利害の密輸」と受け取られることもほとんどなく、知識人としての「いかがわしさ」を伴うこともなかった。自身が代表をしている進歩党の実勢力はともかくとして、一人の政治家としての田川は象徴的次元では強い正当性を保っていたのである。

「選挙費用着服問題」（青木弁護士）をめぐる訴訟

しかし進歩党運営では、田川の象徴的正当性を揺るがす事件が頻発した。結党当初、自著の中で進歩党員には規範を守らせるとしていた田川であったが、実際の党運営は困難の連続だった。

例えば、事務局で働いていた者が党へのカンパを横領した事件（痩せ我慢：296-298）があり、早速「管理の責任にある者は、監視の目をとくに厳しくしてゆく必要がある」と反省点を残すことになった。

そして進歩党にとって不幸の一つが、地位をめぐって内部で生じた対立劇である。幹事長ポストをどうするか、参院比例区の名簿順位（当時の参院選は現在と異なり拘束式名簿だった）をどう決めるのかといった問題である。

特に進歩党・副代表でかつて国政選挙に出馬したこともある青木勝治が、進歩党の全国幹事会のときにした告発（党資金として寄付した金銭を田川に横領されたというもの）、それに基づいた告訴によって党内部には深刻な対立が生じた。青木の告発・告訴に対して田川も対抗して誣告罪《ぶこくざい》で告訴し、新聞でも何度か報道されることになった。

「収支報告書を提出した後の七月、当初は一億九〇〇〇余万円だった収入に二億四〇〇〇余万円を追加、それに見合う支出も加えて訂正している。去年の参院選で立候補した青木勝治・前党副代表が用立てた二億四〇〇〇万円を個人の寄付として新たに加えたためだが、問題は金額。政治資金規正法では一五〇〇万円までしか寄付できないケースにあたる。同党では、田川代表が二億四〇〇〇万円を横領したと青木氏が告発したことに反論、「代表はきちんと政治資金に使っている。それを裏付けるため訂正した。最初から記載しなかったのは、法の枠を超えているので記録に残さないではしいと、青木氏の方から依頼されたため」と説明。田川氏も「事実通りに訂正することが政治資金規正法違反を自ら認めることになるのは承知の上。法的制裁も甘んじて受ける」と、規正法お目付け役の自治相経験者には苦しい弁明」（「「力添えを」の思惑絡み　政治資金収支報告から」『朝日新聞』一九九〇年九月一四日）

田川は寄付金の横領については事実無根と否定したが、寄付金を収支報告書に意図的に記載しなかったこと、上限以上の寄付を受けていたことは認めた。この出来事は『週刊文春』をはじめ雑誌メディアで報じられた。

もっともこの問題については、「今回の田川の金銭にまつわる告発記事は、「週刊文春」の編集方針からすればまさにリベラル派を封じ込める格好のネタであり、それが旧中曾根派の田川に対する怨念《おんねん》と、はからずも一致したことは決して偶然ではないようである」（城野：39）、「その真偽の程は、双方が提訴している法廷での裁定を待つことになるが、その事態が田川をひどく忌《い》み嫌う陣営や、「週刊文春」など保守反動の立場に立つマスコミにとっては、田川の「清廉」なイメージに泥を塗る格好の材料になったことは確かだ」（同：41）と自民党などによる田川つぶしではないかという見方も提示されている。結局、この両方の告訴は共に嫌疑不十分で不起訴になっている（「元進歩党副代表らも不起訴処分 政治資金めぐる訴訟」『産経新聞』一九九三年五月一〇日）。ただこの不起訴についての報道は一部の新聞で行われただけで、大きな扱いにはなっていない。

しかし不起訴だったとはいえ、この一連の出来事は田川自身が掲げていた政治倫理の理念に反するものと受け取られても仕方はないものだった。そうした理念を忠実に守るのであれば、法で決められた上限以上の寄付金は申し出の時点で拒否すべきであるし、頼まれたからと言って報告書に虚偽を記入してよいはずもない。その点で竹内が言う「知識人の搾取性《さくしゅ》」になりかねない事件でもあった。

田川は事実に反することととらえた物言いには頑として反論し、（合法的なものであれば）あらゆる手段を用いて対抗した。自身に対する裁判も「みんなもちろん棄却」（オーラル下：211）されたという。そしてこの事件がその後、大きく問題視されることもなかった（青木元副代表の訴訟は最高裁まで続き、最終的に棄却されるのは一九九五年三月である、年譜：42）。

もっともこうした田川の対決姿勢は、世間からは党の内紛劇・分裂劇として受け取られた。この後、進歩党の中では山口県の進歩党全国幹事の藤村嘉信が「進歩党を「まじめ」に考える会」を結成し、党運営の不明朗さ・不健全さを追及する質問書を田川や円山雅也幹事長代行と依田米秋《べいしゅう》選挙対策委員長に提出した（『財界展望』財界展望新社・一九九〇年三月：47）。また進歩党の内紛に嫌気を差した県連（例えば埼玉県連）の中には、「党本部で、もめごとが続く、党としての実体がない。田川誠一代表にこれ以上ついていけない」（「進歩党県連が解散「もめごと続きで実体ない」」『朝日新聞』一九九二年四月二三日埼玉版）として解散するところも現れてきた。さらに一九九二年五月には、依田米秋も田川に反旗を翻して進歩自由連合を結成するなど、進歩党の内紛は深刻なものになった（『読売新聞』一九九二年五月三〇日朝刊三〇面、『朝日新聞』一九九二年一二月一四日夕刊一一面）。

裁判によって田川個人の正当性は証明されたとはいえ、いったん衰えた党勢を復活させることはできなかった。後に田川は「（進歩党には）人材が集まらなかったな。新自由クラブの二の舞にならないように、ちゃんと調べてやると言ったって、本当に調べるには半年ぐらい時間がなきゃ調べられないです、なかなか大変です。いい勉強になりました」（オーラル下：212）と語っているが、党の組織運営という点で、そして理念を重視する政党という象徴的な意味でも、田川の進歩党運営は成功したとは言えない。

田川は進歩党結成時、「国民大衆の有志」「やむにやまれぬ気持から始めた草の根運動」「アマチュア集団」と進歩党を位置付けていたが（驕るなかれ：79f）、結局、その思いは政党としての影響力を発揮する力には結びつかなかった。「ハッタリの無い政治」を信条していた田川がハッタリをかまさないといけない状況に置かれ、それが失敗したのである。

こうした党運営の拙さは、選挙結果にも表れていた。進歩党の結党以降に行われた国政選挙は以下の通り振るわないものだった（結党直後の一九八七年統一地方選挙では当選者は出している。ただ当選者の中には、任期途中で他党に鞍替えする者もいた（年譜：35）。

・参議院通常選挙（一九八九年七月二三日）…選挙区（千葉・東京・神奈川・静岡・鹿児島）・比例区計一〇人出馬して全員落選。当選にもっとも近かったのは神奈川区から出馬した円山雅也だった。円山は六〇万票獲得したが、六七万票を獲得した自民党新人石橋清元に惜敗した。比例区では七一万票獲得（得票率は一・二七パーセント）たが、当選者は出せなかった（比例区の最下位当選者は九八万票）。青木勝治はこの時の名簿一位だった。

・衆議院総選挙（一九九〇年二月一八日）…選挙区で七人出馬（千葉・東京・神奈川・愛知・大阪。東京と神奈川は二人出馬）、田川以外の六人は全員落選。落選者の中に法定得票数を獲得できた者はいない。

・参議院通常選挙（一九九二年七月二六日）…選挙区で一人（円山雅也）出馬したが落選した。法定得票数は獲得したが三五万票と前回参院選のときよりも大幅に減少した（依田が中心となって形成した進歩自由連合も比例区から九名出馬したが全員落選している）。

・衆議院総選挙（一九九三年七月一八日）…田川は事前に引退表明。当選者は無し。

（『朝日選挙大観』「第三九回衆議院総選挙（平成二年二月）・第一五回参議院通常選挙（平成元年七月）」「第四〇回衆議院総選挙（平成五年七月）・第一六回参議院通常選挙（平成四年七月）」を参考にまとめた）

知識人としてご意見番としての田川の地位は確固たるものだったが、それが政党運営（議席数増加）に結びつくことはなかったのである。

2　引退──「心身共に元気なうちに……」

三三年の議員生活に幕

一九九二年、田川は大腸がんで入院する。命に別状はなかったが「心身共に元気なうちに辞めたい」という考えは以前から持っており、またそれまでも政治家の辞め時をうかがっていたこともあり、これを機に引退を決意する（オーラル下：234）。

一九九三年二月二六日、田川は神奈川県庁で記者会見を開いて引退を発表した。

「このたび次期総選挙に立候補しないことを公表します。いろいろお世話になりました。

不出馬の理由は

一、三十三年の代議士生活は少し長すぎます。年齢（六月で七十五歳）も考えて世代交替が必要と感じました。
二、心身ともに元気なうち、余力を残して退くことが、政治家として大事なことだと思います。支持者の声に甘えて、気力、体力の衰えに気がつかず、ズルズルと議会生活を続けることは良くない、と常々考えていました。
三、家内が十年来、療養生活を続けており、これ以上家族に負担をかけることは忍びません。
以上です。

十一回の選挙を落選知らずにやれたこと、カネをかけないで政治活動を全うできたことも幸せでした。

また日中国交正常化をはじめ新自由クラブや、その後の進歩党活動などの渦中にあって、貴重な経験をしたこと、代議士生活の半分を与党、あとの半分を野党で過ごしたことなど、滅多にできない勉強をしたことも大きな喜びです。

あと任期いっぱい職責を果たしてまいります」（痩せ我慢：301f）

田川の引退会見は各新聞で報道された。中でも『毎日新聞』は岩見隆夫記者の記事（「［近聞遠見］「やればできる」の田川イズム」一九九三年三月九日）では大きく取り上げられている。この記事は田川の政治家人生を振り返りながら、自身が「残した仕事」として、日中交流や反金権・政治倫理で反骨の精神を貫いたことにも触れている。

引退後の生活について聞かれた田川はこう答えている。

「僕らは浄財で政治をやっていたから、いままでは質素な暮らしをしていたんです。それで家族にもずいぶん迷惑をかけたから、これからは少しぜいたくをします。物心ともに豊かな生活をしていこうというので、いまは非常に心がウキウキしているんです」（『月刊官界』一九九三年五月号：104）

一一回連続当選という手堅い「地盤」があったにもかかわらず、それを親族に譲ることは良しとはしなかった。

「家族にこれだけ迷惑をかけて、物質的にも随分〝出〟のほうが多かったから、息子にはやらせたくないんです。また本人もやりたがらない。私のことを見てて、あんな苦しいことをするんだったらやらないと。親父ひとりでいいではないかと。そう言ってますから、親族からは出ないと思います。だから私はやめるに当たって世襲はしません」

このときの発言通り、田川は子や娘婿に継がせることなく、新自由クラブ時代に神奈川県議を務めたこともある永井英慈《えいじ》（当時・日本新党）を支持するよう自身の支援者に伝え、永井も「〈田川から〉全面的な支援を約束されている」と選挙戦に挑んだ（『朝日新聞』一九九三年六月一九日）。永井はこの選挙でトップ当選し、代議士を三期務めることになる。

田川は「井戸塀《いどべい》政治家」（平凡社『世界大百科事典15「スクーセミ」』（二〇〇七年：305）には「国事に奔走して家産を失い、残るは井戸と塀ばかりという〈井戸塀政治家〉」として「いくらかの敬意をこめて回想されるもの」と記載されている）を例にこう言っている。

「政治家には「政治のために生きる」という人と、「政治によって生きる」という二つのタイプがある。大変残念なことだが、日本の政界には「政治によって生きる」という、政治を生活の手段としている政治家が多くなり、「井戸塀政治家」という言葉は今や遠い昔の話になってしまった」（痩せ我慢：13）

田川の場合、さすがに井戸と塀だけというわけでないだろうが、「政治のために生きる」側だったと言えるだろう。だがそれはもはや「回想」の対象になりつつある。

日本新党の名誉顧問として

自民党与党体制としての五五年体制を終わらせることになる日本新党は、一九九二年五月に結成された。日本新党は熊本県知事を二期務めた細川護熙が党首となり政権交代を前面に掲げていた。一九九三年四月に公刊された『日本新党　責任ある変革』の中で細川はこう述べている。

「日本の政治には「ドラマ」がない。その最大の原因は、自民党一党支配のパターンが続き過ぎたことである。自民党政権のもとで、固定化されてきた「政府・官僚制・大企業」の秩序は〝正義〟の感覚を目茶苦茶にしてしまった。政治の構造的腐敗もすべてここに起因しているといっても過言ではないのに、国民の多くはその〝秩序〟に飼いならされてしまった。しかも、一党支配に真っ向から挑戦する気迫のある野党もない。

……

政権交代の可能性がない限り、いかに自民党主導で小手先だけの「政治改革」を叫んだところで、真の政治改革などは絵に描いた餅である。けれども、政権交代が可能な状況が出てくれば、すべてを変えていくチャンスが生まれる。「政治を変える」最大の力は、いろいろな政治改革論議とか、小さな政党が出てきたりすることではない。政権交代の状況ができるかどうか、この一点である。こうなれば、政治はドラマチックに展開されていく」（細川：9-10）

こうした日本新党結成の状況は、かつて新自由クラブが既成政党に対する国民の不信感と、そうした新陳代謝のない状況に風穴をあけることを期待されながら結成されたときにも見られたものである（国際実業出版編：8-9）。そうした新自由クラブを「腐敗港船出六人衆にかもめ拍手」と評した新聞読者の川柳（同：51）があったのだが、日本新党も結党宣言の中で自らを荒海に漕ぎ出す小舟にたとえた（細川：1）。田川も日本新党に対しては手紙を出して激励したり、名誉顧問を引き受けたりといろいろ「肩入れ」した（オーラル下：234）。

また進歩党党首としても、第一六回参院選（一九九二年七月）の比例区においては、「立党の精神、政策なども全く一致する」として日本新党を支持する意向を表明していた（「進歩党、正式に日本新党支持を表明」『朝日新聞』六月二七日）。

政治改革を求める風潮もあいまって、日本新党は第四〇回総選挙（一九九三年七月）で三五議席を獲得する。そして八党（日本新党、日本社会党、新生党、公明党、民社党、新党さきがけ、社会民主連合、民主改革連合）連立によって政権交代（非自民・非共産政権）を果たした。

総選挙後の九月、すでに政治家を引退していた田川は日本新党の名誉顧問になった。当時の日本新党にはそういった正式なポストは存在しなかったのだが、日本新党の常任幹事の荒井聡《さとし》は「精神的な支えとしてお願いした」としている（『毎日新聞』一九九三年九月九日）。また田川は党首の細川護熙に対し、「私も少数政党でずいぶん苦労した。変な人を入れないように気をつけなさい」といった内容の手紙を出して注意を促した（オーラル下：234）。新自由クラブ、進歩党という二つの新党にかかわり、そのどちらも決して成功したとは言い難い経験からの助言であった。

だが田川の懸念も空しく、細川政権は政治改革法案のとん挫、消費増税の発表と即時撤回といった連立内対立の表面化、そして細川自身の政治資金問題によって、一九九四年四月にわずか九カ月で崩壊する。細川の後を継いだ羽田孜《はたつとむ》（当時、新生党党首）内閣も二カ月で終了した。当時野党だった自民党が連立政権内の日本社会党とさきがけを引き抜いて、日本社会党委員長だった村山富市を首相に据えた連立政権（自由民主党、日本社会党、新党さきがけの自社さ政権）を成立させたからである（浅川 2005：144-168）。

こうした細川政権やその後の連立政権の顚末に関して、田川は『毎日新聞』のインタビュー記事の中でこう答えている。「新生党とは一線を画すという党の理念が変わり、小沢一郎君（新生党代表幹事）の支配下で動いてしまった」とし、辞任に追い込まれたスキャンダルについても「細川君はもっと誠実に答えてほしかった」としつつ、「小さい政党にはとかくある」と語っている（「〔記者席〕進歩党の〝てつ〟踏むな?・日本新党の行く末案ずる田川氏」『毎日新聞』一九九四年七月一八日、カッコ内原文）。

この記事では「（日本新党も進歩党も）ともに党首の個人商店の色彩が強かった。田川氏自身、党の政治資金をめぐって裁判ざたになった経験があり、人ごととは思えない様子。新党の先輩として、新自ク、進歩党の店じまいという歴史まで日本新党に同じてつを踏ませたくないのかもしれない」とあるが、日本新党は三カ月後の一〇月三〇日の（第一回）党大会で解党を決定し、一二月にわずか二年半の歴史を終えることとなった。

こうした政権交代後の連立政治の顛末について田川は著書で、政党を渡り歩く政治家には節操・信義が失われ、政党も選挙互助会としての集団になっていることを指摘しており（痩せ我慢：341）、「わずか八か月の間に二ないし三内閣分の仕事を成し遂げたことは評価に値する」（同：46）としつつも、「細川氏のカネに対する市民感覚との落差や自らの疑惑に示した姑息《こそく》な対応などは身につけた政治手法から脱却できなかったところにあるような気がする」（同：47）と厳しく批判した。

引退後の著作活動――政治倫理の集大成『やればできる痩せ我慢の道』

田川の数多くの著作の中でもっとも政治倫理について語っていたのが、政治家引退後に出版した『やればできる痩せ我慢の道』（一九九五年五月）である。田川は『月刊・官界』に「田川誠一政治生活三三年の〝決算書〟」という連載を一二回にわたって執筆していたが、それに加筆修正したものである。

田川は、政治家が政治倫理を語ることについて、自分自身のことをさらけ出さなければ説得力がないし、現役中にそれを語れば自己宣伝と受け取られてしまう可能性もある、引退後だからこそ自身の経験や記録を元に政治倫理を語ることで説得力のある議論ができると考えていた（痩せ我慢：340）。

この本の中で田川はかつて自身が提唱し新自由クラブでも実践を試みた「コーヒー一杯運動」の一八

年間を振り返っている。それによると、新自由クラブブームの初年度は、四二四三人から二九三〇万一五二〇円の寄付が集まった。ブームが過ぎると募金額も減るが、その後も安定的に集めることが出来た。この運動による寄付の合計は二億九八七四万三七八〇円（四万四三九九人）になった（一八年目の平成五年度の分は除いていた数字で正確には一七年間）。寄付をした者の三分の二は選挙区内の人だったが、選挙区外の者も三分の一ほどいたという（同：18f）。

少額資金の寄付が続いたのは、寄付を出す側と受け取る側との間に持続的な「心の繋がり」（同：19）が存在したからだと田川はいう。寄付者を名簿で管理し、礼状には直筆でお礼や挨拶文を書いた。文章もできるだけ、寄付者の事情に合わせて、療養中の者には見舞いの言葉、定年退職者にはねぎらいの挨拶にするなどした。寄付振込用紙の通信欄に意見や質問を書く者もいたので、それに回答したり、ときには別途手紙を出すなどの対応をしたという（同：19f）。田川は「新聞記者をしていたので書くことはすこしも苦にならないが」（同：20）と振り返るが、こうしたコミュニケーション活動を継続することが寄付者と田川の社会関係を維持し、それが活動の原資になっていた。この点については、田川を批判する書籍を出した増田卓二ですら「誰かと初対面のあとは必ずその時の感想をまじえて数日以内に相手に一筆したためる事を忘れない。また、小さな集まりなどに出席するさいは必ず愛用のカメラを持参しパチリとやって、後刻その写真を出席者に届けるのである」と称賛し、「あれだけやれば、まず選挙に落ちることはないよ」という田川の知人の言葉を引用しているくらいである（増田：79f）。

政策研究大学院大学『政策研究プロジェクト　田川誠一オーラルヒストリー』

『やればできる痩せ我慢の道』の出版後も、田川は田川家の記録をとりまとめた私家版『ふるさと浦郷田川家の系譜』（かなしん出版）や自伝的年譜の『田川誠一の年譜』（自作・国立国会図書館に寄贈）を出版・作成したり、自治大臣時代の自身の日記（手書き）をワープロで打ち直し、補足も加えて『自治大臣日記』として翻刻していた。『自治大臣日記』は出版されず、現在は国立国会図書館の憲政資料室にフラットファイルで綴じられた原稿があるだけだが、膨大な分量（B5判で九〇〇頁を超える）である。

一九九八年七月、田川を対象とするオーラルヒストリープロジェクトが政策研究大学院大学の政策情報プロジェクトの一環として行われることになった。同年三月、歴史学者の伊藤隆が憲政記念館・伊藤光一の紹介で田川と会い、そのときに前述の『自治大臣日記』を読む機会があったことがきっかけである。当初、伊藤隆らはこの原稿の書籍化を目指したものの結局、出版には至らなかった。ただこれを機に伊藤隆は田川にオーラルヒストリーを依頼、田川が承諾して二年間にもわたるヒアリング調査が行われた（このオーラルヒストリーは上下巻で冊子化されており、また現在でも政策研究大学院大学のサイトからPDFファイルでダウンロードすることができる。ただしPDF版は一部資料が欠けている）。

オーラルヒストリーの「あとがき」で伊藤隆らは「現在……（自治大臣日記の）出版のための作業を進めている。いずれ何らかの形で研究者の利用に供することが出来るだろう」（オーラル下：248）としているが、現在まで出版されてはいない。そのため『オーラルヒストリー』の上下巻二冊が田川の最後の著作となっている。

『オーラルヒストリー』の完成直後、田川は長年続けてきた日記の執筆をやめた（憲政9-6）。二〇〇〇年に田川が残した宛先不明「日記の告別式」と題する書簡にこう書かれている（カッコ内は原文）。

「長年、親しんでいた日記を六月の誕生日をもって止めることにしまた《ママ》。二十世紀の一八年に生れ、中学末期から世紀末の八十二歳まで、幾度かの欠落はありました。ひとつは良い節目と思い、二つ目は高齢化による倦怠、健忘、遅筆が理由になりますが、後者が本音かも知れません。

途中、敗戦直後には軍の命令で、貴重の《ママ》体験記を焼却せざるを得なかったこと、新自由クラブ時代、自宅の火事で、数部を焼いたことが悔やまれます。

ただ政策研究大学院大学（国立）の要請により二年近く続けられて来た『オーラル・ヒストリー』（口述）による自分史）のプロジェクトが、この三月に終了、その記録が四月に完成しました。大学は、これを関係者や公共機関に配布されました。私は日記やメモ、資料などが、これに生かされていることで『日記の告別式』としています。」

晩年の田川

二年間にもおよぶオーラルヒストリーのインタビューが終了した二〇〇〇年三月時点で田川は八一歳であり、その後は政治評論からもほぼ身を引いた。資料として確認できるのは憲政資料室に保存されているもの（書簡は平成一四（二〇〇二）年まで、手帳は平成一六（二〇〇四）年まで）である。手紙によれば二〇〇二年六月、八四歳で運転免許（大型二種）を返納して自転車を購入し、趣味は芝の維持と手入れであると語っているように（憲政13-6）、静かな余生を過ごしていたようである。

とはいえ、田川の地元の横須賀（久里浜港・浦賀港）で戦争直後に集団発生したコレラ犠牲者の追悼碑の建立を望む地域住民のために当時の状況を調べたり（憲政14-3）、京急電鉄駅員やタクシーの運転手をねぎらう手紙を出したりしているなど（憲政14-2、14-10）、引退後も地域に根差した生き方をしていたこともうかがえる。

なお、マス・メディアの取材に答えるという形では、田川はたびたび新聞に登場している。

例えば、田川が新自由クラブ代表だったときの幹事長・山口敏夫の不正融資事件の地裁判決（懲役四年の実刑判決）の際には、新自由クラブ時代のことを振り返って「行動力があって、いろいろな意味でカンがよく、当たりもやわらかかった」が、「小さい政党ながら自民党と渡り合ううちに、自信をつけて『人を見る』ようになっていった。（信義を通そうとする）僕らの言うことは、あんまり聞かなくなった」とコメントし、「この判決を機に、政界は政治腐敗を司法の摘発だけにゆだねるんじゃなくて、自浄作用を常に発揮できるよう努力してほしい」と取材に答えた（「旧二信組事件「山口被告はかつての仲間、情けない」新自クで活動の田川誠一氏」『読売新聞』二〇〇〇年三月一六日夕刊、カッコ内は原文）。ここでも話の中心は政治倫理問題である。

また『毎日新聞』の神奈川県版では、大きな選挙があると田川のインタビュー記事がしばしば掲載された。二〇〇三年の参院選では「政党の基本理念が置き去りにされがち。選挙中心の考えは改めなくてはいけない」と理念を重視する姿勢はやはり一貫している（「〇三衆院選」「政治家は信念貫いて」―田川

誠一・元衆議院議員に聞く」『毎日新聞』二〇〇三年一〇月二七日)。

そして二〇〇三年自身と同い歳の中曾根康弘(当時八五歳)が年齢を理由として小泉純一郎から引退勧告を出され、それを拒否したというニュース(当時の小泉首相は比例区に七三歳定年制を設けて中曾根にもそれを適用した)についても、田川自身が「余力のあるうちに引退」したことを引き合いに出しつつこう皮肉を述べた。「私は七四歳で辞めた。自分の衰えは自分で分からないし、周りも言わない。ちょっと早いと思っても身を引くのが政治のため」(同。中曾根は最終的には二〇〇三年に、田川より一〇年ほど遅れて八五歳で引退した)。

全国紙の紙面上に生前の田川の発言が最後に登場するのは、確認できる範囲では二〇〇五年八月、小泉純一郎首相が郵政民営化をめぐって衆議院を解散したときである。『毎日新聞』(神奈川県版)のインタビュー(「◇性格が出た解散――ライバルだった元衆院議員、田川誠一さん(八七)の話」)でこう答えている。

「今回は小泉君の性格が出た〝でたとこ解散〟だな。サラリーマン経験がなく、学生からいきなり政治家になったので周囲への気配りが乏しい。中選挙区と異なり、小選挙区になって楽勝なので、地元では日ごろから緊張感がない。今回は他候補も多く出るようだが、政策を戦わせ、ワイドショーのような選挙は避けてほしい」(『毎日新聞』二〇〇五年八月二一日)

メディア政治家の典型とも言える田川ではあったが、テレビ主体の「ワイドショー政治」に対しては最後まで苦言を呈していた。記者出身、利用するメディアも文字媒体中心、手書きの手紙を好む田川にとって、新しいメディア政治は最後まで馴染《なじ》めなかったのだろうか。

3　メディアの論理と政治の論理とが衝突する「場」

二〇〇九（平成二一年）八月七日、田川は老衰で亡くなる。九一歳だった。田川の逝去を惜しむ声は多く、揃って田川の業績を称賛した。

・河野洋平・前衆院議長「相手に厳しく、自分にはもっと厳しい清廉潔白な政治家だった。日中国交正常化や政治倫理の確立など、常に目的意識を持って政治活動をされていた」（「田川誠一さん死去　清廉、気骨惜まれて　政界浄化、日中国交に足跡」『読売新聞』八月九日神奈川版）

・松沢神奈川県知事「驚きと悲しみを禁じ得ない。日本の健全な保守政治の発展に大きな足跡を残され、私の政治の師としても多大なご指導を頂いた」（同）

・高地光雄（地元の支援者）「初当選後、支持者の前で『これから日中問題に取り組む』と言った。当時は考えられないことで、みんなで驚いた記憶がある。選挙ではお金を使わず、骨のある政治家だった」（同）

・鈴木恒夫・前自民党衆院議員「先生の三三年間の足跡は、我々議員の模範だった」（「田川誠一さん告別式　小泉元首相ら参列」『読売新聞』二〇〇九年八月一三日神奈川版）、「古武士の大往生でした。どうしてあんなに終生、緊張が保たれたのか……」（岩見隆夫「近聞遠見：一人「反金権」の鬼だっ

た」『毎日新聞』八月一五日）

訃報に見られるこうした田川評を否定することはできないし、その必要もない。だが補足的・追加的に「メディア政治家」としての田川について考察してみたいと思う。

「メディアの論理」と「ジャーナリズムの理念」

本シリーズの基本概念となる「メディアの論理」であるが、ここで言う「論理」とは「ある業界・領域で活動する者が、その業界・領域の中で「良い」ことをするために求められているとかれらが考えている価値観」（McQuail：563）のことである。より端的に言えば「行動原理」と言ったところだろうか。そして「メディアの論理」について、マクウェールは具体的に説明する。

「媒体の違いによってそのロジック（論理）は異なるものの、いくつかの共通する構成要素があり、例えばパーソナライゼーション、（感覚や感情に訴える）センセーショナリズム、ドラマとアクション、コンフリクト、スペクタクル、ハイ・テンポといったものである。メディアの論理のこれらの性質は、アピールの幅を広げ、注目度や関与度を高めると考えられている。メディアの論理という用語は中身よりも形式を重視し、情報を提供するという目標とは相反するものだという意味合いで批評家によって使われている」（McQuail：563）

そしてこうした「○○の論理」という考え方がされる根底には、社会は様々な領域（例えば政治、経済、社会、文化、メディアなど）が組み合わさって出来ているという社会観が存在する。政治の世界には政治の論理、経済の世界には経済の論理、メディアの世界にはメディアの論理といった具合にである。

ではメディア経験者の田川はこうした「メディアの論理」で動く政治家だったのだろうか。

一般的に「メディアの論理」「メディア化」と言ったとき、そこには批判的なニュアンスが伴うことが多い。例えば政治のメディア化について論じるシュトレームベックは、メディア・コンテンツが「メディアの論理」で規定されるようになった結果、伝統的なジャーナリズムの規範や価値よりも優先されるようになったとしている（Strömbäck：240）。

ここで、政治とジャーナリズムとの関係についての議論が必要になってくる。「政治」も「ジャーナリズム」もともに、「メディア」によってスポイルされるものとして論じられているが、では政治とジャーナリズムはどういう関係なのだろうか。

研究の流行語として「メディアの論理」とは言うものの、その意味するところは実は曖昧かつ多様である。例えば、日本新聞協会研究所は「新聞のメディア機能」について、報道機能、評論機能、教育機能、娯楽機能、広告機能に分類している（大石 2022：90）。「メディアの論理」といった場合に、それは「報道の論理」なのか「教育の論理」「娯楽の論理」「広告の論理」のどれを指すものなのか。

常識の論理――大都市圏の保守層の取り込み

田川を動かしていた論理は、政治の論理でもメディアの論理だけでもない。田川はよく「常識」「一般社会」という言葉を使っていたが、生涯のテーマだった反金権政治・政治倫理に関する主張も「一般社会の常識」が「政治の世界の非常識」になっていることを指摘する形で展開していた。

この「一般社会」「常識」の論理はマスコミ優遇税制を廃止する際にも用いられた。こうした田川の行動を止めようとしたのが、むしろメディアとの関係が悪化することを懸念する与党政治家だった。

社会を一様なものではなく複数の領域で構成されるものとしてとらえる場合、何が「反骨」であるかは一概には決められない。特殊なコミュニティではある特殊な価値観こそが支配的なのであり、だからこそ特殊なコミュニティが個々別々に成立している。その特殊なコミュニティの中で（一般社会の中では特殊な）ある価値観を主張してもそれは「順応」であり、「反骨」にはならない（もっとも特定領域内で支配的な論理を特定領域内で主張している自分を「反骨」であると標榜する者はときにはいるだろうが）。

田川は自民党も批判したが、社会党など野党のこともまた批判していた。野党は「反体制」の論理を絶対視し、その中に安住していたと田川は考えていたからである。

田川自身が繰り返し述べていたように「反金権政治」の理念は一般社会ではごく普通の「常識」である。しかしそれを政治の世界で主張し実践しようとすると「反骨」になる。

人は社会ではその社会の価値観や慣習、習慣を習得し、内面化することによって「社会化」する。われわれが進学や就職・転職、転居等で新しいコミュニティに入るたびに「社会化」し順応していく。政治家も政治の世界の論理を習得・内面化して、政治の世界に順応する。

だが田川は最後まで政治の世界に順応し切らなかった。常に葛藤（コンフリクト）を抱えていた。

とはいえそうした葛藤によって田川が政治の世界から排除されることもなかった。一一回連続当選という政界屈指の長さで政治の世界に居続けることができた。

しかも自民党一六年（一九六〇―一九七六）、新自由クラブ一〇年（一九七六―一九八六、うち三年は連立政権）、進歩党七年（一九八七―一九九三）と、当時としてはかなり異色の経歴だった。五五年体制下では常に与党か常に野党かのどちらかだからである。さらにたとえ閣僚であっても、閣内から政治倫理の問題を語り続けた。このように田川の政治行動を考えるときには、その論理の内容だけではなく、論理を展開する〝場所〟についての議論が必要になってくる。

「ジャーナリズムの理念」を「政治の場」で実践し続けること

本書序章では、ジャーナリズムの理念として以下の要素を挙げた。

①市民を代弁すること
②権力を監視すること
③重要な出来事を正確に伝えること
④市民の政治参加を促進すること

ニュース・メディアにこうした役割が期待されるのは当然として、逆にこれらを実践しようとする主体はニュース・メディアだけに限らない。メディアの論理が政治の世界で展開する「政治のメディア化」の時代では、政治家であってもメディアのような活動をするわけだが、その一つとして「ジャーナリズムのような活動」をする政治家も存在しうるわけである。

実際に、現代日本社会でも①から④の活動（特に②）をしようとする政治家は例えば野党政治家はそうだろうし、ポピュリズム政治家なども該当するだろう。だが、かれらが「ジャーナリズムの理念」を完全に操れるわけではない。

いわゆる「ブーメラン」とよばれる現象がそれで、何かを批判する際に提示した規範・価値観を自分で守ることができなければ、そうした批判はブーメランのように時間差で自分に返ってくる。大嶽が「その道徳的優位性の象徴たるゆえに、ポピュリストのヒーローは、彼の道徳的潔癖性を汚すようなスキャンダルには、より脆弱である」（大嶽 2003：113）、藤竹が「政治家の場合には、その当人の〝実質〟（サブスタンス）で裏づけられていなければ、国民の政治不信はテレビによって増幅されることになる。」（藤竹：235、カッコ内原文）というように、現代社会では言ったことを実践できない「ブーメラン」が刺さった政治家が散見される。

またヤーヴァードも、メディア化した政治の世界では政治のパーソナル化が進行するという（ヤーヴァード：130-134）。そうした世界では政治家の権威は「パ、ー、ソ、ナ、ル、・アイデンティティ」を経由して構築される」ことになる。パーソナリティに関しては、大嶽も「組織」に代わって「パーソナリティ」が前面に出てこざるを得ない（大嶽 1999：6）ことを認めているが、政治家個人の人格（パーソナリティ）が社会的にどう解釈（≒イメージ）されるのかが政治の世界でモノを言うようになる。

だが仮にメディアの論理を駆使しメディアに適合し名声や評判を得られたとしても、メディアでスキャンダルが取り上げられればそうしたイメージ戦略も崩壊する。ヤーヴァードが「公衆からの批判に政治家はぜい弱なことから、政敵のスキャンダルを生み出そうとする試みは、現代の政治キャンペーンにおいて繰り返される要素となった」（134）と述べるように、現代の政治家は政敵からそして自身に批判的なメディアからのスキャンダル暴露に耐え続けることが要求される。人格の「イメージ」と「実像」とが乖離《かいり》していることが明らかになれば、政治家のパーソナル・アイデンティティは崩壊し、自身の権威は崩れ、政治家としての力も削がれることになるからである。

それを回避したり乗り越えたりする方法はいくつかあるだろう。

一つは自身を告発者の側に置き続けることである。常に新しい問題を提起する、新しい敵を見つけてはそれを批判し続けることで、自身への批判が返ってくるのを先延ばしする。

もう一つは、批判者としての自身のイメージと実際の姿とのギャップが報じられないように圧力をかけることである。告発者たる自分を批判する者は既得権益の側に立っているのだとして批判の声を押さえつける。

もっともこうした対処法では短期的には自身のイメージを繕うことができても中長期的には破綻する可能性が常につきまとう。

だがより単純で基本的な方法がある。それは自分が掲げた規範を自分で守り続けることである。田川がやり続けたのはその基本である。反金権・政治倫理を訴え政治腐敗と戦った田川は、ただそれを標榜するのみならず、実践し続けた。

「ジャーナリズムの理念」を実践し続けることは、ジャーナリズムの領域であっても難しい。政治の場で実践し続けることはより困難である。さらに田川は与党→野党→与党→野党と立場が目まぐるしく変わる中でそれを実践し続け「痩せ我慢」の道を歩んだ。

田川誠一の政治活動を振り返ると、メディア政治家は「イメージ」だけでは成立しない、長続きしないということが分かる。

コミュニケーションの効果研究においてかつて主張された理論に「弾丸効果モデル（皮下注射モデル）」がある。政治家や官僚などの政治エリートが、シンボルや情報を操作することで、受け手である大衆をコントロールするという見方である。しかしこうした効果モデルはその後、繰り返し批判されてもいる。少なくとも現代ではこうした単純な効果モデルは採られない。情報の送り手たる政治家の情報戦略だけで自身に有利なイメージを構築することは難しい。受け手である市民の側にそうした解釈の枠組みを許容する素地があること、さらにそうした解釈に適合する事実があること、逆に不適合な事実がないことが必要になる。

田川は九〇年代の新党ブームに対して「十年は我慢しないとだめだ」（「言い残すこと　四〇人引退」『朝日新聞』一九九三年六月二七日）と忠告したが、それは長い間自身の「イメージ」を保守し続け、それを一種の「現実・実像」に高めることの重要さ、そして難しさを自覚していたからではないだろうか。

『やぶれかぶれ』で本宮のインタビューに田中角栄はこう答えている。

「田川誠一くんだって……。ああ、かれは、今いくつだ……。そうか、六十四か。それなら、ちょうど同じ歳だ。自民党で長いこと同じカマのメシを、くった仲だが青年のようなきれいな事を、毎日、毎日、しゃべっていて、政治家が、つとまっている。うらやましいねえ、本当にうらやましい」（『やぶれかぶれ』第二巻：109）

田中は、「きれいな事」を言って政治家が「つとまっている」田川のことを「本当にうらやましい」と言い放ったが、その田中の本心はどこにあったのだろうか。また同時期、作家で当時参議院議員だった野坂昭如《あきゆき》もこう言っている（『週刊文春』一九八三年一一月一七日号：31）。

「政治家にいま倫理をもとめても、無理だと思いますよ。野党もわが身を省れば、政治倫理ふりまわせるわけないのだし、誰も本気で政治倫理なんて思ってないです。新聞記者も一人一人に聞けば、苦笑いして『あれ、本当だよな』って言ってる」

本気だった者は本当に誰もいなかったのだろうか。田川の言動を年単位で見れば、「本気で政治倫理・反金権」を実践しようとしていたと評価せざるを得ない。こうして考えてみると田川の政治活動の神髄とは主張している内容それ自体よりも、それを実践することが困難な領域で実践し続けたことにあると言える。言うだけでも、やるだけでもなく、やり続けるだけでもない。難しい場所、つまりその場の論理に取り込まれそうな場でやり続けたことが注目に値することなのである。

その片鱗はじつは朝日新聞労組委員長の時代に現れていた。会社の論理と労組の論理、双方が対立しているときに、労組委員長でありながら、労働組合の論理に乗り切らないで、自分の論理を押し通す。仮にその領域からは評価されないとしても。あるいは大平首班のとき、新自由クラブが自民党と連立を組んだときも、そうだったのかもしれない。野党でありながら「野党の論理」に安住することなしに、次善、三善の道をとった。

一方、それは皮肉なことに田川が新聞記者や政治家ほどには政治評論家としては「成功」しなかったこととも関係するように思える。年齢的な問題は当然あったにしても、「困難な場で主張しそれを実践すること」が田川の原動力だとすれば、相対的には自由な場で何かを主張するだけではそうした力は不足する。特に田川の主張は、政治倫理をはじめ内容そのものはいわゆる「リベラル的・進歩的なメディア」の領域では比較的ありふれたものである。主張の内容だけでは他の論客やメディアと差異化することが難しかったこともその一因ではないだろうか。

孤高の鷹と雀の親

本シリーズ『池崎忠孝の明暗　教養主義者の大衆政治』の結末で、著者の佐藤卓己は石橋湛山の『石田三成論』を批判的に引用しながら以下のように「成敗」と「正邪」との関係を述べた。

「やはり政治家に求められるのは「成を正となし敗を邪とする」結果責任である。その意味では、政治家をめざす者が評価すべきは、心情倫理を貫く三成よりも清濁併せ呑《の》む責任倫理の家康なのではないか」（佐藤 2023：512）

佐藤によれば、池崎忠孝の娘は父・忠孝のことを文芸評論、軍時評論、政治の「すべて敗北」して終わったと語ったという（同）。心情倫理を貫いて敗れた池崎の生き方を「正」と評価することができない、と佐藤は論じる。

では翻《ひるがえ》ってメディア政治家としての田川誠一をどう評価できるだろうか。初出馬から引退までの三三年間、衆議院選挙一一回連続当選、自民党を脱党した後の新自由クラブ時代でも、一人政党・進歩党時代ですら一度も落選することはなかった。田川は政治家としては明らかに勝っていた。しかも反金権の信条（心情）を、理念を断固貫く側面だけではなく、保守政治家として時に清濁併せ呑む側面もあった。自身に対するいわれなき批判には真っ向から反論し、ぶれない内容の主張を貫徹し続けた。そこに「敗」の要素は見当たらない。

だがそれは田川を一人の政治家として見たときである。

新自由クラブの代表として、進歩党の結成者・代表として、田川が何かを成し遂げることができたのかと言えば、確かに退潮傾向にあった新自由クラブの延命には寄与したかもしれない。だが、大きく飛躍させることもなかった。さらに自身が立ち上げた進歩党に至っては、一人の議員も国会に送り込むことができなかったし、小政党であるにもかかわらず党組織をまとめ上げることもできなかった。

ここで前述した田川の支援者で友人の堀池の言葉が蘇《よみがえ》る。

「政界というところは、鳥で言えば、鷹のように一人孤高に舞っているより、群れをなす雀の親の方が力があるようで残念である」（堀池：166）

個人としての「勝ち負け」は集団を率いる場合のそれとは異なる。政治家一行（party）という群れの親に田川は成れなかった。孤高の名政治家・田川誠一は名党首・田川誠一には成れなかったのである。慶應義塾大学・朝日新聞社の後輩にあたる野村英一は田川のことを「歴史に「もしも」はないが、田川が第四〇回総選挙（※一九九三年）に出馬・当選していれば、政局は意外な方向に展開し田川内閣ができていたかもしれない」（野村：115）と贔屓目《ひいき》に語った。だが仮に首相となった田川がそれまでの「政治家・田川誠一」を貫徹しようとしたら、おそらく新自由クラブや進歩党、もしくは細川・日本新党と同じ結果になっていただろう。それが「政界というところ（場）」であり、依然として「残念」なことなのかもしれない。

あとがき

田川の評伝を執筆するにあたり、調査を進めていく中で気になったのは、先行研究（先行評伝）がほとんど存在しないことだった。田川の死去後にもメディアの特集のようなものは見つけられなかった。田川は伝記や評伝になりやすい「偉大な指導者」「問題を抱えた大物」「敗残者の悲哀」などの政治家には当たらないのだろうか。政党代表や閣僚を務めた人物であるし、政策研究大学院大学のオーラルヒストリーの対象になる程度には著名な人物であるのに。

私は田川を評伝執筆の対象とするとき、（入手がそれほど容易ではないとはいえ）自伝的著作は多数存在するし、充実したオーラルヒストリーもあるので、こうした分野に明るくない自分にも何とかなると思っていた。だが調べていくうちに困難に突き当たった。

田川に関する情報が十分にある。いや十分に揃いすぎている。本書で田川の政治活動をできるだけ網羅したつもりでも、例えば海洋問題、教科書問題、台湾との関係、閣僚時代の具体的政策、国家公安委員長としての活動はほとんど言及できていない。中国問題もごく一部しか言及できなかった。

そして田川に関する膨大な情報を取りまとめる枠組みとしてのストーリーもかなり完成している。このストーリーは田川自身によって、しかも克明に残された具体的事実に基づいて構築されている。確かに、田川に批判的な者たちによってその都度（労組委員長辞任、記者交換協定を含む対中政策、自民党との連立、進歩党時代など）紡がれた対抗的なストーリーもあるのだが、そこで指摘される個別の事実はともかく、ストーリーとしては田川自身の手によるものにくらべて説得力は弱いように感じる。

政治家自身の手によって強固に構築され、完結しているように見えるストーリーに評伝執筆者はどのように向き合うべきか。評伝にも先行研究というものがあるが、田川に関しては、田川自身によって先行研究が行われている（しかも偉大な）ようなものである。

そうした偉大な先行研究を前に筆者が編み出したのが、「メディアの論理」ではなくそれを細分化した「ジャーナリズムの理念」だった。本シリーズの重要概念との関連も考慮したものだった。もっとも本書が提示した「ジャーナリズムの理念を持った政治家」という視点でも、依然として田川の内実にたどり着けていないようにも思えた。政治家引退後に評論家的に活動する政治家も多々いる中で、田川はご意見番的な活動をする程度だったからである。現役時代に比べ引退後の著作がほとんどないばかりか、講演活動はともかく論評活動に関しては引退以降、特に九〇年代中盤以降には目立ったものもない。

田川のことを「メディア出身者（もしくはジャーナリスト）が政治家になった」と表現するのは適切ではないのかもしれない。「政治家になって（も）ジャーナリスト（的なこと）をし続けた」と言うべきで、そしてそれを政治の場、特に与党でも閣内でも実践し続けようとしたことがまさに「挑戦」と呼べるのではないだろうか。

そして「ジャーナリズムの理念」は重要であり「ジャーナリズムの理念」を「政治の現場」で展開する困難は並大抵のものではない……ということを認めた上で、なお考えるべきは「ジャーナリズムの理念」だけではやはり政治をすることができないのではないか、ということである。

田川の人生ではときおり「清濁併せ呑む保守政治家」「かけ声の最善ではなく、次善、三善の実現こそ重要」「スジを通すばかりでは不十分である」といった面が表出するときがあった。朝日新聞労組委員長時代、日中交流と国交回復交渉の時代、自民党四〇日抗争での大平指名、新自由クラブ代表時代、連立政権で閣僚を務めたときなどである。そしてそれは田川が厳しい批判にさらされるときでもある。しかし筆者は「裏切者」「背信」と呼ばれても少しでも何かを成し遂げようとする田川にも魅力を感じてしまったことを吐露しておきたい。

もっともこうした議論も田川の評伝を通じてでなければ成立しにくいものである。政治の場で「ジャーナリズムの理念」をできるだけ純度高く貫徹しようとした田川だからこそ、「ジャーナリズムの理念」の限界を議論するのにふさわしい政治家なのではないか。

……とここまでが執筆完了前に書いていた「あとがき」である。ただ、原稿を書き上げてみて「ジャーナリズムの理念」の視点でもまだ田川の内実に踏み込めていないように感じる。いや正確に言えば、筆者が提示した「ジャーナリズム」が概念として狭すぎたのかもしれない。

「反金権」「反骨」をはじめとする田川の言動は確かにジャーナリスティック、特に評論的ではある。その一方、特に新聞記者の時代も含めて田川の書く原稿は「事実を淡々」「客観的」であると評されていた。これをどうとらえるべきだろうか。

田川の中国関連書籍や政治ドキュメントは『日中交渉秘録：田川日記―14年の証言』『田川日記 自民党一党支配が崩れた激動の8日間』のように日記をタイトルに冠したものすらある。そして評論的色彩が強いのは実は後期の著作『自民党よ驕るなかれ』と『やればできる痩せ我慢の道』くらいなもので（ただこれらの本も事実ベースで話が進んでいく）、他は日記をもとにした記録集としての性格が強い。特に田川の中国関連書籍『松村謙三と中国』『日中国交秘録』などは日中関係の学術書（例えば鹿、井上2010）の中でも資料としてしばしば参照されているくらいである。

記者時代の田川は「メモ魔」だと言われた。日記に記録し、取材を含めて調べたことを記録する、そうした記録が記者としての田川の原動力だったと言われる。田川が長《た》けていたのは情報の記録、それをもとにした情報発信であり、それがしばしば批評性・批判性を持った。結果としての批判性だけをとらえて田川を「ジャーナリスト魂」「ジャーナリズムの理念」の持ち主ととらえているだけでは、その根幹にある「メモ魔としての田川」を見失っていないか。本書を書き終えた上での反省点もここにある。

メディアの機能とは情報を伝達することであり、メディアを駆使するとは（評論にせよ、報道にせよ）情報伝達を上手く行うことだととらえてしまっていないだろうか。だがメディアには情報を記録する・保存するという機能もある。ジャーナリズムの語源が「ジャーナル（＝日記）」であることを考えれば、メディアを駆使することとはまさしく「記録すること」である。

もちろん「ジャーナル＝日記」と言ってもあくまで語源であり、一般的な意味での現代ジャーナリズムとは言えないかもしれない。だが田川に関して言えば、その「日記をつける」こと、それに基づく情報発信こそが、メディアの場でも、政治の場でもジャーナリズム的な行動ができた根幹ではなかったか。田川のイメージの一貫性に寄与しているものが「文字メディア」であり、書き記すことで自己を客体化し、律することにつながったのではないだろうか。

そう考えてみると田川の言動が長年、かなりの程度一貫性を保っていたのもうなずける。それはその場その場の影響力もしくは正当性の形成を重視する一部の「メディア政治」とは異なる点であろう。ただ本書は田川の残した記録の一部分（特に公刊されていない日記についてはほとんど言及できなかった）しか活用できなかったという反省点はあるし、逆に田川自身の「先行研究」に圧倒されてしまった感もある。今後はこの膨大な先行研究にどう立ち向かうか、調査の継続と有効な分析視点の構築を徹底していきたいと考えている。

昨年から今年にかけ、再び「政治とカネ」や政治倫理といった問題が大きく報道されるようになってきた。政治倫理をただ語るだけではなく長年にわたって実践し続けた田川の名もメディアに再登場するのではないかとひそかに思っていたのだが、ほとんど見かけることはなかった。それほど昔ではない時代に、しかも自民党出身議員の中に「痩せ我慢」を貫いた政治家がいたことはもっと知られてもいいのではないかと思う。本書を通じて、田川誠一の人生が、田川の膨大な著作が社会から注目され、多くの人によって論評されるきっかけになってくれればこれに勝る喜びはない。

本書執筆のきっかけは、京都大学（現・上智大学）の佐藤卓己先生から研究会に誘われたことだった。「社会理論をもとにジャーナリズムを研究する」という異分野の私を快く迎えてくださった先生と研究会の皆様には感謝申し上げたい。また創元社の山﨑孝泰氏と山口泰生氏には大変お世話になった。右も左も分からない状態だった筆者に適切なアドバイスを下さった両氏のご協力がなければ本書を書き上げることはできなかった。そしてここ数年のコロナ禍で生活が一変し、そして勤務先も変わり、さらに不慣れな分野での研究活動で焦りがちだった筆者を陰で支えてくれた家族にも感謝したい。

こうして本書を書き上げて、メディア史的な調査研究の奥深さと面白さをつくづく思い知ることになった。至らぬ点が多々あるので適宜ご指摘やご助言をいただければ幸いである。そして政治家・田川誠一の研究を今後も様々な角度から続けていきたいと考えている。

二〇二四年四月　山口仁

※本書は科学研究費基盤研究（B）「近代日本の政治エリート輩出における「メディア経験」の総合的研究」（代表者・佐藤卓己、研究課題20H04482）の研究成果の一部である。

引用・参照文献

この他の政治史・社会史等の先行研究を多く参考にしたが、ここでは本書で典拠として引用・参照したものに限り列挙した。また田川執筆（序章で取り上げた文献）のものは除く。

・赤坂太郎「自民党の〝ナチ〟と〝ユダ〟」『文藝春秋』一九七三年九月号
・赤坂太郎「保守新党はありうるのか？」『文藝春秋』一九七四年一二月号
・浅川博忠『燃えよ三田政治家45人の応援歌』紀尾井書房・一九八六年
・浅川博忠『「新党」盛衰記』講談社・二〇〇五年
・池井優『慶應義塾大学法学部政治学科百年小史』慶應義塾大学出版会・一九九八年
・石井行夫『人生、世のため人のため　高地光雄氏一代記』はまかぜ新聞社・二〇一〇年
・石川真澄『戦後政治構造史』日本評論社・一九七八年
・石原慎太郎「日中問題とマスコミ―許せぬ売国奴、古井・田川代議士」『経済時代』経済時代社・一九七二年七月号
・石原慎太郎・中尾栄一・中川一郎・森喜朗他『青嵐会：血判と憂国の論理』浪曼・一九七三年
・伊勢暁史『日本警察残酷物語』エール出版社・一九八五年
・伊藤隆監修、百瀬孝著『事典　昭和戦前期の日本』吉川弘文館・一九九〇年
・伊藤隆「近現代史の人物史料情報　田川誠一」『日本歴史』二〇一六年一二月
・伊藤達美「日本型陳情　政治の研究　第9回　自治官僚と政治家」『財界展望』一九九五年五月号
・伊藤昌哉『自民党戦国史　上』朝日文庫・一九八五年
・井上正也『日中国交正常化の政治史』名古屋大学出版会・二〇一〇年
・井上正也「日中民間貿易と国交正常化」筒井清忠『昭和史講義・下』ちくま新書・二〇二二年
・今村武雄『小泉信三伝』文藝春秋・一九八三年

・岩見隆夫『自民党没落の軌跡』朝日ソノラマ・一九九三年
・M・ウェーバー著、脇圭平訳『職業としての政治』岩波書店・二〇二〇年
・大井眞二「メディア化時代のジャーナリズム」大井眞二・田村紀雄・鈴木雄雅編『現代ジャーナリズムを学ぶ人のために
第二版』世界思想社・二〇一八年
・大石裕『コミュニケーション研究　第五版』慶應義塾大学出版会・二〇二二年
・大嶽秀夫「新党の挫折―新自由クラブから新進党まで」『選挙：選挙や政治に関する総合情報誌』一九九九年一月号
・大嶽秀夫『日本型ポピュリズム』中公新書・二〇〇三年
・岡村忠夫「現代日本における政治的社会化―政治意識の培養と政治家像―」『年報政治学』二一巻・一九七〇年
・笠間重利『第二次世界大戦後日中交流史』明玄書房・一九六一年
・蒲島郁夫「新党の登場と自民党一党優位体制の崩壊」『レヴァイアサン』一五号・木鐸社・一九九四年
・蒲島郁夫・竹中佳彦「保革イデオロギーと投票政党」『選挙』一九九四年三月号
・神島二郎「保守二党論」『中央公論』一九七二年八月号
・河崎吉紀『ジャーナリストの誕生』岩波書店・二〇一八年
・河崎吉紀「歴史から見た広義の「ジャーナリズム」アマチュアの復権と職業の危機」『Journalism』（三七三）・二〇二一年
・河村譲『政党の崩壊：新自由クラブ挫折の軌跡』オーエス出版・一九八〇年
・岸本洋一「近代鎌倉の青年団による史蹟指導標の建碑」『京都芸術大学大学院紀要』第一号・二〇二一年
・北門政士『自民党爆裂・岐路に立つ田中角栄と闘う軍団』山手書房・一九八三年
・現代ジャーナリズム研究会編『記者クラブ』柏書房・一九九六年
・小泉信三「塾の徽章　塾生への講話」今村武雄『小泉信三伝』文藝春秋・一九八三年
・河野洋平『拍手はいらない　新しい政治を求めて』PHP研究所・一九七六年
・河野洋平・篠原一「新自由クラブは市民の代弁者たれ」『月刊新自由クラブ』一九八〇年七月号
・国際商業出版編『河野洋平・田川誠一　保守新党への出発』国際商業出版・一九七六年

・小宮京「五五年体制の成立と展開」筒井清忠『昭和史講義・下』ちくま新書・二〇二〇年
・G・コンラッド、I・セレニイ著、船橋晴俊、宮原浩二郎、田中康博訳『知識人と権力：社会主義における新たな階級の台頭』新曜社・一九八六年
・阪井裕一郎『仲人の近代』青弓社・二〇二一年
・佐藤誠三郎・松崎哲久『自民党政権』中央公論社・一九八六年
・佐藤卓己・河崎吉紀編『近代日本のメディア議員』創元社・二〇一八年
・佐藤卓己「メディア政治家と「政治のメディア化」」佐藤卓己・河崎吉紀編『近代日本のメディア議員』創元社・二〇一八年
・佐藤卓己『池崎忠孝の明暗』創元社・二〇二三年
・佐藤令「戦後の我が国における主要政党の変遷」『調査と情報』No.1043・国立国会図書館・二〇一九年
・里吉弘治「新自由クラブにおける教育政策についての一考察」『公共政策志林』三号・二〇一五年
・F・S・シーバート、T・A・ピータスン、W・シュラム著、内川芳美訳『マス・コミの自由に関する四理論』東京創元社・一九五九年
・清水英夫、新藤宗幸、江橋崇、右橋正博編『政治倫理と知る権利』三省堂・一九九二年
・衆議院事務局『正副議長経験者に対するオーラル・ヒストリー事業　第71代・72代衆議院議長　河野洋平』衆議院事務局・二〇二三年　※「河野オーラル」と表記
・自由民主党広報委員会出版局編『秘録・戦後政治の実像　自民党首脳の証言で綴る風雪の30年』自由民主党広報委員会出版局・一九七六年
・アルフレッド・シュッツ『アルフレッド・シュッツ著作集　第3巻　社会理論の研究』マルジュ社・一九九一年
・城野次郎「『週刊文春』が告発した田川代議士スキャンダルの舞台裏事情」『噂の真相』一九九〇年八月号
・白水繫彦「堀川直義先生を偲ぶ（追悼　堀川直義先生）」『マス・コミュニケーション研究』六九号・二〇〇六年
・季武嘉也・武田知己編著『日本政党史』吉川弘文館・二〇一一年

・鈴木卓郎「警察庁研究」『月刊官界』一九九一年三月号
・鈴木卓郎『日本警察の解剖』講談社・一九八五年
・鈴木宏宗「新自由クラブのジャガー・マーク」『国立国会図書館月報』二〇〇八年七月号
・総理府国立世論調査所編『公明選挙についての世論調査』総理府国立世論調査所・一九五二年
・高木信二、永井敏彦、河口晶彦、嶋倉收一「戦後インフレーションとドッジ安定化政策」『フィナンシャル・レビュー』大蔵省財政金融研究所・一九九四年一一月号
・田川五郎『田川家の人々とその時代』二〇〇七年
・田川誠一と『少年ジャンプ』の仲間たち『やったね！ボクたち、手紙の輪』集英社・一九八三年　※「手紙の輪」と表記
・田川誠治「今昔の思ひ出話」『穀用紙袋情報』一九六三年三月
・田川誠治『回想：遺稿』オリエンタル出版・一九六六年　※田川誠一が制作「回想」と表記
・竹内洋『革新幻想の戦後史』中央公論社・二〇一一年
・武田知己「解説」松村謙三『復刻版　三代回顧録』吉田書店・二〇二一年
・立花隆『巨悪vs言論』文春文庫・二〇〇三年
・田中角栄『日本列島改造論』日刊工業新聞社・一九七二年
・田中秀征「保守新党結成のすすめ」『自由』一九七三年一〇月
・坪井良一「地方行政を担う人々」『都道府県展望』全国知事会・一九六四年一月
・鶴木眞「国際ニュースとメディア・フレーム」鶴木眞編『客観報道』成文堂・一九九九年
・冨森叡児『戦後保守党史』岩波書店・二〇〇六年
・中川一郎「青嵐はなぜ必要か」『自由』一九七三年一〇月号
・中北浩爾『一九五五年体制の成立』東京大学出版会・二〇〇二年
・西岡武夫・田中秀征『新自由クラブの展開：保守再建構築の道』経営ビジョン・センター・一九七九年
・日本新聞協会「新聞事業の事業税非課税措置に関する〝自治省小冊子〟への反論」『新聞経営』八九号・一九八四年

・野村英一『慶應義塾三田の政治家たち』雄山閣・一九九七年
・橋本直「事業税経過措置、さらに1年延長へ―隔たり大きい公共性の認識（マスコミの焦点）」『新聞研究』一九九二年二月号
・鳩山一郎『鳩山一郎回顧録』文藝春秋新社・一九五七年
・服部龍二『中曽根康弘 「大統領的首相」の軌跡』中公新書・二〇一五年
・早野透『田中角栄 戦後日本の悲しき自画像』中公新書・二〇一二年
・原寿雄『ジャーナリズムの思想』岩波新書・一九九七年
・平野達郎「政界メモ 総裁公選・解散をめぐる各派の動き」『公明』一九六六年一二月
・広瀬道貞『政治とカネ』岩波新書・一九八九年
・福澤諭吉『福翁自伝 新版』慶應通信・一九九四年
・福田恆存『保守とは何か』文春学藝ライブラリー・二〇一三年
・福永文夫『大平正芳：「戦後保守」とは何か』中公新書・二〇〇八年
・藤田博司「ジャーナリズムの信頼確保のために」藤田博司・我孫子和夫『ジャーナリズムの規範と倫理』新聞通信調査会・二〇一四年
・藤田義郎『椎名裁定』サンケイ出版・一九七九年
・藤竹暁『ワイドショー政治は日本を救えるか』ベスト新書・二〇〇三年
・藤本一美『増補「解散」の政治学 第2版』第三文明社・二〇〇九年
・藤原弘達『犬猿の仲：政党における離合集散の論理』光文社・一九六五年
・ローリー・アン・フリーマン著、橋場義之訳『記者クラブ』緑風出版・二〇一一年
・ピエール・ブルデュー『社会学の社会学』藤原書店・一九九一年
・堀川直義『面接博士のブン屋紳士録』サンデー新書・一九六六年
・細川護煕編『日本新党 責任ある変革』東洋経済・一九九三年

・堀池友治『続・布衣之交』日経事業出版センター・一九九七年
・毎日新聞政治部『自民党・転換期の権力』角川書店・一九八六年
・牧太郎『小説 新自由クラブ』角川文庫・一九八六年a
・牧太郎「佐藤信二、鳩山邦夫、そして中曾根弘文など八十人余『二世議員』たちの過酷な生き残り競争」『宝石』一四（一）・一九八六年b
・B・マクニア『ジャーナリズムの社会学』リベルタ出版・二〇〇六年
・間柴泰治・柳瀬晶子「主要政党の変遷と国会内勢力の推移」『レファレンス』二〇〇五年四月
・増田卓二『新自由クラブよどこへ行く』KKベストブック・一九八四年
・松村謙三『三代回顧録』東洋経済新報社・一九六四年
・松村謙三『花好月圓　松村謙三遺文抄』青林書院新社・一九七七年
・真鍋一史「政治的社会化の研究課題」『関西学院大学社会学部紀要』二七号・一九七三年
・三木武夫「政党はシンコ細工ではない」『議会政治とともに：三木武夫演説・発言集 下巻』三木武夫出版記念会・一九八四年
・カス・ミュデ、クリストバル・ロビラ・カルトワッセル『ポピュリズム　デモクラシーの友と敵』白水社・二〇一八年
・三好修「新聞はこうして北京に屈服した」『経済往来』一九七二年四月号
・御手洗辰雄『三木武吉伝』四季社・一九五八年
・三好修・衛藤瀋吉『中国報道の偏向を衝く』日新報道出版部・一九七二年
・村上正邦『政治にスジを通す』日本教文社・一九七三年
・本宮ひろ志『やぶれかぶれ』全三巻・集英社・一九九三年（kindle版）
・森田実「新五五体制と新自由クラブの可能性」『月刊新自由クラブ』一九八〇年七月号
・文部省調査局編『日本の成長と教育：教育の展開と経済の発達』文部省・一九六二年
・スティ・ヤーヴァード著、津田正太郎訳『メディア化理論入門』勁草書房・二〇二三年
・山口朝雄「「河野」「西岡」の暗闘」『宝石』七（七）・一九七九年七月

・山口朝雄「新自由クラブへの三つの提言」『月刊新自由クラブ』一九八〇年七月号
・山口仁「現代日本社会における「政治のメディア化」と「ジャーナリズム化」」山腰修三編『対立と分断の中のメディア政治』慶應義塾大学出版会・二〇二〇年
・山口由等「都市における食糧流通機構の再編」『農業史研究』第三九号・二〇〇五年
・山本賢二「中国のジャーナリズム・イデオロギー・憲政運動」『ジャーナリズム&メディア』七号・二〇一四年
・山本進『東京・ワシントン：日本の経済外交』岩波新書・一九六一年
・山本真生子「政党史料の収集・保存について」『国文学研究資料館紀要』一号・二〇〇五年
・屋山太郎「中曾根再選の可能性を占う」『諸君！』一九八四年四月号
・スティーブン・R・リード「ブームの政治　新自由クラブから細川連立政権へ」『リヴァイアサン』一八号・一九九六年
・鹿雪瑩『古井喜実と中国：日中国交正常化への道』思文閣出版・二〇一一年
・若宮啓文『新自由クラブ：保守野党の課題と展望』教育社・一九七八年
・和田好清『裸の選挙：代議士候補奮戦記』サイマル出版会・一九七九年
・渡辺恒雄『保革連立政権論』ダイヤモンド社・一九七四年
・渡辺恒雄「最後の単独政権・田中内閣の余命」『中央公論』一九七四年四月号
・渡辺恒雄監修『新政治の常識』講談社・一九七七年

【事典・社史等】

・朝日新聞社史編集室『朝日人辞典　増補改訂版』一九九四年
・朝日新聞社百年史編修委員会編『朝日新聞社史 明治編／大正・昭和戦前編／昭和戦後編／資料編（全四巻）』一九九〇～一九九五年
・朝日新聞労働組合編『朝日新聞労働組合史』一九八二年
・『朝日選挙大観』「第三九回衆議院総選挙（平成二年二月）・第一五回参議院通常選挙（平成元年七月）」

・『朝日選挙大観』「第四〇回衆議院総選挙（平成五年七月）・第一六回参議院通常選挙（平成四年七月）」
・大澤真幸・吉見俊哉・鷲田清一編『現代社会学事典』弘文堂・二〇一二年
・神奈川県選挙管理委員会『選挙の記録』（昭和四四年、昭和四七年、昭和五二年（2）、昭和五五年、昭和三八年（3）、昭和六一年、平成二年、平成五年）
・神奈川新聞社『神奈川年鑑　昭和34年度版』一九五八年
・『月刊放送ジャーナル』一九七九年九月号
・『国会』国会社・一五巻一〇号・一九六二年
・『時事解説（8567）』時事通信社・一九七七年
・衆議院事務局『衆議院議員総選挙一覧』第二八回〜第三一回
・『塾員名簿』一九五七年、一九六九年
・『叙勲名鑑 昭和41年 春季版』叙勲名鑑刊行会・一九六六年
・『帝国銀行・会社要録　第41版』一九六〇年
・『帝国銀行・会社要録　第46版』一九六五年
・電通『電通広告年鑑　昭和三四年度』電通・一九五九年
・内閣府男女共同参画局編『男女共同参画白書 令和四年版』二〇二二年
・日外アソシエーツ『二〇世紀日本人名事典』二〇〇四年
・『日本叙勲者名鑑 昭和39年4月〜昭和53年4月 上』日本叙勲者協会・一九七八年一一月
・「平成15年度税制改正について要望の件」日本新聞協会ホームページ https://www.pressnet.or.jp/statement/020920_52.html
・横須賀市史編纂委員会編『横須賀市史』一九五七年

【憲政資料室資料】

・憲政9-6「田川誠一書簡控」『日記の告別式』宛先・日付不明

・憲政13-6「田川誠一書簡控」大達貴久宛 平成一四年八月一四日
・憲政13-18「田川誠一書簡控」一柳洋宛 平成八年六月一三日
・憲政14-2「田川誠一書簡控」パシフィックホテル宛
・憲政14-3「田川誠一書簡控」サカサキ（国立国会図書館議員閲覧室）宛　平成一四年九月六日
・憲政14-6「田川誠一書簡控」清水勝人宛 平成九年六月一日
・憲政14-10「田川誠一書簡控」九四二七号車運転者（京王交通）宛　平成一三年六月
・憲政69「田川誠一日記　連立大臣日記」昭和五八年一二月〜昭和五九年一月
・憲政70「田川誠一日記　連立大臣日記」昭和五九年二月
・憲政116「田川誠一の出版目録」昭和三二年〜平成八年までの著作リスト
・憲政125-1「『政治家以前』」書評記事切抜集
・憲政125-4「政治家以前」書評記事コピー
・憲政131「田川誠一著やればできる、痩せ我慢の道（『朝日人』コピー）」平成七年七月一日
・憲政152「最近の中国問題」駿河銀行〔刊〕昭和四六年五月一七日
・憲政153「日中国交回復はどうしたらできるか　私の意見・復交決議案・問題点　新風特集」昭和四六年八月一二日
・憲政159「人物評ダイジェスト田川誠一論　新風 特別号」昭和三六年
・憲政161「『田川誠一』を語る　新風特集号」昭和三八年七月一日
・憲政166「国会ニューフェース②（切抜き）」掲載誌不明
・憲政175「いまなぜ連立か」田川作成ビラ　昭和五四年
・憲政179「進歩党結成大会代表あいさつ前文　草の根自由主義で行こう」昭和六二年二月二二日

【外国語文献】

・Carlson, M. (2015) "Introduction The many boundaries of journalism", M. Carlson and S. Lewis eds. Boundaries of JOURNALISM,

Routledge. pp.1-18.

・Ekman, M. and Widholm,A. (2017) "Politicians as Media Producers" S. Steensen and L. Ahva eds. *Theories of Journalism in a Digital Age*, Routledge. pp.191-203.

・Gurevitch, M. and Blumler, J.G. (1990), *"Political Communication Systems and Democratic Value"*, Lichtenberg, J. (ed) Democracy and Mass Media, Cambridge University Press, 269-289.

・MQuail, D. (2010) *Mass Communication Theory 6th,* Sage.

・Strömbäck, J. (2008). "Four Phases of Mediatization：An Analysis of the Mediatization of Politics". International Journal of Press/Politics, 13, 228–246.

・WJS3 Working Paper (2020), Martin Oller Alonso etc. Defining the Worlds of Journalism Study Sample, https://worldsofjournalism.org/methodological-documentation-3/ https://worldsofjournalism.org/wp-content/uploads/2020/03/WJS3_Definitions_working_paper.pdf

田川誠一 略年譜

＊『田川誠一の年譜』『田川誠一オーラルヒストリー・下巻』『田川誠一の出版目録（憲政116）』をもとに（一部新聞報道で補足して）作成した。年齢は満年齢に統一している。『年譜』では執筆した記事（特に一九五〇～一九五四年）も多数言及されている（本書第二章参照）。またすべての業績は網羅できていない。今後の改訂が必要である。

一九一八（大正七）年（0歳）
六月四日、出生。

一九二五（大正一四）年（7歳）
四月一日、三浦郡田浦町立・浦郷尋常小学校入学。

一九三一（昭和六）年（13歳）
三月一四日、浦郷尋常小学校卒業。四月一日、横浜市立横浜商業学校（Y校）入学。

一九三三（昭和八）年（15歳）
四月一日、Y校ラグビー部に入部（五年生で主将）。

一九三六（昭和一一）年（18歳）
三月一二日、横浜商業卒業（五年間）。四月一日、慶應義塾大学法学部政治学科入学。

一九四一（昭和一六）年（23歳）
一〇月一六日、大学・専門学校就学年限短縮が決定される（一二月に繰り上げ卒業）。一二月一五日、慶應義塾大学法学部政治学科卒業（本来は一九四二年三月が卒業・予科合わせて六年間）。朝日新聞東京本社入社（「準社員」として）。

一九四二（昭和一七）年（24歳）
二月一日、近衛歩兵第五連隊補充隊に入隊。五月一〇日、前橋陸軍予備士官学校入学。一〇月三〇日、前橋予備士官学校を卒業。曹長に進級し見習士官に。原隊復帰。

一九四三（昭和一八）年（25歳）
五月一四日、近衛歩兵五連隊補充隊（東部第八部隊）が千葉県佐倉の歩兵第五七連隊へ移駐（その後、逐次移駐）。六月、習志野の東部軍・自動車隊（東部第一九部隊）へ転属。第一中隊付き見習士官。一二月一日、陸軍少尉に任官、予備役編入、即日原隊に臨時召集。初年兵、幹部候補生の教育に従事。

一九四四（昭和一九）年（26歳）

四月、観兵式、天皇馬前で中隊の車両エンスト（責任者と関係者処罰）。六月、工兵学校（柏市）に派遣、防空壕構築を学ぶ。後に隊で作業指導。

一九四五（昭和二〇）年（27歳）
三月三〇日、外山範子と結婚、東京日本橋「三越」地下室で結婚式。八月一日、陸軍中尉へ進級。八月一五日、中隊前で玉音放送を聞く。九月二六日、復員、朝日新聞社へ復職。編集局通信部員に。一〇月一五日、横須賀支局勤務。

一九四六（昭和二一）年（28歳）
二月一日、正社員になる。四月一日、第二二回衆議院総選挙のため横須賀支局から本社選挙本部へ出張。

一九四七（昭和二二）年（29歳）
七月一四日、朝日新聞横浜支局に転任。九月一七日、本社通信部に転勤。

一九四八（昭和二三）年（30歳）
一一月二一日、通信部を代表し編集組合の執行委員になる。

一九四九（昭和二四）年（31歳）
三月一八日、東京編集組合大会で執行委員・地方対策部長・副書記長に就任。一一月二四日、政経部に移動（後に政治部・経済部に分離、田川は政治部）。

一九五〇（昭和二五）年（32歳）
二月一七日、祖父・平三郎、八四歳で死去。六月一五日、政治部内の担当の異動で「内政クラブ」へ（地方自治庁・警察庁・建設省担当）。

一九五二（昭和二七）年（34歳）
「改正地方税法成立まで」『自治時報』九月／「公明選挙運動を切る」『地方自治』一二月／「選挙違反の実状」『世界』一二月

一九五三（昭和二八）年（35歳）
六月二日、改進党担当へ異動。
「両院選挙 選挙違反総まくり」『自治時報』七月

一九五四（昭和二九）年（36歳）
一一月一三日、朝日新聞労働組合第一六代中央執行委員長に就任（一九五五年四月五日辞任）。一一月一五日、朝日新聞を休職。
（共）「朝日新聞政治部同人座談会」『選挙：選挙や政治に関する総合情報誌』一一月

一九五五（昭和三〇）年（37歳）
四月五日、組合側スト権確立（一二日、本部闘争委員会は中労委からの斡旋案拒否、中央執行委員長を辞任）。四月一九日、政治部へ復職。四月二八日、朝日新聞社退社。四月三〇日、松村謙三文部大臣秘書官就任。一一月二一日、松村謙三文部大臣辞任に伴い大臣秘書官を辞任、議員秘書へ。

一九五六（昭和三一）年（38歳）
二月二三日、松村・日中文化交流協会顧問就任に伴い補佐役に。三月一九日、小選挙区法案国会提出（出馬の意志かたまる）。四月一日、浦郷小学校ＰＴＡ会長就任（一九五八年三月まで）。

一九五七（昭和三二）年（39歳）
一月二三日～三月四日、松村の歴訪（東南アジア、中近東、豪、ニュージーランド）に随員（五月二日に「東南アジア諸国歴訪帰国報告会」で講演）。九月、横須賀青年層を中心に「青年政治研究会」が結成され、出馬を求める動きが活発化。
『南の国々を回って―首相親善特使随行日記』青林書院
『南方だより』民友社

一九五八（昭和三三）年（40歳）
八月二三日、各支援団体を統合した後援・推薦母体「新風会」の発足（四月に結成準備会発足）。

一九五九（昭和三四）年（41歳）
一月二四日、松村・自民党総裁選へ立候補。一月～、各地で後援会組織（一月三〇日「田浦会」、二月一八日「浦郷懇談会」。六月から七月にかけて「船越新交会」、「久里浜・浦賀地区同志会」、「日曜会（平作・衣笠地区）」、逗子地区も後援会が結成される）。一〇月一九日―一二月二日、松村謙三の第一回訪中団随員として初訪中。

一九六〇（昭和三五）年（42歳）
一月～、川崎市での支援組織づくり（同市政界長老・中野与右衛門、山本正一代議士後援者と協議）。一一月二〇日、第二九回衆議院総選挙で初当選（第三位：定員四）。一二月二五日、第三八回通常国会召集（地方行政・文教の常任委員会委員）。
『訪中一万五千キロ―変貌する新中国の奥地を行く』青林書院

一九六一（昭和三六）年（43歳）
四月二六日、衆議院文教委員会で初質問（学校教育法案）。
一一月二〇日、後援会機関紙『新風会』特集号創刊。

一九六二（昭和三七）年（44歳）
三月八日、地方行政委員会で国有海浜地の管理問題について質問。四月三〇日～五月三一日、松村謙三の訪欧に同行。九月一二日～九月二五日、松村に同行し二回目の訪中（LT貿易の基礎作り）。一一月九日、「日中長期総合貿易に関する覚書（期間五年）」「LT貿易」調印。留守連絡役。
『よみがえる欧州』中外グラビア
『日中問題の焦点―再び中国を訪ねて』昭文社
「野放し状態の国有海浜地」『朝日新聞』三月二三日／「人物診断―田川誠一」『国会』一一月

一九六三（昭和三八）年（45歳）
三月二二日、葉山柴崎海岸埋め立て問題を決算委員会で追及。四月二九日、中国蘭愛好代表団（孫平化・王暁雲）来日。一一月二一日、第三〇回衆議院総選挙当選（二回目、二位：定員四）。一二月一五日、地方行政委員会でサイエンスランド国有地払い下げ問題を追及。
「緊急失業対策法一部改正に関する社会労働委員会護録（1）」『労委労協』七月

一九六四（昭和三九）年（46歳）
二月七日～二月二二日、遺族墓参・記者交換の交渉のため三回目の訪中。
『今年の予算と私たちのくらし（上）』野田経済研究所出版部
『今日の中国』中外グラビア
『選挙―欧州諸国の選挙制度と選挙の実態』中外グラビア
『今年の予算と私たちのくらし（下）』野田経済研究所出版部
「中国の旅客機」『文藝春秋』五月／「憲法島」『現代の目』六月

一九六五（昭和四〇）年（47歳）
六月八日、科学技術庁政務次官に就任。七月七日、サイエンスランド問題に関する怪文書の差出人が逮捕される。九月二日、父・誠治、七二歳で死去。一二月四日～一〇日、フィリピン・マニラで開催の国際科学技術会議に日本代表として出席。
（共）「中国問題 私はこう思う」『世界と議会』二月／「科学技術と政治」『日本の科学と技術』九月

一九六六（昭和四一）年（48歳）
五月一一日、株式会社「マコト」設立（兄弟の資産維持のための会社）。一一月一日～一二日、LT貿易協定最終年度交渉のため四回目の訪中。
『地震・雷・火事・台風―こわいものを科学する』中外グラビア
『回想―父の遺稿から』オリエンタル企画

一九六七（昭和四二）年（49歳）
一月二〇日、旧河野派が分裂、新政同志会（中曽根派）に所属。

一月二九日、第三一回衆議院総選挙当選（三回目、第一位：定員四）。二月一七日、厚生政務次官就任。一一月九日、厚生政務次官辞任（日中覚書・政治交渉で訪中するため）。

『打つ手はある―胃ガンと肺ガン』共同印刷

一九六八（昭和四三）年（50歳）

二月一日～、LT貿易継続交渉のため五回目の訪中。六月二四日、社団法人「海中開発技術協会」会長に就任（海洋科学技術センターの前身）。一〇月一〇日～二六日、六回目の訪中。

「北京を訪ねて」『朝日新聞』一〇月二六日

一九六九（昭和四四）年（51歳）

二月一四日、覚書協定延長交渉のため七回目の訪中。九月一九日、松村謙三引退。一二月二七日、第三二回衆議院総選挙当選（最下位：定員四）。
『日中問題をどう解決していくか―日中問題の現状と将来』共同印刷
『日中関係打開のための提言』共同印刷
「日中関係打開のための提言」『朝日ジャーナル』四月二〇日／（共）「特集佐藤首相を総点検する」『文藝春秋』一二月

一九七〇（昭和四五）年（52歳）

三月二〇日～四月二三日、覚書貿易交渉で松村謙三に同行（訪中八回目）。六月二五日～七月一五日、マルタ開催の「海の平和会議」に日本代表として参加。一，月一八日、週刊文春を名誉棄損で告訴（翌年六月一四日号でお詫びと訂正の社告）。一二月九日、日中国交回復促進議員連盟・藤山会長の要請で会長補佐として常任理事に就任。

「新しい海洋開発の年を迎えて」『日本の科学と技術』一月／「脱税事件に思う」『財界夏季特大』／「〝周四原則〟」『文藝春秋』八月

一九七一（昭和四六）年（53歳）

二月一一日～三月六日、藤山愛一郎に同行し訪中（九回目）、覚書貿易交渉に参加。一〇月一日、海洋科学技術センター設立（田川・設立発起人）。一〇月二七日、中国国連復帰で野党提出の福田外務大臣らに対する不信任案に欠席。一二月三日～二四日、覚書貿易交渉のため訪中（一〇回目）。

「日中経済関係の将来と日本の自立」『経済評論』一月／「中国のオーケストラ」『財界』／「日中打開の提言」『朝日ジャーナル』四月二〇日／「佐藤首相でも訪中できる」『週刊サンケイ』九月二七日／「松村謙三の半生―上」『世界』一一月／「キミの中国観は間違っている」『週刊ダイヤモンド』一二月一八日

一九七二（昭和四七）年（54歳）
九月九日～二四日、日中首脳会談準備の先遣隊として北京へ直行（訪中一一回目）。一二月一三日　第三三回衆議院総選挙当選（五回目、第一位）。一二月二五日、衆議院社会労働委員会委員長に選任。
『松村謙三と中国』読売新聞社
「松村謙三の半生―中」『世界』一月／「松村謙三の半生―下」『世界』二月／「〈日誌〉松村謙三の葬儀前後（昭四六・八・二一～九・一二）」『世界』三月／「日中で保利幹事長に問う」『週刊エコノミスト』三月二八日／「真実は曲げられない」『経済往来』六月／「三角点　海洋開発と測量界」『測量』七月／「やっと〝その日〟が訪れた」『月刊エコノミスト』一〇月／「日中国交秘録・密命を帯びて」『月刊エコノミスト』一二月

一九七三（昭和四八）年（55歳）
九月二六日～一〇月一八日、日中国交正常化一周年で招待を受け一二回目の訪中。
『日中交渉秘録：田川日記―14年の証言』毎日新聞社

一九七四（昭和四九）年（56歳）
六月一一日、自宅火災・全焼。九月四日～二二日、訪米（中国問題講演のため）。一〇月一六日～二五日、訪中一三回目。一一月二五日、自民党・総務に就任。一二月二一日、中曾根派（新生同志会）を脱退。

一九七五（昭和五〇）年（57歳）
一月一五日～二一日、訪中一四回目。九月五日～一一日、一五回目の訪中。九月二九日、「日中協会」設立（河野謙三、保利茂らと）。
「中曾根氏の政治信念は信用できない」『週刊読売』二月八日／「松村謙三」『月刊自由民主』一二月／「日中友好の全国民的基盤を」『実業の日本』一二月

一九七六（昭和五一）年（58歳）
六月一四日、自民党脱党予告。六月二五日、自民党正式に離党、新自由クラブ結成を表明（七月二日届出）。九月一七日、新自由クラブ総務委員長、両院議員会長に就任。一二月五日、第三四回衆議院総選挙当選（六回目、全国最多得票を獲得）。
「特集座談会・中国革命第二世代へ」『毎日新聞』一月一〇日／「ロッキード問題の真相は徹底的に明らかにせよ」『再建』三月／「自民党に明日はない」『朝日ジャーナル』六月二五日／「保守の危機を救うには離党しかなかった―六人衆の一人が明かす憂国の情」『激流』九月

一九七七（昭和五二）年（59歳）
一月一〇日、周恩来弔問のため一六回目の訪中。六月二日、日中協会幹事長を辞任（中国が批判していた日韓大陸協定の推進者が内部にいるため）。九月六日、新自由クラブ全国組織委員長に就任。九月一二日～二三日、新自由クラブ訪中団副団長として一七回目の訪中。
『政治家以前』横須賀新風会
「新自由主義の旗をかかげて」『再建』三月
『月刊新自由クラブ』：「偉大なる「他山の石」」「壮大な民族の息吹き（座談会）」一一月、「特集 組織づくり推進について」一二月

一九七八（昭和五三）年（60歳）

一一月一五日～二三日、衆議院訪中団に同行（訪中一八回目）。
『一冊の本―三代回顧録に想う』共同印刷
『アメリカで話したこと』共同印刷
「官僚閻魔帳」『中央公論』二月／「障害は常に国内問題にある」『朝日ジャーナル』二月一〇日／「新自由クの路線について（対談）」『再建』四月
『月刊新自由クラブ』：「昭和五十三年度組織活動方針」三月、「日中平和友好条約はなぜ必要か」四月、「日中関係の今後と対ソ連政策（対談）」八月、「日中百年―日中平和友好条約批准書交換に寄せて」一一月、「議員手帳：コーヒー一杯」六月号、「同：バドミントンと陽子」九月号

一九七九（昭和五四）年（61歳）

三月一日、衆議院決算委員会で中国残留孤児問題、無国籍の田中和子問題で質問。八月三一日、新自由クラブ幹事長に就任（西岡武夫離党のため）。九月六日、国鉄優待パス返上。一〇月七日、第三五回衆議院総選挙当選（七回目、二位）。一一月二六日、新自由クラブ代表代行（河野洋平代表辞任のため）。
『日中百年・提言―アメリカ人に読んでもらった』共同印刷
『月刊新自由クラブ』：「日中国交回復前夜」七月～翌年八月まで九回連載、「幹事長職をとるにあたって」七月、「新しい政治秩序の創造をめざして」八月、「首班指名投票をめぐる経過」一二月

一九八〇（昭和五五）年（62歳）

二月二九日、新自由クラブ二代目代表に就任。六月二二日、第三六回衆議院総選挙当選（八回目、第一位）。
『初陣前後』横須賀新風会
「秘書官から政治家へ」『官界』七月／「自民絶対多数下の新自由クラブの役割」『再建』七月
『月刊新自由クラブ』：「決意あらたに再建への道を」一・二月合併号、「今こそ変革の先駆者をめざそう」六月号、「今こそ主体性を明確にしよう」七月号、「保守主義の良心―松村謙三氏に見る保守党の真髄」八・九月合併号、（共）「変貌しつつある中国」

一〇月号、「守りから攻勢に転じよう」一一月号、「自他共苦」「静」から「動」へ転じる年」一月号

一九八一（昭和五六）年（63歳）

六月九日、不整脈で三カ月間入院。九月二一日　社民連と統一会派。

『月刊新自由クラブ』：「政治の逆流に歯止めをかけよう」三月号、「私の中の「行政改革」」六月号、「行財政改革への提言」七月号、（共）「政界再編の起爆剤となろう」一〇月号、「二つの使命達成に邁進しよう」一月号

一九八二（昭和五七）年（64歳）

二月一九日、新自由クラブ大会で「田中有罪なら議員を辞めよ」と名指しで批判。五月一〇日～一四日、新自由クラブ訪韓団長として訪韓。八月五日、政治倫理キャンペーン用の定期刊行物「政治倫理の研究」を発刊・発行人に（全六号）。九月二日、中韓両国に教科書問題で注目発現「真の友好人士は誰か」「教科書問題で注文」。一二月九日、衆議院代表質問で中曾根首相を厳しく弾劾。

「虚構の田中軍団にモノ申す―田川誠一　新自由クラブ代表に聞く」『朝日ジャーナル』三月五日／「永田町の良心麻痺―反核・軍縮運動は超党派で」『再建』四月／「藤原弘達大激突　田川誠一＝田中角栄と刺し違えても金権政治と闘う」『週刊現代』八月一四日／「政治倫理を甦らすために」『中央公論』八月／「行革は官民の自戒が前提」『経営コンサルタント』九月／「田川誠一　新自由クラブ代表に直撃インタビュー」『週刊ポスト』一〇月二九日／「もし中曾根総裁が実現したら」『中央公論』一二月

『月刊新自由クラブ』：「立党六周年に思う」六月号、「今こそ政治家の倫理感覚を問う」七月号、「生への喜びがひしひしと湧いた」「私の昭和二十年八月十五日」八月号、「教科書問題で訴え」「田中的思想の三つの害毒」九月号、「政界浄化は終生の政治目標」一〇月号、「有権者諸氏の考えて欲しいこと」一二月号、「政治決戦の年を迎えて」「金権腐敗のツケは誰が払うのか」一月号、「議員手帳：手紙の反響」一〇月号、「同：不正乗車」一一・一二月号、「同：二〇冊目の出版」一月号

『政治倫理の研究』：（共）「金権政治を一掃するために」一号、「政治家被告の道義責任を問う」二号

一九八三（昭和五八）年（65歳）

九月三日、社民連との統一会派を解消。一二月二〇日、第三七回衆議院総選挙当選（九回目、一位）。一二月二六日、自民党と連立内閣・自治大臣兼国家公安委員長に就任（二七日・皇居で認証式）。

『日中交流と自民党領袖たち』読売新聞社

『ドキュメント自民脱党―変節と脱落のなかで愚直に生きた男

たち』徳間書店
『やったね！ボクたち、手紙の輪』集英社
「爆弾発言田川誠一「私だけが知っている中曾根首相の実像」」『週刊現代』一月一日／激怒対談―田川誠一VS田中伊三次「角栄・中曾根のヤミ取引きを暴露する！」」『現代』二月／「角症候群への処方箋」『朝日ジャーナル』二月一一日／「田川誠一がいま明かす〈自民党が割れた日〉」『週刊読売』二月一三日・二七日、三月六日・一三日・二〇日・二七日、四月三日・一〇日・一七日・二四日、五月一日・八日・一五日・二二日／「潮流 優待無料バス」『総合教育技術』三月
『月刊新自由クラブ』：（共）「田中角栄氏に直言する」「総決算の年に臨む私の決意」三月号、「総力をあげて決戦を勝ち抜こう」四月号、「田川誠一と子供たちの往復書簡」五月号、「立党七周年を迎えて」六月号、「〈今月のことば〉健忘症」七月号、「「ハコ」記事の権威のために」八月号、（共）「いま、あらためて政治家の初心を問う」九月号、「議会政治の権威を守るために」一〇月号、「なぜ、いま政治倫理を主張するか」一一月号、「〈今月のことば〉百術は一誠にしかず」「いま、政治に問われるもの」一二月号、「議員手帳：真実の誠意」二月号、「同：趣味の変更」三月号、「同：自民党の割れた日」四月号、「同：私の「七〇一号」」五月号、「同：松村氏誕生百年祭」六月号、「同：ドキュメント・自民党・脱党」七月号、「同：患者と病院」九月号、「同：先輩の願い」一〇月号、「同：若者とつくる〝手紙の輪〟」一一月号、「同・SPの警護」一二月号
『政治倫理の研究』：「中曾根首相の倫理感覚を問う」三号、「田中角栄に直言する」四号、「議会政治の権威を守るために」五号、「いま政治に問われるもの」六号

一九八四（昭和五九）年（66歳）

二月八日、衆議院本会議で「田中辞任決議案が出れば新自クは全員賛成」の答弁。二月二一日、衆院予算委員会で「倫理、取り組み次第で連立解消もあり得る」。二月二四日、参院予算委員会で「田中辞任は当然」と閣僚の立場で明言。五月二八日、「グリコ」事件捜査の激励のため大阪府警本部へ。六月二三日、新自由クラブの代表を辞任（後任は河野）。八月九日、小沢一郎・自治省幹部を招致して大臣の田中批判を抗議（田川断固拒否）。九月一一日、天皇に所管事項を報告（天皇とともに昼食）。一一月一日、自治大臣・国家公安委員長退任。一一月一七日、ラジオ関東サービス解散。
『田川日記―自民党一党支配が崩れた激動の8日間』ごま書房
「新年のあいさつ」『地方公務員月報』一月／「新年の挨拶」『Subway』一月／「江藤新平とロッキード事件」『青春と読書』一月／「公庫の外債発行に想う」『公営企業』一月／「新春御挨拶」『都道府県展望』一月／「年頭のごあいさつ」『市政』一月／「新自治大臣 田川誠一氏に聞く」『近代消防』三月／「緊急連載 大臣の手記」『サンデー毎日』一一月二五日、一二月二日・

九日・一六日・三〇日
『月刊新自由クラブ』：「なぜわが党は連立を選んだか」一・二月合併号、「理想に向かって大胆な行動を」四月号、「益子氏の疑問に答える」「〈新自由クラブ〉立党八周年を迎えて」六月号、「代表職を辞するに当たって」八月号、「地方行政改革の課題」九月号、「マスコミの独断・偏見を叱る」一月号、「議員手帳：赤坂暮らし」四月号、「同：少年たちからの手紙」五月号、「同：不思議な因縁」七月号、「同：酪演奏」九月号、「同：最年少の喜び」一〇月号、「同：マナーの履き違え」一一月号、「同：解放感」一二月号、「同：川奈でゴルフ」一月号

一九八五（昭和六〇）年（67歳）
七月七日〜一四日、台湾を訪問。一〇月一六日、在職二五年永年勤続表彰。
『田川誠一写真集「新風」二十五年』田川代議士永年勤続記念誌編纂委員会刊
（共）「特集―新春初小言―これでいいのか日本のマスコミ」『月刊官界』一月／「目で見る私の履歴書」『政経人』二月
『月刊新自由クラブ』：「『田川日記』余話」二月号、「〈今月のことば〉歩く人が道をつくる」三月号、「改めて政治倫理の確立を訴える」五月号、「特権の横行を憂う」八月号、「現代マスコミ論」一〇月号、「議員生活二十五年を顧みて」一二月号、「議員手帳：ハワイの休日」二月号、「同：ある案内状」三月号、「同：万歩計の効用」四月号、「同：〝自称妻〟騒動顛末記、ある結婚式」六月号、「同：政治家の供花」七月号、「同：メガネあれこれ」八月号、「同：台湾あれこれ」九月号、「同：永年勤続」一〇月号、「同：五十二年前の「田川日記」」一二月号、「同：感謝の往復書簡」一月号

一九八六（昭和六一）年（68歳）
七月六日、第三八回衆議院総選挙（参議院通常選挙と当日）当選（一〇回目、三位）。八月一二日、新自由クラブ全国幹事会、解党を決定。一一月〜、新党結成に向けた準備。一一月一日、二〇回目の訪中。
『月刊新自由クラブ』：「政治倫理の風化をおそれる」六・七月合併号、「初一念を貫き独自の道を進む」九月号、「議員手帳：年賀状」二月号、「同：音楽歯医者」四月号、「同：『節運』のすすめ」五月号、「同：コーヒー一杯運動」六・七月号

一九八七（昭和六二）年（69歳）
一月二二日、進歩党結党大会。二月二五〜二七日、進歩党全国遊説（奄美大島・沖永良部島）。四月九日、『自民党よ驕るなかれ』（講談社）出版。四月一九日〜二五日、統一地方選挙応援のため、全国各地を遊説。六月八日〜一二日、台湾を訪問。
『自民党よ驕るなかれ』講談社

「進歩党代表　腐敗政界を斬る」『月刊官界』五月／「「無料パス返上」定期で登院する進歩党代表のノーマネー政治」『週刊サンケイ』六月二五日／（共）「しぶとく、丸く、志低く……竹下丸はどこへ行く」『Asahi Journal』一一月六日／「護憲・軍縮・倫理を一徹に叫ぶ」労働レーダー Worker's radar 一二月

一九八八（昭和六三）年（70歳）

一月二三日、進歩党第二回大会。七月一一日、リクルート事件で街頭キャンペーン開始。

「金集めが政治家の器量ではない何をしたかを評価すべきだ」『政界往来』二月／「国民を欺く〝金まみれ総理〟殿へ」『週刊ポスト』九月一六日

一九八九（昭和六四・平成元）年（71歳）

二月一七日、進歩党第三回大会。四月一五日、進歩党北海道連合設立総会へ。七月二三日、参議院通常選挙当選なし（神奈川選挙区・円山雅也が惜敗、比例区もゼロ）。

「懐かしき内政クラブ時代」『月刊官界』二月／「なぜ政治にカネがかかるのか」『第三文明』四月／「草の根運動で政治改革を推進」『政界春秋』七月／「田川誠一元国家公安委員長が証言 パチンコ疑惑「警察もワルだ」」『サンデー毎日』一一月一二日／「国会の闘士たち」『月刊官界』一二月

一九九〇（平成二）年（72歳）

二月一八日、第三九回衆議院総選挙当選（一一回目、二位）。二月二六日、社民連との統一会派を結成。

「江田五月氏と田川誠一氏の〝合奏〟」『文藝春秋』六月号

一九九一（平成三）年（73歳）

四月二九日、勲一等旭日綬章授与発表。五月八日、皇居で親授式。五月一六日、元党員・青木勝治弁護士から告訴される。即日、誣告罪で告訴。一〇月一九日～二二日、中日友好協会の招待で訪中（政治関係抜きの条件で一〇年ぶりの訪中）。

一九九二（平成四）年（74歳）

三月七日、宮城県参院補欠選挙応援。四月一日、青木弁護士から民事で提訴される。九月一四日、進歩党第六回大会。

一九九三（平成五）年（75歳）

二月二六日、神奈川県庁記者クラブで国会引退を表明。七月一八日、第四〇回衆議院総選挙（で引退）。九月一七日、マスコミ優遇税制問題で朝日新聞・中江利忠社長（新聞協会会長）と会談。新聞協会から依頼された原稿を政治的に没にされた問題も含め事業税優遇税制の早期完全撤廃を促す。

「脱党して新党づくりは下手すれば政治生命の終わり」『月刊官界』五月（同じものが『財界ふくしま』五月）

一九九四（平成六）年（76歳）
各地で講演・対談、挨拶。
「田川誠一政治生活33年の〝決算書〟」『月刊官界』四月から翌年三月まで全一二回連載

一九九五（平成七）年（77歳）
三月九日、青木弁護士の提訴、最高裁で棄却。各地の統一地方選挙で応援演説やゴルフ。
『やればできる痩せ我慢の道』行研

一九九六（平成八）年（78歳）
『ふるさと浦郷—田川家の系譜』かなしん出版

一九九七（平成九）年（79歳）
『田川誠一の年譜』

一九九八（平成一〇）年（80歳）
九月二一日、オーラルヒストリーのインタビュー開始（二〇〇〇年三月一七日まで）。
「安保堅持は時代遅れ」『前衛』四月

二〇〇一（平成一三）年（83歳）
『田川誠一オーラルヒストリー』政策研究大学院大学編

二〇〇九（平成二一）年（91歳）
八月七日、老衰により死去。

その他・インタビュー本
・冊子『国有財産の厳正な処分をのぞむ　サイエンス・ランドをめぐる諸問題』（発行時期は不明だが、一九六五年以降）
・『河野洋平・田川誠一保守新党への出発』国際商業出版編・国際商業出版、一九七六年
・「新自由クラブは国会の大掃除する」『細川隆一郎・直撃対談集—燃える政治の舞台裏 日本を代表する64人はどう答えたか』全貌社・一九八三年
・岩見隆夫『近聞遠見—政治家たちの百面相』毎日新聞出版・一九九一年

ラジオ・テレビ出演（『田川誠一の年譜』には日中交渉の時期を中心にラジオ・テレビ出演経歴が記録されている）
一九六八年：ＮＨＫ「スタジオ１０２」（一〇月二八日）、ＮＥＴテレビ（現・テレビ朝日）「モーニングショー」（一〇月二九日）

一九六九年：日本放送「おはようネットワーク」（三月一九日）、NHK「スタジオ102」（三月一九日、六月一〇日）、NETテレビ「モーニングショー」（三月二五日、四月二一日）、NHK教育「九全大会と共産圏の動向」（四月一五日）、毎日放送「70年の対話　自民党の中の中国」（八月一日）

一九七〇年：NETテレビ「経済ざっくばらん」（二月二二日）、NHK教育「自由民主党討論」（九月九日）、NHKラジオ「覚書交渉と中国」（九月二六日）

一九七一年：TBSテレビ「時事放談」（一月一七日）、NHKラジオ・テレビ「政治座談会」（三月七日）、「NHK討論会　台湾問題をどうするか」（八月一日）、NETテレビ「奈良和モーニングショー」（八月二四日、一二月二七日）、フジテレビ「ヴィジョン討論会」（八月二九日）、フジテレビ「3時のあなた」（七月一六日）、「中国をめぐる特別座談会」（九月二二日）、テレビ東京（12チャンネル）「中国を考える」（九月二六日）、特別報道番組（一〇月二六日）、フジテレビ「小川宏ショー」（一〇月二七日）、NHK教育「教育特集・周恩来」（一一月二四日）

一九七二年：日本テレビ「ドキュメント72」（一月三〇日、七月二三日）、TBSテレビ「ニュースデスク」（七月二日）、NETテレビ「報道特別番組・田中首相、北京へ出発」（九月二五日）、TBSテレビ「報道特別番組」（九月二五日）、NETテレビ「23時ショー」（九月二五日）、NETテレビ「日中新時代スタート」（九月二九日）、フジテレビ「日中共同声明問題」（九月二九日）

一九七六年：テレビ東京「毛沢東をしのんで」（九月九日）

一九七八年：NHKラジオ「一冊の本」（二月一〇日）

一九八四年：NHK党首インタビュー『政治課題とわが党の選択』（五月三一日）

山口仁 YAMAGUCHI Hitoshi

1978年埼玉県生まれ。慶應義塾大学大学院法学研究科政治学専攻博士課程単位取得退学。博士（法学、慶應義塾大学）。専攻はジャーナリズム研究、マス・コミュニケーション研究、政治社会学、情報社会論。現在、日本大学法学部新聞学科教授。著書に『メディアがつくる現実、メディアをめぐる現実』（勁草書房）、『対立と分断の中のメディア政治』（共著、慶應義塾大学出版会）、『ソーシャルメディア時代の「大衆社会」論』（共編著、ミネルヴァ書房）など。

近代日本《きんだいにほん》メディア議員列伝《ぎいんれつでん》 13巻

田川誠一《たがわせいいち》の挑戦《ちょうせん》——保守《ほしゅ》リベラル再生《さいせい》の道《みち》

2024年9月10日　第1版第1刷発行

著　者　山口仁
発行者　矢部敬一
発行所　株式会社創元社
https://www.sogensha.co.jp/
〔本　　社〕〒541-0047 大阪市中央区淡路町4-3-6
Tel. 06-6231-9010　Fax. 06-6233-3111
〔東京支店〕〒101-0051 東京都千代田区神田神保町1-2 田辺ビル
Tel. 03-6811-0662
装　丁　森裕昌
印刷所　モリモト印刷株式会社

ISBN978-4-422-30113-6　C0336

近代日本メディア議員列伝

全巻構成

四六判・上製　各巻平均 350 頁
各巻予価：2,970 円（本体 2,700 円）

1 巻◆片山慶隆『大石正巳の奮闘――自由民権から政党政治へ』
【第 13 回配本 ·2025 年 7 月刊行予定】

2 巻◆井上義和『降旗元太郎の理想――名望家政治から大衆政治へ』
【第 2 回配本・既刊】

3 巻◆河崎吉紀『関和知の出世――政論記者からメディア議員へ』
【第 5 回配本・既刊】

4 巻◆戸松幸一『古島一雄の布石――明治の侠客、昭和の黒幕』
【第 14 回配本 ·2025 年 9 月刊行予定】

5 巻◆白戸健一郎『中野正剛の民権――狂狷政治家の矜持』
【第 3 回配本・既刊】

6 巻◆佐藤卓己『池崎忠孝の明暗――教養主義者の大衆政治』
【第 1 回配本・既刊】

7 巻◆赤上裕幸『三木武吉の裏表――輿論指導か世論喚起か』
【第 4 回配本・既刊】

8 巻◆佐藤彰宣『石山賢吉の決算――ダイヤモンドの政治はあるか』
【第 9 回配本 ·2024 年 11 月刊行予定】

9 巻◆福間良明『西岡竹次郎の雄弁――苦学経験と「平等」の逆説』
【第 7 回配本・既刊】

10 巻◆石田あゆう『神近市子の猛進――婦人運動家の隘路』
【第 11 回配本 ·2025 年 3 月刊行予定】

11 巻◆松尾理也『橋本登美三郎の協同――保守が夢見た情報社会』
【第 6 回配本・既刊】

12 巻◆松永智子『米原昶の革命――不実な政治か貞淑なメディアか』
【第 10 回配本 ·2025 年 1 月刊行予定】

13 巻◆山口仁『田川誠一の挑戦――保守リベラル再生の道』
【第 8 回配本・既刊】

14 巻◆長﨑励朗『上田哲の歌声――Why not protest?』
【第 12 回配本 ·2025 年 5 月刊行予定】

15 巻◆河崎吉紀『近代日本メディア議員人名辞典・付総索引』
【第 15 回配本 ·2026 年 1 月刊行予定】